国家出版基金项目

当代中国社会道德理论与实践研究丛书

主编 吴付来

规范性：思想和意义之基

郑宇健 著

Normativity:
Foundation of
Thought and Meaning

中国人民大学出版社

· 北京 ·

总　序

加强思想道德建设，凝聚道德力量，是中国特色社会主义文化建设和精神文明建设的重要内容与中心环节，是建设社会主义核心价值体系的必然要求。正如习近平总书记所指出的："国无德不兴，人无德不立。必须加强全社会的思想道德建设，激发人们形成善良的道德意愿、道德情感，培育正确的道德判断和道德责任，提高道德实践能力尤其是自觉践行能力，引导人们向往和追求讲道德、尊道德、守道德的生活，形成向上的力量、向善的力量。只要中华民族一代接着一代追求美好崇高的道德境界，我们的民族就永远充满希望。"

我们党和国家历来重视道德建设。特别是改革开放以来，我们党先后通过了《关于社会主义精神文明建设指导方针的决议》、《关于加强社会主义精神文明建设若干重要问题的决议》以及《公民道德建设实施纲要》。习近平总书记在多次讲话、多篇文章中都强调加强道德建设的重要性，党的十九大报告也对道德建设做出了全面的论述和部署："加强思想道德建设。人民有信仰，国家有力量，民族有希望。要提高人民思想觉悟、道德水准、文明素养，提高全社会文明程度。广泛开展理想信念教育，深化中国特色社会主义和中国梦宣传教育，弘扬民族精神和时代精神，加强爱国主义、集体主义、社会主义教育，引导人们树立正确的历史观、民族观、国家观、文化观。深入实施公民道德建设工程，推进社会公德、职业道德、家庭美德、个人品德建设，激励人们向上向善、孝老爱亲，忠于祖国、忠于人民。"道德的力量是国家发展、社会和谐、人民幸福的重要因素，思想道德建设解决的是整个中华民族的精神支柱和精神动力问题。

实现中华民族伟大复兴的中国梦，需要道德建设的保驾护航。当前中国的发展既面临机遇，也面临挑战。然而，在多元文化的冲击下，人们的道德观念和行为准则正在不断发生变化，原先的道德基础受到严重冲击。在此情况下，道德建设需要全体国民集体参与，需要全体国民成为道德的守护者、监督者和表率。只有全面地了解、反映当代中国社会道德的现状以及遇到的新问题，并结合相关理论提出解决对策，才能真正提高全体国民的道德素质，才能不断改善社会和国家的道德环境，才能实现中华民族伟大复兴的中国梦。

道德建设是一个实践问题，更是一个理论问题。面对世界范围内各种思想文化交流、交融、交锋的新形势，加快建设社会主义文化强国、增强文化软实力、提高我国在国际上的话语权，迫切需要哲学社会科学更好地发挥作用。伦理学作为与人类道德发展密切相关的哲学分支学科，需要跟上时代进步的步伐，从理论上解决实践提出的问题。

为此，在加强社会主义道德建设的宏观背景下，为推动社会主义道德建设，弘扬社会主义核心价值观，实现中华民族伟大复兴的中国梦，推动伦理学的研究和发展，我们策划了“当代中国社会道德理论与实践研究丛书”。这套丛书是一套开放的丛书，首批出版10卷，集中研究当代中国社会最关切的伦理道德的理论与实践问题，对市场经济条件下陌生人之间的伦理、日常生活伦理、公务员道德建设、信息伦理和网络社会伦理、消费伦理、福利伦理、分配正义以及规范性和道德推理问题进行系统的研究与探讨。丛书的主要内容集中于以下几个方面：

首先，建立社会主义市场经济体制是我国经济体制的根本性创新，是全面建设小康社会的重要途径，市场经济条件下陌生人之间的关系有哪些规律，人们日常生活伦理有哪些特点等，这套丛书首先对这些问题进行了研究和探讨。

其次，政德建设是当代中国最具先导性的道德建设领域之一，对全社会的道德建设具有重要的引领作用，这套丛书不仅对公务员道德状况进行了研究概述，而且对中国特色政德建设的一般规律、重要问题进行了探究。

再次，当今时代，信息伦理和网络社会伦理的公德问题日益突出，这套丛书对数字化生存的道德空间、网络道德建设问题表达了重要关切，进行了深入探讨。

又次，消费、福利、分配是经济伦理的重要内容，随着我国建设小康社会进程加快，人们物质生活水平逐步提高，收入分配差距日渐拉大，经济领域中的消费、福利、分配问题日益成为伦理学研究和关注的对象。因此，这套丛书对这三个问题进行了系统的研究。

最后，社会道德建设归根结底离不开道德规范的有效性和道德行为选择的理性化，这套丛书专门从伦理学基本原理研究角度选择了这两个与道德建设密切相关并具有一定学理深度的理论问题进行研究，探讨了规范性和道德推理问题。

这套丛书得到了中国人民大学伦理学与道德建设研究中心的学术支持，得到了国家出版基金的资助，中国人民大学出版社学术出版中心的编辑为丛书的出版付出了艰辛的努力，在此一并致谢。书中难免存在疏漏，恳请学界同仁批评指正。期待这套丛书作者和编者的辛勤努力能够得到广大读者的理解与回应，产生良好的社会影响。

吴付来

2018 年 9 月 15 日

目　　录

第一部分　规范性问题的定位和概念结构

第二部分　理论领域中的规范性：形上学、知识论和社会本体论

第四部分　自然中的规范性：自然选择、偶然性和必然性

第一部分

规范性问题的定位和概念结构

第一章　解释和诠释：作为元概念的规范性

一、解释的框架：科学与自然主义

一本书，仿如一幢楼，除了必有的砖块梁柱和建造工序外，其功能设计亦必有个统摄性的总思路或元概念。若这总思路或元概念能有一足够独特的名称来专指，那么以之来做楼名或书名就是再自然不过的事了。作为专名的“规范性”于本书内容，基本上就属于这种自然而独特的指称关系。这一指称关系的自然面，说的是规范性及其相关问题不仅贯穿本书始终，而且书的整体构架就是围绕规范性概念本身的结构要素搭建的；而这一关系的独特面，说的则是规范性作为当代哲学家们的常用术语难免牵涉相当程度的技术性（尽管不同人的用法可能不尽相同）。我个人视以上情形为“规范性”作为统一的理论术语所具有的优势——至少还没有任何其他术语在概括本书所致力解释的广泛而融贯的现象上，可以与“规范性”相提并论。（在我们转入第三节有关规范性种类的分疏简介前，暂且假定我们对“规范”有某种大致相似的直观理解。）

相形之下，本书最后一章所含关键词（也是本书潜具实践意义的理论术语）“复魅”（re-enchantment）则更为独特甚或罕用。要言之，“祛魅”（disenchantment）是现代社会学奠基人韦伯提出的所谓社会理性化过程对传统世界意义的消解①；而哲学世界的祛魅过程则是与后康德-黑格尔式绝对唯心主义的式微和现代科学主义的兴起息息相关的：17 世纪科学革命以来令人瞠目结舌的科技成果昭示着一个不容置疑的底层真理——自然界是由因果规律主宰的领域。因果蕴含着本体展开上的必然，蕴含着一切与（心灵）自由相关的意义（如价值、理想、文化传承等）在自然世界的终极泯灭。自然界的祛魅，逻辑上必导致人类精神本身的祛魅——只要你不否认人类作为自然物种乃是亿万年生物进化的偶然产物。一种彻底的（还原论）自然主义立场的题中之义，似须置一切人类精神现象于一网打尽的因果空间，即该立场必将证明一切心灵意义无非是因果铁律的，充其量是幻象性的呈现方式。在此宏观背景下，任何复魅（若真有非自欺的可能）努力必将诉诸某种可与还原论自然主义对话的广义框架，而不是完全拒斥或逃避自然主义。这可说是本书的主要理论动机。

依此背景，本章标题“解释和诠释”也可看作以广义自然主义框架为基础的研究进路所包含的两种最主要的处理对象化表征的手段或方法。当然，我无法也无须在此长篇大论何为解释、何为诠释。部分原因是，本书的大部分内容将会在更具体明确的语境中展示这两种（尤其是第二种）手段的应用。

也许有必要先说明一下：解释，作为询问理由和给出理由的、最基本的人类话语游戏的行动，并不限于（从而也不源于）理论性语境，而是日常语言游戏/生活形式的组成要素。换言之，本章谈及的解释乃是一种理论性解释，即某种系统的、有明确概念范式或规范约束的对理由关系的有效处理。

不言而喻，一切理论上有深度的解释和诠释只能建筑在既有理论的基础之上。在中文话语中的“西方哲学”涵盖着从古希腊前苏格拉底直到所谓后现代主义的种种传统和思潮。某种意义上，将跨度两三千年的纷繁驳

---

① 韦伯关于“理性化”的基本命题是，现代世界从一个以价值取向为内核的体制（“魅力型权威”和“传统型权威”）转变为一个以工具理性（目的—手段关系）为内核的体制（“法理型权威”）。社会不断理性化的后果将会是一个“冰冷的北极夜晚”——人类生活的理性化使得个人陷入一个以非人格的理性权力为根基的“铁的牢笼（the iron cage）”之中。参见：JENKINS R. Disenchantment，Enchantment and Re-Enchantment：Max Weber at the Millennium [J]. Max Weber Studies，2000，11。

杂之物用一个地域名来统称之，倒不失为一便捷之法。在此，我不打算就“西方哲学”与“西方数学”或“西方物理学”（后两者作为非历史意义的名词似颇古怪）的合法性进行比较辨析。我只想指出，作为本书理论基础或思想资源的东西几乎全来自西方（当代），我也完全不认为本书是涉及比较哲学的合适场合；但这不等于说在我理解和诠释这些思想、理论时没有受到母语文化传统的深层次影响。① 重要的还不只是伽达默尔解释学意义上的永远消除不了的“先见/偏见”及其理论价值，而是如何在一个以科学为典范的、更扎实而广阔的概念框架下，将解释和诠释本身作为行动种类纳入哲学分析或反思的范围，即考察该种类相对于其他种类的本体论地位，及其在构成前人类意向的可思议内容上的特殊作用，等等。还需补充一点，这一广义自然主义的哲学分析很难离开宇宙进化论这一科学理论背景。

以科学为经验探究的典范，并不等于通常意义上的科学主义。我虽无兴趣在此讨论科学主义的种类和对错，但只想指出一个常人容易忽视的相关要点，那就是科学既不等于实证，也不完全等于实证加逻辑（如果只是在公认或现成的形式推理系统的意义上理解后者）；当我们说哲学和科学是（无截然界限地）连续的时候，其中一个关键连通因素是两者皆离不开概念关系的先验性或深层规范性，及基于这类关系的反思和推理。换言之，科学与哲学本质上都是对宇宙间客观真理的追求，两者的分工首要不在现象领域或题材，而在上述先验因素所占比重，或者说对规范性本身的敏感度和依赖度。这样说当然太笼统，尤其是我们尚未正面分析何为规范性，也没例示哪些才是典型地、核心地包含先验原则的科学探究。不过，这基本不影响我在此节对如下观点的表述：解释需要框架，而科学得以成功的解释框架则是自然主义。

让我以本书第九、十两章讨论到的一个有关动物动态选择行为的特殊规律，即所谓匹配定律（matching law）为例来简要地说明一下。该规律建基于大量不同动物对其喜爱食物在不同滞后程度的情况下所做选择的

---

① 对比较哲学（尤其是非典型、默会式比较哲学）有兴趣的读者，可参见我的一篇英文文章：ZHENG Y J. A Tacit Form of Comparative Philosophy：Reflection on a Case Study in Analytical Philosophy [J]. Dao：A Journal of Comparative Philosophy，2003，6：291-309。

数据比较，这是一个具跨物种有效性的实证归纳，且吻合某种双曲线方程的数学表达式。但直接可观察的只是动物个体的特定肢体行为（比如一些鸽子以喙啄闩键），为何应将其诠释为这些动物个体的有动机（即心理驱动力）的选择行为呢？除了相关的已知规律和其他背景假设外，这里的一个主要先验原则是：一切动物的选择偏好（preference）就是相应的肢体行动所揭示者。这是一种同样适用于人类的行为主义原则。没有这一（或某种具类似先验功用的）原则，该规律就无法用来解释相关的动态选择现象。这里，作为解释框架的自然主义意味着：行为是动物与其环境互动，从而影响其实际适应性的现象单位或模式；行为背后的本能倾向是由该种动物的基因类型所决定的；而行为所揭示的心理偏好则应看作由本能加（重复频率较高的）环境刺激的强化（reinforcement）所产生或模塑的。

在这一框架中，解释对象显然是可观察的行为，或者更中性地说是事件；而（非心理或观察者意义上的）解释项通常被认为是某些理论假说，或者更中性地说是一组命题——“自然主义”要求的是符合公认的自然科学标准（比如，可证伪或可检验）的命题。著名的所谓“覆盖性定律”（covering-law）解释模型主张，对象事件的发生（或其发生概率）可从一组有关自然定律（假说）的命题加上（作为初始条件的）特定事实命题中逻辑地推导出来。与之相对照的是一种广义的因果解释模型，较为人熟知的是刘易斯（David Lewis）以提供因果历史信息为标准的解释模型。① 此处暂无必要评介刘易斯模型与覆盖性定律模型之间的异同或高下。我只想稍微讨论一下与本书规范性元概念相关的一个区分，即因果解释与理由解释（在另外的语境下也可表述为本体解释与知性解释）。

严格地说，一切解释都只能是命题关系，即内容性实体（如事实）之间的关系。事件（events）作为物理个项（tokens）本身并不直接包含内

---

① 刘易斯对因果关系的分析或定义，是基于反事实（条件句）依赖的、一种偏重原因作为必要条件（而不是事实上的充分条件，或其一部分）的解释进路。参见：LEWIS D. Causation [J]. Journal of Philosophy，1973，70；Causal Explanation [M] //LEWIS D. Philosophical Papers，Volume II. New York：Oxford University Press，1987。

容，只有当它们进入类型（types）关系（或对此种关系的理解、表征）之后才支持或体现概念或命题内容。这一点上，戴维森（Donald Davidson）要比刘易斯更明确而自觉地强调和利用上述区分，亦即作为因果关系之物理载体的事件个项与对它们的真实描述之间的区分——后者可以是不同（语言）层面上的类型化内容，比如物理学层面、心理学层面。戴维森著名的反常一元论（anomalous monism）及其在处理关于行动的因果理论（causal theory of action）所遭遇难题上的应用，皆须依赖上述区分。本书第六、七章会部分地涉及此议题。从另一角度看，或显或隐地贯穿本书的有关因果空间、理由空间的区分及联系（尤其是第五、十五章中的焦点讨论），也属于同一深层规范性鸿沟的不同表现形式。

在结束本节之前，似有必要谈几句本书第十、十一章触及的古典经济学解释进路与规范性问题的关系。古典经济学关于完全竞争的市场假设是，在理想条件下，理性人基于自利追求的竞争活动会自动达成社会资源的最有效配置。市场，作为经济学范式，包含两大概念基石，其一就是理性原则，即功利最大化原则。作为一个描述性术语，该原则无非是说常人实际上多是选择其（合理期望中）最偏好的对象（maximization of expected utility）；但作为一个规范性术语，该原则明确地要求理性个体应该前后一致地选择其所最偏好者（或者说，只有符合功利最大化的选择才算是理性的）。这里的“功利”是某种广义的、对个体（经验中所体认或行为中反映的）利益的量度或排序。当理性规范进入（或一直潜在于）期望功利的计量及目标设定时，所谓纯描述其实从来不存在。特别是当我们试图直接用古典经济学模型来解释诸如利他主义和民族主义这类常含自我献身因素的现象时，其局限是十分明显的；但这并不足以证明这类现象不能在一个更广阔丰富的理性选择框架内获得合理解释。

二、诠释的逻辑：意义和意向之基

我是在如下基本意义上使用“诠释”这个词的：一个语言使用者以自己感觉最清楚、最熟悉或最有把握的表达方式来（重新）陈述另一个（往往是别人的）语句或者（人或动物的）非语言行为。[1] 为具体说明我心目中的“诠释”涵盖的范围有多大，我们不妨从美国当代哲学家丹尼特（Daniel Dennett）的进化论诠释主义入手。[2] 绝大部分动物行为之所以可说成是有意向的或具目的性的，是因为它们皆可从丹尼特的“意向性姿态”（作为一种理解世界的方法论姿态）那里获得成功的或足够好的诠释。一只在狮子追猎下夺命狂逃的羚羊必定相信身后有着迫在眉睫的危险，同时不言而喻必定具备求生的欲望；同样的意向性术语（“相信”“欲望”等）也可自然地用于适时喷着黑汁以逃避天敌的墨斗鱼。也正是靠着环境脉络，我们通常不难八九不离十地成功诠释汉语不流利的外国人或牙牙学语的幼儿想表达的意思。

学理上可区分两种诠释主义，即丹尼特偏重于工具论的诠释主义与戴维森、布兰顿（Robert Brandom）、塞尔（John Searle）等人更偏向规范实在论的构成式诠释主义。这两者最明显的差别是，丹尼特的意向性姿态既适用于人类，也适用于前人类的绝大部分动物——其重点在于这两种适用性之间非偶然地趋同这一事实背后的进化论图景，而不在于意向内容的规范性向度如何在人类的社会语言实践中建立起来（或得以最终完成）；而构成式诠释主义恰恰强调的是这后一点。其实，此两种诠释主义是完全可以而且应该调和的。这是因为，究其本质，两者都以事实上的人类沟通（即语用学上成功的主体间诠释）所保证的意向性内容为基础或出发点；并且，作为自然主义者，他们都不（可能）否认进化论图景，即人类的一切自然功能（及其理性结晶或成果）皆与前人类相应或相似的功能一样，终极上必源于自然进化过程。

以上两种诠释主义进路调和的基础不妨看作广义自然主义框架内的诠释行为的规范性。显然，这里说的诠释规范性，并不限于理性个体之间的相互诠释所包含的规范性。这里的挑战主要在于，理性诠释者如何确定

---

① 英文 interpretation 可译为“诠释”或“阐释”，本书根据上下文需要有时也会在此二译名间择一使用。除非特别标时，二者须视为可互换的同义词。

② 丹尼特 20 世纪 80 年代以来的富有洞见且与认知科学前沿成果紧密相关的研究，比如其《意向性姿态》（MIT Press，1987）和《真实的图式》（Journal of Philosophy. 1991，88：27-51）。

前人类的生物功能的语义内容，即如何用有机体的目标状态或生存条件之均衡态来个别化其相关功能，比如说，心脏的功能既不是发出有节奏的声音，也不是让人兴奋激动，而是将血液泵送至身体各处。功能，作为一种（自然）目的论概念，只能在理性诠释者那里才能获得真正的语义理解，亦即具备确定的可表述的内容。

本书第六—七章均会涉及的一个有关人际诠释的重要规范，是发于蒯因、弘于戴维森的“施惠原则”（principle of charity）。其大意是，诠释者须先验地（或别无选择地）把诠释对象看作基本上理性的，且其大部分信念应为真。我这里只能先未经论证地指出：该施惠原则本身只有纳入进化论的大背景，才有望消除其先验地位的神秘性。换句话说，只有通过揭示该原则与某种生成性规范过程的因果联系，我们才有望解释以下这一不无吊诡的现象：施惠原则在当下的有效应用并非基于应用者关于诠释对象的归纳证据；恰恰相反，一切这类证据的收集反倒必须以假设施惠原则为前提。

另外，丹尼特诠释前人类行为的意向性姿态显然与施惠原则有某种异曲同工之效；当然同时也面临类似的如何解释其成功性乃至必要性之理论挑战。同样，我这里也只能先未经论证地指出：假如意向性姿态作为理解现象的必要工具之成功不是纯偶然的话，那么必定有相应的自然历程配合——这一历程原则上能够贯通基于理性之诠释意向性与前理性行为之可诠释性。

在公共的概念性语言形成以前，那些准理性（即无理性与理性动物之间的过渡阶段）物种成员之间，应只能以类比原则为基础，相互把他者视为心理上类似的合作伙伴或竞争对手，久而久之而成为一种塑造相关高级心理倾向的互动力量。应该说正是后面这种不断强化的倾向最终为施惠原则在理性成员之间应用的可行性做了有效铺垫。

可以毫不夸张地说，一旦进入人类概念语言（同时也伴随着意向性心理内容）的层面，基于施惠原则等人际理性诠释规范的话语和推理实践乃是奠定和（不断）安顿日常语义的稳定土壤或逻辑基础；没有这个可支撑不断外显化和理性批评实践的逻辑基础，一切所谓纯主观、内在、默会的“意义”皆将飘忽不定、难以为继，或随时流于虚妄而不察。

在这个虽粗略但方向明确的意义上，语言性诠释才是意向性状态真正得以确定、获得其个别化客观内容的终极保障，也是维特根斯坦（Ludwig Josef Johann Wittgenstein）作为意义之源的所谓生活形式背后应有的逻辑结构。也正是在这个意义上，诠释要比（专门化的）科学或理论解释来得更原初和根本。

三、规范性：自然主义、反还原主义与历时整体论

（一）规范性的种类

虽然本书各章都将会以不同角度触及不同层面的规范性（包括像第二章从整体上探究其逻辑结构），但谈论作为元概念暨元问题的规范性，就不能不先谈论一下与规范性有关的现象有哪些种类。

常人最熟悉的应该是集体或社会层面的规则和规范。法律条文、道德原则、宗教戒律、文化中的约定俗成，以及相对更局部或时效更短暂的行政规定，比如一个公司对于各级人员上班制服的一套规定等，都属于这一范畴。大多数人也可能熟悉这样或那样的个人规则，所谓个人规则指的是个人基于某种理性筹划而自愿采用、自我施加的有明确约束力的行为规则，比如每早起来跑步、每月非生活必需的消费不得超过工资的三分之一，等等，它们一般是针对个体动机结构中短视冲动与长远利益的动态冲突而产生的理性解决方案。

另外，很多人或许从未意识到我们生活实践中一大类重要而基本的理性规范的存在及其性质，比如日常推理中人们自觉或不自觉使用的逻辑规则，在理解或诠释别人的言语或行为时常人所遵循的（或必然要牵涉到的）原理或规范，以及每当我们自己形成判断、产生信念时所依赖的规范性前提。对这类规范，人们往往毫不察觉。除了大多数人不习惯于反思型分析外，也有着某些似乎较为客观的因由：一方面，理论界对于这类大家习以为常的人类实践方式究竟牵涉到什么样的规范性条件尚无明确无误的共识（故自然难以变成普及性知识）。换言之，这些实践方式背后的东西大多属于隐含的、默会（心照不宣）的“知识”，而不是外显的、可明

确表述出来的原则。另一方面，即便是那些在逻辑教科书中已明确表达、不少人也耳熟能详的逻辑规则，也往往容易与自然科学发现的经验性定律混为一谈，即更易被视为描述性的而不是规范性的东西。

由此引向我这里要提到的最后一类规范性，即在我们理解或解释自然现象或物理事件时必然会牵涉到的一种规范性。任何科学假说，不论得到多么大的经验支持而普遍为人接受，都不外是经过某种理性程序所过滤的产品，而这种程序也不外是一种集体和进化意义上的人类决策成果。我们可用一套通常被称为认识型或方法论型的规则或规范（比如“奥卡姆剃刀”原则）来明确地说明这种程序所可能包含的步骤。另外，一个科学假说的功能是去解释（和预测）某类自然现象，一般是通过把相关现象纳入（假说所具有）定律的形式结构中；同时这一具有定律外形的假说也会规范性地约束其他相关假说，以及约束或调节常人关于这类现象的信念或推理——不管这种约束是否有时只是临时性或尝试性的。由此观之，人类所能发现和表述的自然律在具有规范作用这一点上，与一般的方法论规则和原理（包括最基本的形式逻辑规则）地位相当。

描述性和规范性之间的区分对于我们将世界概念化的工作来说具有如此根本的重要性，以致当我们意识到关于这一区分的哲学反思相当不系统和薄弱时，不免会感到有点诧异。比如，相对于上面提到的每一层面或类型的规范性而言，均存在一个有关其来源或先决条件是什么的问题——这个问题不同于问“什么是某种规范性的可能角色或表现形式”。

一种粗略但颇有帮助的说法是，描述性与规范性的区分根本上是一种“符合方向”上的差别：所谓描述性指从心灵出发去符合世界，而所谓规范性则是令外部世界来符合心灵。换句话说，描述性的判准落在外部现实那一方，而规范性的判准则落在内部心灵这一方。凡是满足这一最低限度表述的事物都可视为含描述性或规范性因素，不管从常规视角看该事物是否显得有点远离我们有关这两个概念的典型例子。至于符合方向作为规范性判准的局限及可能的改进，我将在第二章做较为系统和深入的讨论。

（二）表征、功能与人称

接下来的第二章和第三章的相当一部分，将聚焦于一系列我称之为反还原式自然主义或历时整体论所需的基本概念及其特征性问题：比如，规范如何在本无规范（只有规律）的大自然中萌生、崛起或最终（在各别范围中）奠立，这一自然进化历程又如何约束着一切与规范（或理由、或内容）相关的因素，以及这些因素是否具备某种深层的结构性联系。

总括而言，我欲于自然主义进化论框架内提供一种独特的反还原论或历时整体论宏观解释进路——由此进路，不但作为自然进化产物的心灵功能可由逐层递进的构成规范性操作予以自然化（去神秘化，即原则上令其适合于科学解释方法）；而且，作为客观进化机制一部分的达尔文式理由，也通过大自然实际“筛选”出的理性动物（及其社会话语实践）的诠释性意向视角，而获得“回溯性”的地位奠定，即获得其认识论和语义学上的内容客观性。

既然自然主义认为本体存在上物理实体领域提供了终极而完备的答案，那么为何还有任何理由需要反还原？究竟是什么东西不能还原到物理实体及其关系？前面提到的规范（地位）、理由、（语义）内容等为什么不直接就是物理实体的种类？如果它们真的不属于物理领域，为何不径直拒绝承认其实在性？

我当然无法用三言两语回答上述问题（某种意义上，这整本书就是围绕分析和解答这些问题而发动和组织起来的）。这里只准备略就“表征”（representation）这个尚未谈及的重要概念，引介几条与上述问题相关的线索。

最简略地说，没有表征就谈不上有任何内容。物理个项之间只能有时空或因果关系，而不会直接具有表征关系。表征关系或功能只能是自然进化过程中渐渐绽现、积淀，并从种种其他更原始的功能中迭代和建构出来的。依（第三章会重点讨论的）伯吉（Tyler Burge）之见，表征功能与所有非表征功能之间有一种本质区别，即不管后者对于前者来说是多么必要，只有前者才具内容。可是为什么会有这种区别呢？为什么不是一切自然功能皆有（某种形式、某种程度的）内容呢？

诠释主义者对此问题的立场是，一切功能皆有（合）目的论内容。这是因为它们作为诠释对象，其本体论地位依赖于或衍生于诠释者的意向性——正是人类的表征能力构成了特定的诠释性视角；由此种视角出发，那些功能对象才获得了内容特有的抽象性、目的性或其他规范属性。问题是：视一切功能皆有目的论内容，就像视一切属性（包括物理和心理属性）皆有意向性内容一样，属于完全忽视不同层次实体的本质差别；而当某种诠释主义将动物知觉表征功能固有的内容视为存在论上依赖于人类的表征能力时，又似乎犯了剥夺动物的独立知觉或颠倒因果时序的错误。第三章会较深入地探讨这些问题，从而展示一种不同于既有诠释主义版本的、内置于历时整体论的新诠释主义。①

解释与诠释的深层分野于此真正显露端倪。物理实体与生物功能（其中绝大多数属于非表征性的功能）之间存在着一个重要差别：物理实体与其相应的物理学理论之间的关系是一种纯解释性关系，而与各种生物功能对应的自然规范（"自然规范"指的是受规范的对象没有关于该规范的任何意识或意识能力）与其相应的生物学、心理学、语言学理论之间的关系却应当说主要是诠释性的。解释性关系是一种纯粹的认识关系（解释对象本身不受解释者这一侧因素的影响）；而诠释性关系则典型地带有诠释者与诠释对象之间的某种或互依或互动的影响，是一种我名之为"本体论加认识论的合成关系"②。

从某种宏观大尺度意义上说，自然进化背景下的、动态迭代式的规范构成性，与某种由人类到前人类的"逆向观照"下的可诠释性乃是同一个硬币（即该规范性过程）之两面。另一种透视方式也许是：动物或人的知觉层面上的一阶表征内容，最终只能由维系着二阶表征（解释就是一种二阶表征）的同一个规范性诠释框架来表达。表面上是第三人称的、对知觉内容的理论解释，实际上离不开解释者本人作为知觉者的第一人称视角。严格地说，只有纯物理对象才具备本体存在上的独立性；相反，凡本身具有内容性的非物理对象全都无法享有这种免受规范性语义框架影响的终

① 除第三章所引文献外，还可参见我的另外两篇英文文章：ZHENG Y J. Emerged Content and Dynamic Normativity [M] //VESSELIN P，SCARFE A. C. Dynamic Being-Essays in Process-Relational Ontology. Newcastle：Cambridge Scholars Publishing，2015；ZHENG Y J. Unconscious Intentionality and the Status of Normativity in Searle's Philosophy-with Comparative Reference to Traditional Chinese Thought [M] //MOU B. Searle's Philosophy and Chinese Philosophy：Constructive Engagement. Leiden，Boston：Brill，2008。

② 除第二、三章所引文献外，亦可参见上一注释所列我的第一篇文章。

极自足性。

在本书的最后（即第四部分），我将更细致而深入地发掘历时整体论对于自然进化中的深层规范性及其题中应有之特殊模态性的逻辑蕴含关系，并冀之以对世界复魅之途予以一种理性而清明的召唤。

第二章　规范性概念之三元结构

划分世界万物的方式多种多样，哪一种最能触及人与非人之间最本质的区别？无论你想称其为理性，或是自由，抑或是规范性内容，均仍停留在某种抽象的概念名称上，即尚未能充当一种更直观或更易把握的划分世界的方式。

如果有人问你“世界上有什么东西可以被违反”，并且指出对于这一问题的正确回答就是这里所追问的划分世界的根本方式，你是否会觉得这一提问方式似更贴近人们较为肯定的日常经验呢？

让我们循此方向尝试推进一下。首先，在日常语言的标准用法中，人们可以违反规则、违反命令、违反自己的意向，但无法违反自然规律，人们最多违反某种（哪怕是公认的）貌似规律的命题—— 其本质无非是人对自己所假设的规律的认识。由此不难看出规则与规律在可违反性上的区别。

其次，从更一般的意义上说，“违反”作为一种关系，不可能发生在两个纯物理事物之间。物理事物可以在时空中发生各种符合物理定律（即自然规律）的关系，包括碰撞、排斥、消解、逆转等，但此处没有一种算得上“违反”。这样说的一个根本理由就是，它们都缺乏上述规则、命令、意向，乃至任何概念内容所共同具备的特性——我们称之为规范性的特性。

毫不夸张地说，规范性业已成为当代哲学中最流行的术语之一。一个重要的原因就是，以科学为旨归的自然主义立场成为被大部分当代哲学家接受或关注的框架性预设。该立场的一个无法回避的最具争议性的核心问题是：物理自然与看似超物理的概念内容、理由、价值等（姑且称之为）规范性实体之间是一种什么关系？相应地，如何刻画这种关系的本性，也就是如何理解这些规范性实体的功能或作用及其不可替代性或不可还原性的根源？

自然主义的批评者和捍卫者们都会围绕规范性问题所牵涉的方方面面的疑难和挑战，展开其攻防策略，以成某种百舸争流、千帆竞发之大观。聊举一例，当代分析哲学家杰里·福多（Jerry Fodor）曾戏称："每个人都在谈论规范，就像牛的叫声是'哞～'，哲学家的叫声则是'规～范～'！"①

尽管规范性这一概念的使用早已如此普及，以致在心灵哲学、语言哲学、行动哲学、知识论和元伦理学等当代分析哲学的主流领域中很难见到完全不涉（或隐或显）规范性的讨论，但直接针对规范性之概念结构本身的细致讨论却并不多见。本章试图从一个独特的角度对规范性概念的主要功能及其来源做一梳理，以冀从方法论上推进对规范性问题的深入探究。这里所讲的独特的角度，指的是一种进化论视角，即由前人类的动物准理性到人类理性的动态生成过程及其可能蕴含着的逆向（即从人类理性逆推到动物准理性的）回溯性关联。

本章所欲阐明的两种不同于常规理解的规范性形态，加上常规意义上的形态，就共同构成了我所谓的规范性三元结构。

具言之，规范性的基本功能有三种，即命令性、诠释性和构成性。一方面，我欲揭示这三种功能之间的相关性和内在联系，以彰显在什么意义上它们都可合法地被称为规范性形态。另一方面，我希望阐明每一种形态（尤其是后两种"新"形态）的独特性，以证明它们作为相对独立的规范性形态的合法性。要完满地达成这两方面任务，显然离不开关于规范性的定义性判准的讨论。

关于判准的讨论很难一锤定音，这是因为该判准所包含的基本概念本身也难免会与上述三种功能所涉要素之间形成某种深层的纠缠或依存关系。但是，从另一角度看，这一或许无法消除的"局限"也许恰恰反映了

---

① FODOR J. LOT 2 [M]. Cambridge, MA: MIT Press, 2008.

我们所致力探寻的规范性深层结构的某种整体论特征。

一、理由与判准

在转入更细致的讨论之前，似有必要先澄清一下诠释性和构成性这两种规范性形态的基本语义，以及讨论规范性问题的某些背景概念资源。

我所说的诠释规范性，并不是指理性成员之间的诠释所包含的规范性（意即只有在遵循理性规则的前提下才能进行有效诠释，而规则的遵守则仍属于命令规范性范畴），而是特指理性诠释者如何确定前人类的生物功能的语义内容，即用生物和有机体的目标状态或条件来个别化其相关功能。比如说心脏的功能是泵血，而不是发出有节奏的迷人噪音。功能，是典型的目的论概念。有机体的功能，或目标意义，只能在理性诠释者那里才能获得真正的理解，亦即具备确定的可以表述的内容。①

我所说的构成规范性，其面对的问题是，具备诠释力的意向性视角本身是如何产生的。换句话说，构成规范性想要揭示在进化中最终绽出或突现的意向视角是由哪些独特的构成性操作机制实现的，以及这样揭示出来的过程或操作意义为什么可归于一种独特的规范性范畴。

这些问题就要求我们先探讨最广义的规范性判准是什么。

首先，在动物和人类行为个体所生存的环境中包含着一些与其生存的适应性有关的外在理由②——之所以称其为理由，是因为可以用它们来解释为什么这些个体在不同的环境中具有不同的适应性；而之所以称其为外

---

① 此处牵涉两个本章无法深入展开的问题，值得做一备注：第一，目的论概念是否只适用于具有目的性的东西？第二，具有目的性是否依赖于关于目的的概念？换句话说，未被理解的功能可否是真正的功能？

② “外在理由”的提法，较正式的首见于英国哲学家威廉斯的《道德运气》（WILLIAMS B. Moral Luck [M]. Cambridge：Cambridge University Press，1981）一书。塞尔在其《行动中的理性》（SEARLE J R. Rationality in Action [M]. Cambridge，MA：MIT Press，2001）一书中对它与其他相关概念有更详细的分疏。关于规范性理由的客观外在性的最新讨论，有分量的两部著作是《理由之域》（SKORUPSKI J. The Domain of Reasons [M]. Oxford：Oxford University Press，2010）和《论何为要紧》（PARFIT D. On What Matters [M]. Oxford：University Press，2011）。

在，是因为这些解释性理由是外在于这些个体的意识的（甚至不预设这些个体具有意识能力）。所谓环境适应性正是自然界中涉及生物的外在理由，或者叫作关于自然选择的达尔文式理由。

其次，在理性动物及其社会语言诞生之前，上述与环境适应性有关的外在理由只能内隐于生物个体对环境的适应性行为（包括相互之间的互动、合作行为）之中。只有当基于话语实践的社会规则和制度出现之后，这些具行为解释力的所谓外在理由才能真正外显于对相关规则、制度的命题表述中，或行为主体对相关内容的知性意识中。这种自觉的或心理上外显的理由就被叫作内在理由。

以伯纳德·威廉斯为代表的主流观点认为，一切理由只能是内在的。因为理由关乎解释，而一切解释预设着有能力提出问题和理解问题的解释者亦即语言诠释者，所以完全独立于心理或理解力的外在理由并不存在。姑且先不争论理由的外在性与内在性哪一个更优先（我会在下面第四节中再讨论）。无论是内在理由还是外在理由，一个最基本的不容忽视的方面就是其所服务的解释的客观有效性，或者说对这种解释效力的可判断性乃是任何理由成立与否或程度强弱的基准。

我们不妨看一下日常语言中那些被认为与规范性有关的概念：意图、目的、指挥、引导、裁决、违反、制裁、约束、纪律，等等。从行为上讲，其共同特征似乎可以表述为“做出某种以目标为导向的改变”，尤其当相关目标与行为主体所身处的环境相适宜时。

结合上面关于理由的讨论，我们可以给出如下这个广义的规范性判准：当行为主体有能力按照其生存环境中各种境况所提供的相关外在理由做出某种非偶然的改变（或者说其行为改变与这种理由之间的匹配并非纯属意外）的时候，其行为就已涉及某种规范性。①

---

① 这个判准可以看作用一种（外在）理由关系作为基本概念来衡量或判别其他规范性形态，以此进路来处理规范性问题的代表性近著见 J. Skorupski 的 *The Domain of Reasons*（Oxford：Oxford University Press，2010）。虽然此书可圈可点之处颇多，但可惜未能突出本章所强调的关于进化史的历时整体论视野及其对任何规范性结构的约束。而更值得一提的一部关于语义的规范性基础的重要近著是 A. Gibbard 的 *Meaning and Normativity*（Oxford：Oxford University Press，2012）。作为其最基础层面的原初规范性乃是一种与知性理由相关的、整体视野下的应然承诺。这一取向与我的诠释规范性的总体走向颇为相通。

现在让我们重新审视一下前面提出的“构成规范性”是否或在什么意义上符合这一判准。概括地说，构成式规范性行为包含两部分意思：一是实现或保证意向性视角的出现或奠定，这是一种从无到有的新质的创造；二是通过进化的不同阶段渐次收摄环境中既存的外在理由，由此构建出一座跨越动物隐性功能和人类显性内容之间鸿沟的桥梁。可见，这种行为（尽管不是一次性完成的）完全符合上述广义规范性判准。

二、构成性规则之四变式

我在这里将采用塞尔关于构成性规则的公式来说明我所谓的构成规范性。① 该公式的原有表述是这样的：“在境况 C 下行动 X 算作 Y。”

这里的关键词是“算作”，所谓构成义由之而生。比如，行动 X 可以是使用一张两面印有特定图案并有特定尺寸的纸张，Y 则是货币或货币交易（作为一种社会制度或社会事实），C 则包括如下境况因素：交易的一方持有并使用这张纸以换取另一方所提供的货物或服务，同时存在着权威的第三方负责制作这类纸张且保证其有效性。这一公式似乎显示制度化的货币是由使用货币之物质载体的意向行动构成的，而行动者对相关境况因素的识别或确认也部分地依赖着成熟的意向性能力。可见，人类社会制度层面的这种构成性行动预设着诠释意向力，而不是为诠释力的形成提供基础。

我要问的是，这一公式能否应用到某些合规则的动物行为上？例如，在某种境况条件 C（比如，附近有潜在的交配者）下，某种鱼类尾巴摆动的姿势（行动 X）算作吸引配偶（Y）。如果尚未出现能将 X 算作 Y 的主体，或者说能够理解 Y（即具备“配偶”“吸引”等概念）的主体，上述公式似难应用于像鱼摆尾这类前理性动物的行为。所以有必要在此公式中

---

① SEARLE J R. Speech Acts：An Essay in the Philosophy of Language [M]. Cambridge：Cambridge University Press，1969；SEARLE J R. The Constitution of Social Reality [M]. New York：The Free Press，1995.

引入一个主体，或对应谓语“算作”的主语，其功能是以构成性过程的参与者视角（而不是外在于这一过程的纯客观的上帝式眼光）去捕捉“算作”之独特构成性角色。

在我接下来表述的四种有关塞尔公式的变式中，单个或交互主体的外显性存在不妨视为一种方法论重心的转移——以一种外在而客观的描述或发现式眼光向一种内在（于特定境况）而主观（或交互主观/主体间）的诠释或赋予式眼光的转移。

变式一：“S在境况C下将行动X算作功能Y”。这里S是具有某种对自然物体进行分类及予以工具性使用之能力的动物主体，X对应着这种分类或使用，Y则是某种特定的、可重复实现的目标。比如，旧石器时代的人类祖先（甚至可能是某种高级灵长类动物）会把具特定形状的石块分别用于砍、削、砸等不同目的。前面提到的鱼类显然还做不到变式一所要求或隐含的有关手段和目的的系统区分，这种区分不妨视为某种前语言的概念雏形。

变式二：“相互地，S1在境况C下将S2的行为X算作与S1自己在同样境况下产生X时所伴随的某种特定内在经验Y相对应者”。这里动物主体S1和S2能互相将对方识别为同类成员。此变式的标志性特征，就是交互主体之间可以用一种我称之为“类比原则”的东西来描述跨主体的经验构成方式——本来无法直接通达的对方的内在经验，通过这种类比性构成作用而间接地转化成自身经验的等价物。

变式三：“在语境C下，S1将某个人为符号的某种用法（行动X）算作指称或表征着某个或某类对象（行动Y）”。这里的语境C须包括S2即其他交互主体的在场——语义行动的被构成需要（被表征的）语义对象在某种公共的空间成为各语义主体（S1、S2等）之间可共享或共同知觉到的对象。此变式不妨看作表述一阶意向性表征（如知觉）如何过渡到符号表征或高阶语义表征的过程，该过程离不开“算作”这一基本的规范性构成或操作。

变式四：“相互地，S1在境况C下将S2的某个言语行为（行动X）算作某种在整体上可使S2显得更为理性（Y）的信念系统的有机部分”。这里的S2作为被诠释者所具备的宏观上大致理性的属性特征Y，乃是一种受制于戴维森著名的“施惠原则”① 的整体性判断，其先验性（对比于来自观察或实验归纳的经验性）地位不难从该变式所含的规范性构成中得出。换句话说，作为交互诠释主体的 S1、S2 别无选择地只能把对方的个别言语行为放到一个整体上基本真确和合理的信念系统中进行诠释，否则人际沟通无从谈起、无法起步。

关于构成性规则的以上四种变式，可以展开讨论的方面难以在本章有限的篇幅中一一细述。在此，试就两个相关联的重要方面稍加评论。

一方面，这四种变式在进化的顺序上展现出一种递进关系。居后的变式所代表的场景或游戏只能出现在居前的变式所代表者位处的历史河床的下游，虽然上游场景的存在未必在因果关系上严格地决定下游场景。

但另一方面，当我们进入理解的顺序关系时，下游场景中所含的意义及其诠释关系会对我们解读上游场景的意义或潜在诠释关系起到某种“照明”作用，即我们可凭借下游场景更加外显化、系统化的规范语义关系而更好地理解相关上游场景中相对隐而不彰（尚处在默会阶段）的规范构成关系。比如，变式二中的交互主体 S1 和 S2 的相互地位关系不妨看成变式四中典型的诠释主义交互地位关系的先驱，换言之，适用于变式四的施惠原则其实不啻变式二中已然生效的类比原则的发展或精致化。从变式二到变式四的“前瞻性”关联，与从变式四到变式二的“后顾性/回溯性”关联，发生在这两个上下游场景互相对应的位置（或居位者）之间，作为早就习惯于施惠性诠释的实践者，我们就可借助这种双向连通的关联，给自己创造一种想象性地代入准理性交互主体内心的可能性——这种想象性代入之所以有可能，是因为物种间进化的渐进性和连通性，原则上保证了类比原则的无意识运用与施惠原则的语言性自觉运用之间在心理上从低到高的连续关系。

更具体一点说，这里的基本理路是，在公共语言形成或正式到位之前，在准理性（即前理性与理性动物之间的过渡性）物种成员之间以类比原则为基础的、互相把对方视为心理上类似者的做法，自始至终都是一种

① DAVIDSON D. Radical Interpretation [M] //DAVIDSON D. Inquiries into Truth and Interpretation. Oxford: Clarendon Press, 1984: 125-139.

塑造相关高级心理倾向的有效力量。正是后面这种倾向最终导致了施惠原则在理性成员之间的实施。

循此途径，我们就有望消除有关施惠原则的先验地位的神秘性，即通过展示它与上述构成性规范过程的因果联系或相容性，人们就不难发现：尽管施惠原则在当下的有效应用并非源自关于诠释对象的归纳统计证据（恰恰相反，一切这样的证据之收集反倒须以假设施惠原则为前提），但这不等于说它没有进化上循序渐进的深层因果根据。同样，循此途径，所谓内隐规范与外显规范间的鸿沟若未完全被跨越，起码也大大被缩小了。①

三、工具论诠释主义及其本体论蕴含

戴维森式诠释主义进路的一个核心特征，就是施惠原则须应用于交互主体之间，且凭借这种交互性应用及其持续，主体的理性地位才得以构成和维系。罗伯特·布兰顿进一步拓展了这种诠释主义，即将交互诠释背后的规范性承诺、授权等关系扩大到整个语言系统和社会性话语实践中。②但诠释主义的另一条进路，则是由丹尼尔·丹尼特开创的，我称之为工具论诠释主义；它注重的不是同一物种或社会共同体成员之间的交互诠释，而是理性（人类）个体如何借助“意向性姿态”来有效地诠释前理性或准理性（动物）个体或群体行为。③ 这里的意向性姿态是一种典型的工具论意义上的方法或途径，至少表面上不带有直接的本体论承诺。

人们会说，一只章鱼相信自己有危险时会喷出墨汁以利逃脱，一群齐

---

① 至于说构成性规则所涉及的构成是因果性构成，还是超出因果性的、不可还原于物理机制的规范性构成，这个问题在这里我只能做如下陈述：该规则适用的各相邻阶段之间的因果/遗传基因上的突变，为进入下一阶段创造了因果条件；这里的因果构成因素并不影响每一阶段内以构成性规则变式所可能完成的语义/规范性构成。至少上述变式三和变式四已含成熟的规范性构成，这一点似无争议。

② BRANDOM R. Making it Explicit [M]. Cambridge, MA: Harvard University Press, 1994; BRANDOM R. Articulating Reasons [M]. Cambridge, MA: Harvard University Press, 2000.

③ DENNETT D. The Intentional Stance [M]. Cambridge, MA: MIT Press, 1987; DENNETT D. Darwin's Dangerous Idea [M]. New York: Simon and Schuster, 1995.

力捕猎羚羊的狮子会挑选弱小的目标或采用埋伏加佯攻的分工协作。当一个观察者面对一幅复杂的动物行为景象时，采用“意向性姿态”去理解（甚至预测）它，显然要比采用任何以物理机制为基础的因果解释简单得多，有时甚至是唯一可行的。有论者这样评说：“丹尼特的工作之最引人入胜之处其实是他关于意向性姿态这一解释模式为何行得通所描画的底层世界图景。”[①] 换句话说，如果意向性姿态作为解释工具的成功不是纯偶然的话，那么必须有相应的自然历程配合之——这一历程原则上能够贯通理性之诠释意向性与前理性行为之可诠释性。

我们不妨在此稍稍重建一下丹尼特的世界图景及其理路。

作为其出发点的问题是，对于生物功能的诠释主义立场如何能够由某种关于大自然母亲的故事予以合法化？丹尼特的回答可这样概述：自然进化展示着某种无处不在的达尔文式理由，这是一种没有推理者的理由，或者叫作自由漂移的理由（即不受任何占据特定时空位置的特定理性存在者的局限）。假如不诉诸这种理由，任何生物学意义上的功能归属皆不可能。[②] 自然选择能以某一个特定的达尔文式理由（而非另一个此类特定理由）来“筛选”某一特定的功能。比如说，心脏能进化成现在这样，不是因为它会发出有节律的噪音，而是因为它能保证血液循环。后者作为一个特定功能所对应的特定达尔文式理由就是，只有血液循环向全身输送必要的养分，身体的各个器官才能有效运作，生物个体才谈得上去适应环境、繁衍后代……当然，不排除与心跳对应的声音或脉搏可以在另一个层面的系统网络中（比如帮助医生诊断身体的某种状况，或在情人面前不由自主地泄露某种紧张心情）具备某种同样可由达尔文式理由支撑的另类/高级功能。

功能必定揭示着某种自然“设计”中的优化。包括意向性在内的人类功能不妨看作来自大自然“设计的人造物”。自然在做选择时是没有、也无须去表征理由的。但这不等于说外在于（人类）表征功能的达尔文式理

① BROOK A，ROSS D. Daniel Dennett [G]. Cambridge：Cambridge University Press，2002.

② DENNETT D. Evolution，Teleology，Intentionality：Reply to Ringen and Bennett [J]. Behavioral and Brain Sciences，1993，16 (2)：289-391.

由不存在。反过来说似乎更有道理：正是因为这种自由漂移的、没有表征者的达尔文式（即适者生存式）理由在自然环境中的广泛存在，我们才能（哪怕是以一种隐喻的方式）谈论自然选择——大自然母亲仿佛具备着某种对达尔文式理由敏感的"原初意向性"，由之逐渐筛选出日益精致的表征或其他功能，最终达至可直接表征理由（包括达尔文式理由自身）的人类意向性。

当然，这里的一个潜在争议点是，既然"适者生存"法则是一种由环境和生物机制决定的客观法则，为什么不径直把它当作自然规律（而不是所谓外在理由或自然规范）？规律与规范的最大分别在于规律是不可违反的和没有选择余地的。适者生存法则之所以不同于分子生物学或生理学规律，乃是因为只要是不直接以"筛选后存活"来定义的"适者"，都有可能违反这一法则（相反，任何生物都无法违反规律）。比如说，从上游竞争中筛选出的具有相当适应性的适者未必会在下游的竞争环境中最适合或最有把握生存下去。适者生存的规范性意义不妨表述为：如果生存是最高目标的话，那么个体就有充分的理由尽量成为当下的最适者——不管是通过微观的基因变异，还是通过个体层面的努力、奋斗和好运。从完全随机、盲目的基因突变，到不那么盲目的动物自发性选择，再到一般地富有远见的人类理性选择，适者生存的进化逻辑或达尔文式理由以越来越清晰或外显化的方式为参与其中的个体所认识和利用。这也恰好从一种宏观历史尺度上勾勒出规范性或理由关系如何伴随着生物从规律及随机（统计规律）走向自主和选择。

"自然选择"之所以是一个有意义、有解释力（而非自相矛盾）的，乃至难以替代的理论术语，正是因为它形象而准确地捕捉了茫茫宇宙间这一幸运的"成功自拔"（successful bootstrapping，丹尼特语）过程，即从盲目和非表征的因果自然中凭着构成规范性，或其先导形态，一步步进化出真正自觉的表征力或理性洞察力。

自拔，或称自我提举，作为工具论诠释主义的一种独特隐喻，有时会被解读为是对意向性内容之实在性的消解或悬搁，即一切（哪怕是我们熟悉的、从不怀疑的）内容无非是由诠释者的主观决定所发明的"疑似内容"（as-if content）。换言之，丹尼特的整个诠释主义进路带有某种本体论的反实在论倾向。比如他认为所谓“自我”的本体存在其实乃一幻觉，心灵无非是谜母们（memes，即文化基因）的创造。这一立场倾向所带来的理论问题（乃至对其整体理路的潜在瓦解力），由于篇幅所限，在此无从展开，有兴趣的读者可参见我关于谜母的一篇拙文，及麦克道尔（John McDowell）的一篇批评丹尼特的文章（McDowell 1998）。

讲到规范于自然进化中的源起，不得不提的一个争论是发生在两大诠释主义者丹尼特和布兰顿之间的一场涉及所谓“内隐规范”的交锋。

当布兰顿强调由语言共同体维系着的（外显）规范与自然选择的盲目过程所维系的（内隐）规范之间的差别时，丹尼特却将以具体目标为导向的非语言动物意向当作解释上更为根本的东西。尽管丹尼特承认布兰顿正确地指出了语言社群对于意向性地位的关键的构成作用，但他仍然坚持认为如果理论家不引入一种进化论视角的话，即使是所谓“社群”也难免沦为空中楼阁般神秘的“天钩”。丹尼特想问的是：是否任何种类的规范性故事都只能寄生在人类意向性上？我们能否直接讲述一个关于动物行为的自然功能的故事，而无须像布兰顿那样首先去关注人类意向性之奠基作用这一问题？这里的背景脉络是，布兰顿视动物意向内容衍生自人类意向内容，而丹尼特和密立根（Ruth Millikan）则视人类意向衍生自其进化上的所有先驱。相对于丹尼特的意向性姿态，同样重视进化史的密立根则更愿强调方法论上所谓“设计姿态”的基要性①：自然选择提供了大自然中一切良好设计而无须“等待”人类意向性的出现；相反，人类意向性本身也最好被当成一种自然设计（尽管是自然界迄今为止最精致的、不可思议的设计）产品。

如果说“内隐规范”这一概念对于理解人类实践（至少其中相当一部分）来说是合宜且不可或缺的话，那么它对于理解更大范围的前人类的生存实践活动来说也同样是必不可少的；只要记住后者的参与者与人类实践者共享着一系列良好自然设计中的属性特征就行。所谓内隐规范，就是尚未被实践参与者的意识或语言所表征的自然规范。这些规范对应着那些实

---

① MILLIKAN R. Language, Thought, and Other Biological Categories [M]. Cambridge, MA: MIT Press, 1984.

现着特定功能的行为在相关境况中的合宜水平。可见，凡是存在着生物或其他功能的地方，就已然存在着内隐的自然规范，也就存在着相对于该功能和规范的外在（即尚未由行为主体表征的）理由，亦即原则上可用于理解或解释该功能和规范之有效性的客观线索或证据。换句话说，自然选择这一自然界的宏大游戏，令原本似乎只是些自然事实的外在理由最终成为超越盲目因果机制的、含目的论内容且伴随着相应理解力的真正（内在）理由。没有这样一种动态而整体（即兼顾进化史上下游关联）的视野，外在理由在其被“第一批”真实个体内在化之前的理由地位，或内隐规范在其被“第一批”语言使用者（话语实践者）外显化之前的规范地位等问题，就无法获得本体论暨知识论上哪怕是初步的、可取的解答。

四、可违反性、符合方向、自由与规范性结构

理由和规范，最大的共通点也是最基本的共通点，就是两者都是可以违反的，同时两者均要求具自由能动性的主体（即具违反能力的行动者）对其予以某种程度的尊重或者遵从。换言之，可遵从和可违反必然是伴生的、互为表里的。与之形成对比的正是物理自然（不妨用“因果和规律”这一相对应的对子替代之）之不可违反性：无人/物有能力违反规律，所以也就谈不上去遵从规律这回事。日常所谓“违反某某规律”无非说的是“不按照我们对某某客观规律的认识去做”而已，只要不忘记偏离任何人类认识的行为本身并不违反构成着该行为的物理机制这一点即可。

不管是命令规范性、诠释规范性，还是构成规范性，在“可能违反”或“事实上未必如此”这一点上恰与理由作为区别于因果的本体论地位相似。因此，我们至少有某种相当合理的动机去采纳一种关于规范性的最低门槛或者最广义的判准：只要某行为主体有能力获得或者匹配其生存环境（包括自然和社会环境）中已然存在或蕴含着的相关理由，并因而造成某种非意外的、非随机的结果上的差别，她/它就具备了某种规范性。

凡满足以上这最低门槛判准者皆可算规范性，至于实际上规范性可分几类，或哪一种划分方式最符合历史及当下的人类实践，不是本章最关心

的问题。规范如何由本无规范（只有规律）的大自然中崛起并获得最终奠定，这一进化历程又如何约束着一切与规范（或理由、或内容）相关的因素，以及这些因素是否具备某种结构性关联，这才是本章的旨趣所在。篇幅所限，接下来我只想从三个方面简要地探讨一下为何我们有理由将规范性结构视作一种三元结构。

第一个方面涉及自由。人具有自由意志或自由选择能力（至少就一定范围而言），这几乎是实践上不争的事实，或者说是一切不否认人类实践有意义的论者不得不承认的前提。但自然规律的无条件性如何与自由兼容，这是近代西方哲学的一个核心问题或根本困惑。本章关于规范性结构的探讨起码可以对此问题带来某种新的思考角度。简单来说，人们日常最熟悉的命令规范性（不管是评价、辩护意义上的命令意向，还是行动指导、规划意义上的指令意图①）乃是一种对某可欲条件的设定。由此，条件性或一般目的性才得以确立，并得以与因果规律的无条件性形成对照或分庭抗礼。

问题是：这种成熟的、自由的命令规范性从何而来，或以什么个体能力和社会关系作为前提？简单的回答是意向性能力和交互主体间的诠释性视角，而且这一前提条件只有在人类的语言实践共同体诞生之后才具备。紧接着的问题自然是：在前人类或前语言的动物社会，与这一前提条件有关的因素是否完全不存在？自然进化是如何完成跨越这一理性鸿沟的壮举的？显然，自然界没有奇迹，也没有超自然的魔术师。其奥秘，或奇妙的桥梁，正在于自然进化过程本身所内禀的构成规范性。上文已大略勾画出构成规范性分阶段层层递进、前后呼应的特征，在此不再赘述。

与构成规范性密切相关但走向相反的诠释规范性，有着某种独特的区别于命令规范性的特征。为说明此特征，需介绍本节准备讨论的第二个方面，即心灵与世界之间的符合方向。

自休谟明确区分实然的“是”与应然的“该”，或者说描述性的事实与规范性的价值以来，如何解释或更好地说明这一区分一直是很多西方哲

---

①　J. J. Thompson 认为存在着两类规范性，即评价和指导。但深究其质，两者皆属命令范畴。参见：THOMPSON J J．Normativity［M］．Chicago：Open Court，2008。

学家（尤其是当代自然主义分析哲学家）孜孜以赴的一个重要任务。安斯康姆（G. E. M. Anscombe）在其论行动意向的名著中首先提出的心灵与世界之间的“符号方向”（directions of fit），逐渐成为多数论者采纳的用以刻画上述区分的概念工具。① 简言之，以描述世界为己任的认知状态（即我们称之为信念的命题态度）具有从心灵到世界的符合方向，而那些以改造世界（包括行为主体自身属于既存事实的那部分）为旨归的意欲状态（即通常称之为欲望、意图、目的、计划等的命题态度）则有着相反的、从世界到心灵的符合方向。

如果以此符合方向作为一切规范性的判准的话，那么在我提出的三种规范性形态中只有命令规范性才真正够资格被称为规范性。这是因为，首先，诠释规范性类似于描述性，两者的目标都是用相应的命题内容去匹配、吻合外在对象。这里，描述或诠释的对象当然是世界的一部分，并非由描述或诠释过程（不管其间涉及多少方法、规范、程序）所创造，甚至并非因两者而改变其原有属性。假如说有人坚称，生物学对象的功能或目的论语义学的内容离不开诠释规范性的意向选择视角，所以这种功能性内容大可视为该视角对原有对象的添加或改变，那么描述（别忘了一切描述都只能是选择性的、命题性的）也同样会带来这种添加或改变。可见，单从符合方向上看不足以显示诠释与描述的分别。

其次，构成规范性与命令规范性的差异主要表现在前者不是随意的，或单靠主观意志来完成的。无论是自然界的生存游戏，还是人类社会的制度游戏，其构成上的稳定性或可持续性所受到的既存环境、历史现实中的约束要比很多人（尤其关于某些人为游戏的）想象的大得多。特别是在规范进化的早期阶段（即符号系统引入之前），构成规范性的运作在效果上似乎更接近以客观事实为依归的描述，而不是以主观意志为依归的命令。所以，心灵与世界之间的符合方向也不足以捕捉构成规范性所涉的丰富题旨。

那么，我们前面两次表述过的以外在理由为基础的最低门槛的规范性

---

① ANSCOMBE G E M. Intention [M]. Cambridge, MA: Harvard University Press, 1957.

判准与上述符合方向有什么关系呢?

一言以蔽之，该判准其实同时包含着两个相反的符合方向：先是识别外在理由（即从心灵到世界的符合），再按此理由做出相应的行为（包括言语行为）上的改变（即从世界——包括个体行为——到心灵的符合）。上边已提过诠释和构成两种规范性如何满足这一判准，这里还需补充一下命令规范性与这一判准暗合的那一面：表面上，命令是以任意或武断为特征的，即不受既有条件的约束，但这只是就命令者这一方着眼的；若就受命或听命者那一方着眼，命令的实现须以识别命令为当下行动理由为前提。无法实现的命令不成其为命令。

可见，该判准足以涵盖三种规范性。这里真正的要点其实不在双向性（抑或一般的符合方向性），而在“符合或违反本身是如何可能的”这一根本问题。这就转入了本节所要讲的第三个方面，不妨称之为“心灵的反常性”。

戴维森在讨论心物关系时所提出的著名的“反常一元论”表面上调和了物理主义与反还原主义，但也可以说强化了心灵属性的怪诞乃至神秘。我相信，只有从规范性的深层三元结构出发，才能解开所谓心灵反常性的谜团。大致的论证轮廓似可简述如下：

从本体论上说，心灵与世界是不对称的；质料意义上的世界既在（承载心灵的）身体之外也必同时在其内，而心灵属性则不可能充斥于世界即无处不在。在自然主义进化论的概念框架内，可违反性所涉及的矛盾或对峙双方不应是以人身表皮内外来划界的，而只应发生在作为整体的世界与其某个（具表征力的）专有部分之间。问题似乎是，如果这一“专有部分”无法还原为某一（群）动物个体的大脑及其功能的话，自然主义前提便成疑问；相反，如果这种还原能成功完成的话，可违反性就不再是货真价实的，相应的理由、规范、内容等心灵属性也就不过是一系列（好像有用的）幻觉。本章提出的规范性三元结构正是试图打破这种两难。

换言之，我提供了一种自然主义进化论框架内的非还原主义或历时整体主义的解释进路——在此进路中，不但作为自然进化产物的心灵功能可由逐层递进的构成规范性操作予以自然化（或者说予以本体论/生成论上的因果还原）；同时，作为客观进化机制一部分的达尔文式外在理由，也通过大自然实际“筛选”出的理性动物（及其社会话语实践）的诠释性意向视角“回溯性”地奠定其（泛）理性地位，从而获得认识论和语义学上的内容客观性。

由此，因果本体论上的可还原性或一元性才得以与规范本体论上的反还原性或“反常”性获得真正有实质意义的调和或融合。

第二部分

理论领域中的规范性：形上学、知识论和社会本体论

第三章　知觉内容、规范性及其本体论地位

从一种广义的自然主义框架出发，关于任何内容的基本哲学问题是：在一个本无所谓内容的自然界中，内容是如何可能的或起源的？

这里的两个基本概念——内容和自然主义——是有关联性的。我所谓的广义自然主义仅包含两个基本要素：一是拒斥一切超自然或无法解释的东西的实在性，二是主张哲学与科学之同盟关系。至于是否存在不可还原为物理实体的东西，或者物理科学是否最终穷尽一切科学知识，广义自然主义持开放立场。换言之，它是与关于非物理属性（包括本章要谈的知觉内容）的反还原论立场相容的。

假如你知道内容不是什么（比如说不是物理属性），不代表你能回答“内容是什么”。如果这是一句日常语境中的问话，回答者首先想知道或已知道提问者问的是关于什么东西的内容。一般说来，只有两类东西才谈得上有内容：心理和语言。其余关于某某东西有内容（比如，“这是一台内容丰富的晚会”）的说法皆不外是这两类内容的衍生品。对一个追求统一性解释的人来说，心理性内容和语言性内容似乎也并非完全独立，某种历史发生学或进化论解释框架或许不难将两者联系起来。哲学家关心的是内容在宇宙万物秩序中的地位问题，具体地说，即内容源于何处，其地位之特殊性何在，内容与非内容的自然存在之间有何关系？对这组问题的探讨又会涉及哪些哲学上重大或基本的问题？

本章虽不可能彻底解答以上所有这些问题，但想通过如下方式勾勒出

某种有助其合理解答的路线图或参照性路标。首先，我将择要介绍当代分析哲学家伯吉的重要新著《客观性之起源》中的相关概念和观点[①]，尤其是他以知觉为内容的最低门槛的理由；其次，从物理种类与表征种类之间的根本差别引出关于功能和规范的讨论，并由此显示伯吉理论之薄弱环节；最后，通过比较当代具代表性的诠释主义立场与假想的伯吉式反诠释主义立场，对某种“本体论加认识论的合成关系”予以尝试性的阐发。

本章的一个基本操作性假设是，在前表征的功能层面或生物进化阶段，目的论内容已然出现，而任何内容皆非物理学意义上的实体；内容作为大自然中事实上已然涌现的抽象实体，其地位或“命运”离不开某种深层规范性。这种规范性一方面受到自然进化的约束（故而其构成作用必然是层级递进式的），另一方面与对象的可诠释性条件的最终达成相伴随。对以上假设的来自经验证据和先验反思的支持，构成着一种与广义自然主义相容的非还原主义立场。

一、表征、知觉与对象化

让我们从不少人直觉中较原始的、更是伯吉眼中最原始的内容形式——知觉内容入手。

要谈知觉，须先谈表征。表征是一个涵盖多种意向性或准意向性关系的宽泛的概念，它主要包括指称（reference）、标示或归属（indication or attribution）、功能符号与功能之间的关系、形式算子与形式操作之间的关系等。虽然涵盖面很广，但也不代表一切涉及两样东西之间的因果或统

① 此书（BURGE T. Origins of Objectivity［M］. Oxford：Clarendon Press，2010）内容广阔，横跨哲学、心理学、生物学或种系发生学，不少见解富有开创性和挑战性。其哲学批判部分某种程度上可以视为是对整个 20 世纪主流哲学几乎所有代表性人物之知识论或心灵哲学立场的一次全方位审视。基于本章的目标并非全面介绍或评价此书，而是聚焦于知觉或其他内容之起源问题的本体论意涵，并将其置于此书尚未触及的可能的争辩之中，所以我只能有选择地评介伯吉的相关思想，但在对伯吉的一些基本概念和命题的表述上，我力求严格忠实于原著。

计性关联的关系皆为表征。比如，尽管生物的基因十分准确地对应着（决定着）其表型（phenotype）特征，但两者之间没有表征关系——除非某些学者愿意在一种过于缩减的（deflated）意义上使用“表征”（比如，“有烟表征有火”就是一种缩减的意义上的用法）。对于我们这里的哲学讨论来说，这一区分是重要的。简言之，表征代表着在知觉、认知或语言现象中的任何种类的意向性。

知觉，作为表征内容的下限，本质上是一种指称。知觉系统或具知觉能力的生物个体内部的某个状态，只有在满足了某种指称性条件下，才算得上具有特定的知觉内容。所谓指称性条件指的是，外在环境中的知觉对象（可以是某完整对象，也可以是物体的某种属性如形状、大小、亮度、颜色等）不单作为原因导致了上述知觉状态，而且后者通过一种“对象化”（objectification）的方式决定了究竟什么才是它自身的（当下知觉的）对象。换言之，要满足指称性条件，知觉系统须已具备某些特殊能力，这些能力已然超出被动的对外来感觉信息的登记。具体地说，这种对象化能力主要体现在两大方面：一是所谓“知觉恒常性”（perceptual constancies），二是克服近处（感官表层）输入信息不足以决定远处对象这一困难，即“不充分决定”（underdetermination）困难。

先来看一下知觉恒常性。当一扇门开着时，它在观者眼中的视像实际上是一个梯形，但它仍然被知觉为一个长方形，这就体现了形状恒常性。当你走近一个物体时，它在你视网膜上的成像是由小变大的，但你不会觉得它本身在膨胀，这就是大小恒常性。亮度、颜色的恒常性也如此类推。当代知觉心理学已经发展到可用数学化定律从形成机制上解释和预测知觉恒常性的存在及其相关模式和因素。换言之，知觉恒常性的存在及其存在标准，已不只停留在可被知觉主体感受到的经验现象这一层面上，而同时也是由亚个体微观机制上的科学定律所支撑的。①

再来看一下所谓“不充分决定”困难。仍以视觉为例，来自环境中一个三维物体的光波信息会在知觉个体的基本是二维的视网膜上登记，然后

① BURGE T. Origins of Objectivity [M]. Oxford: Clarendon Press, 2010: Ch. 8; BURGE T. Origins of Perception [J]. Disputato, 2010, 29.

才由大脑相关神经机制进行加工处理。严格地说，这里会出现两重不充分决定：一是同样的表层刺激可以对应到远处不同的信息源，即多种可能的三维信息一旦转化成同一种二维信息样式，后者就无法充分决定前者的唯一性；二是由表层刺激形成的感官登记样式不足以决定知觉系统最后对（环境中）知觉对象的知觉表征，而正是这表征（而不是感觉登记）才与外在特定的对象属性真实可靠地相关联。

撇开知觉心理学新近成果的细节不谈，对表征内容之起源问题感兴趣的哲学家要追问的是："对象化"存在的条件是什么？伯吉认为，对象化的主要判准乃是知觉系统对上述两重不充分决定性的成功克服，即该系统的形成定律或准定律图式能系统性地区分远近变量，或区分表层信息和环境信息。正是这些定律或图式构成了相应的对象化，或者说对环境中特定的客体属性的个别化。①

总之，知觉恒常性和解决"不充分决定"困难的能力为对象化的奠立提供了科学依据或经验性标准。有了对象化，才能有指称；有了知觉层面的指称，才能有货真价实的表征内容。

这听上去好像是说，科学研究可以（在说明或论证知觉有无内容这一问题上）包办一切。但情况绝非那么简单——尽管科学（尤其是心理科学）的成熟和进展其实也并不简单，也可能步步都会有争议。② 我这里想说的"不简单"并非实证研究上的永难消除的假设性或开放性，而是对这些研究结果的哲学反思，或者说对其哲学意义或哲学预设的反思。

---

① BURGE T. Origins of Perception [J]. Disputato, 2010, 29: 9.

② 比如，关于知觉的非表征性理论（即不同于伯吉的对所谓主流知觉心理学成果的阐释）还是有一定市场的（见 RAMSEY W. Representation Reconsidered [M]. Cambridge, UK; New York: Cambridge University Press, 2007; CLARK A, TORIBIO J. Doing without Representing [J]. Synthese, 1994, 101 (3); GIBSON J. The Ecological Approaches to Visual Perception [M]. Hillside, NJ: Erlbaum, 1979)。举例来讲，对于"知觉恒常性"就可以从某些非表征状态如体内平衡（homeostasis）角度予以解释（PANKSEPP J. Affective Consciousness: Core Emotional Feelings in Animals and Humans [J]. Consciousness and Cognition, 2005, 14; CRAIG A D. How Do You Feel—Now? [J]. Nature, 2009, 10; CRAIG A D. How Do You Feel? Interoception: The Sense of the Physiological Condition of the Body [J]. Nature, 2002, 3)。总之，关于知觉的最佳科学理论是什么尚有争论的余地。

二、先验构成条件与视角

虽说科学和哲学之间没有严格界限，科学家和哲学家之间也无角色上的严格分工，但毕竟典型的哲学研究与典型的科学研究之间还是有较明显的区别的。就以伯吉为例，虽然在《客观性之起源》中大量引用了知觉心理学方面的第一手材料①，但他本人并不认为知觉心理学可以自动解决关于表征内容的所有关键的概念问题。甚至他认为，很多心理学家或认知科学家对知觉指称的构成性条件（即“真确性条件”，veridicality condition）从未有足够清晰而自觉的认识，这可以从他们常会在前面提及的缩减的意义上使用“表征”这一做法中看出。

伯吉，作为当代语言和心灵哲学领域的领军人物之一，对哲学与科学间的智力分工是颇为自觉的。他强调，哲学家的工作更偏重先验性的概念综合。这一方面不同于偏重解释事物如何发生的科学工作，另一方面也不同于那种狭义的主要基于定义的概念分析。这里的“先验”既不是指判断力天生具备，或判断所需的概念无须通过学习而获得，也不是指判断内容对认知主体来说早已是确定的、不可修正的或不可置疑的。它唯一强调的是，该判断背后的理由、依据或合法性来源并非来自感官材料或知觉，而是来自反思性的理解或理性。比如，数学上的一些原理或定理（像微积分），在其发现过程的初期，其表述往往是含混或有漏洞的，甚至有些定理长达数世纪得不到证明或确认，但这些状况并不妨碍它们作为先验命题的地位。

回到知觉内容。按照伯吉的理论，我们关于任何知觉状态的先验判断是，它必须以真确性条件作为其构成条件。当科学的相关发现为我们描画出生物个体是如何在适当的环境（包括其进化史）中实现或满足这一真确性条件时，这就意味着该个体有知觉，其知觉状态由相应的知觉内容予以

① 他的儿子是视觉科学方面的一位专家，据说父子俩围绕此书相关章节做过多次深入的讨论。

个别化。而知觉内容，简单地说，就是环境对象向着知觉系统的呈现方式［或者，反过来说，就是知觉系统指称或表征外在对象时的“视角”（perspective）］。

退一步说，假如有一天科学的近乎完美或终极的理论告诉我们在任何有机生命中都找不到对上述真确性条件的真正满足，那么恐怕伯吉就唯有说，世界上没有知觉或知觉内容这一回事。这显然不等于说，我们应放弃上述关于真确性构成条件的综合先验判断。事实上，伯吉根本不会担心这一反事实条件句的前件有可能成真。这里，我只是想用此方式来说明先验构成条件相对于实证研究的独特的“优越”地位。简言之，满足真确性这一先验构成条件乃是知觉表征的本质规定之一。

现在让我们从知觉表征的另一个本质规定即上面提到的表征性视角出发，进一步探讨内容项与物理项之间的区别。

物理实体或状态，无论多么复杂，其本身谈不上有视角。只有呈现，才谈得上视角；或者说，只有内部状态具备呈现外物的能力或功能时，才谈得上外物从什么角度呈现这一问题。前面提到的知觉恒常性就内在地含有一个视角问题：当你看到一扇门逐渐打开时，其每一瞬间状态对应着你视网膜上一连串变化着的梯形视像中的一个，而每一个梯形对应着一个特殊的视角。视觉恒常性正是一种在变化的视角中确定那环境中不变的对象因素的能力。所以说，没有相关视角的变化，就没有视觉恒常性，也就没有视觉的表征内容。

但从另一角度看，任一内容本身必须是能够个别化的东西，或者说是能够有效地区别于其他内容或非内容而具自身同一性的东西。根据伯吉的观点，内容只能是从某种整体视角所获得的讯息。特定的视角决定特定的内容。问题是，这里的整体视角与上面所讲的一连串变化着的视角又是什么关系？恒常性或内容讲求的是同一性，而作为其因果对立面或前导的变化中的视角所呈现的恰恰是差异或变动不居。对此，伯吉语焉不详（也许有待其后续著作来厘清）。

我们不妨这样来设想：当我们客观地描述一扇长方形的门可在某知觉主体的视网膜上呈现为角度不同的梯形视像时，这里所涉的“视角”是一种第三人称描述的光学成像意义上的角度（变化）。这种角度变化原则上可与两个弹子球相撞时方向上的（相对于两个球心间的连线所可能偏离的）角度变化相提并论。虽说生物的视觉系统对光线传导方式的感应要远比力学碰撞所产生的应力或应变复杂得多，但两者都同样算不上或未包含第一人称意义上的主观视角。伯吉十分正确地强调了对外来信息的感觉层面的处理与知觉层面的对象化之间的区别。知觉主体的主观视角及其所对应的呈现方式不妨看作另一种刻画知觉的表征内容的途径。无论是对象化、真确性条件，还是主观视角，都无一例外地属于综合先验判断的层次。它们与纯描述的经验判断之间有着不可化约的差别。

三、功能规范之超物理性

以上讨论引出的是一个我称之为“物理状态与知觉状态之间的逻辑鸿沟”的重要问题。关于这类逻辑鸿沟的讨论在心灵哲学、行动哲学的高端领域已屡见不鲜。但我以为，在知觉这一低端层面上展开深入的讨论更有意义。这是因为知觉现象是介于或横跨生物种类和心理种类的独特领域。

我们不妨先考察一下如下说法：物理种类与表征种类之间并不存在根本的差别；两者终极上都是由科学解释上的最佳理论所产生或假设的理论性实体。尽管诸如正确性或真理性这类术语具有所谓不可化约的规范性意义，但它们是由理论家们在一种高于现象层次的理论层次上使用的。比如说，知觉现象作为被解释者，不必包含理论解释者用来理解或系统地说明该类现象的那些概念。① 具言之，有知觉的动物个体不必具有关于规范或规范性种类的概念，尽管这些高阶概念可应用于对其行为或能力的解释上。这与物理学领域所发生的现象完全是平行的：任何物理属性或状态本身与概念或命题无涉，尽管由物理学概念或命题所构成的正确描述必然地适用于这些属性或状态。

---

① 仅就这一点而言，该说法符合伯吉一贯推行的反个体主义立场，即知觉或认知主体无须有能力通过概念来表征其心理内容。但伯吉显然不同意此说法接下来的平行论。

上述类比存在一个根本的盲点或误区，那就是无视物理种类与表征种类的不可类比之处，即前者（但非后者）具有准确的位置和边界，而且任一瞬间其边界内的状态或属性均是确定的。当我们正确地将某一知觉内容归属于某有机体的内部状态时，实际发生了什么？为了让这个状态得以指称该有机体之外的某个对象，我们将内容归于其上的该真确状态必须包含某种成分，这种成分超出了作为内容载体的有机个体身体的边界。在这个意义上（记住：我们尚未进入关于共相的抽象性的讨论领域），表征内容的个别化不可能局限于有机个体内部的因果实现机制（即所谓亚个体机制）。另外，表征内容也不可能完全落脚于环境中的外在对象及其因果传导信道上，这是因为个别化的内容同时也对有机体的各种内源性影响十分敏感。

那么，这是不是等于说知觉的表征内容应当由所有内在加外在的因果变量的总和来决定或穷尽呢？答案仍然是否定的。一个根本性的怀疑理由在于一个新的、不可缺少的角色的出场——那就是“功能”或“规范”。

为什么这样说呢？因为无论是有机体的内在环境还是外在环境都充斥着各样偶然的、不确定的（防不胜防的）背景“噪音”或干扰因素，这些因素当然也属于上述因果变量的总和。困难在于，其“噪音”或“异常”这一地位原则上无法事先人为地决定，而只能通过由自然进化机制所产生或筛选出的各种具适应性的生物功能来自动调节或过滤。换言之，从事后眼光看，被相关功能过滤掉的就算是“噪音”或“异常”；反之，未被过滤掉的一切留存者皆算“正常”或算知觉内容的相关成分。表征性功能在此意义上依存于一切前表征的低阶生物功能。

功能，乃是一典型的目的论概念。而规范，则是实现着某种功能的行为表现的某种合宜的或适当的水平。所以，一个功能可以对应着若干个规范。比如，心脏的功能是泵血（而不是发出有节律的声音——尽管作为因果描述，后者同样属实），但相应于心跳的规范并不唯一：当你在跑步时或从事某种精神高度紧张的工作时，心跳快一倍不单单是一种自然结果而且也是相应于该项活动或工作目标的一种合适的规范或水平。与某一表征功能相应的不同规范也就类似地决定着不同的内容。可见，内容是与规范相匹配的东西。

人们谈到鸟的翅膀的功能时，一个隐含的目的论前提就是：飞翔对鸟来说是其一般（自然）目的。问题在于，飞翔作为一种目的论内容是仅仅存在于作为解释者的旁观者眼中，还是也（或首先）存在于鸟的“第一人称”视角中？虽然我们肯定地知道，鸟没有概念语言，甚至没有完满意义上的概念，因而鸟不可能去（二阶地）表征自己的生物或其他功能，尽管它已具备知觉这个一阶表征功能。飞翔对于鸟这个知觉主体和行动主体而言有何意义呢？如果它无法把其翅膀使之飞翔这一自然功能当作表征对象的话，那么是否等于说与此功能相关的（解释者眼中的）目的论内容就完全地外在于它呢——就像与物理运作相关的物理学内容完全外在于物理系统一样？对这一类问题，伯吉并未提供切实而确定的答案。

我的一个基本的操作性假设是，在前表征的功能或自然规范层面或进化阶段，内容已然出现，而内容并非物理学意义上的实体，内容作为大自然中事实上已然涌现的抽象实体，其地位或“命运”离不开规范性。

之所以称其为操作性假设，原因有二。第一，就像经验性假设那样，上述假设或其中的某些部分是可以修正的，甚至可以结合某些具体的经验性假设而受到某种程度的检验。第二，当它主要应用于以先验反思为主的哲学探讨或论证时，它具有某种操作上的优势：一方面它直接与伯吉式的以科学前沿成果为导向的知觉理论打交道，而且还与那种以进化论进路为核心的意向性理论相结合；另一方面它又好似预兆般地衔接到那些从高端人类规范性或概念化语言出发的整体论诠释主义立场或成果上。如果一切如我所料，上述假设有望在表面上相反、实际上互补的两套理论纲领之间找到某种最富解释力或“左右逢源”之立足点。

在接下来的篇幅中，我会就规范与内容的关系问题做进一步的阐发。

四、规范与内容

伯吉对自然规范的定义是这样的：当某个体在实现某功能的行为达至某适当水平（即规范）后，而又尚未能表征该规范时，该规范就是一种自然规范。[1] 换言之，一旦自发地生效的规范成为体现着该规范的个体自身的表征对象，它就从自然规范转化成自觉或自为的规范。

规范性因素的一个独特作用就是使得那些有内容的状态成为超越物理（时空）局域性的非物理状态。(假如前面的介绍尚不足以显示这一点，我们不妨视之为另一个假设性前提。)

现在，考察一个处于知觉状态的有机个体。我们可以问，从其内部与该知觉功能相应的自然规范出发，该知觉系统在什么意义上不单具有支撑这些规范的物理运作机制，而且为它们（可能）转化为真正自觉的规范准备了必要的条件？一种可能的回答是，只有等到充分理性的（人类）意向性诞生之后，也就是对自然规范本身的（自觉）表征成为现实之后，我们才能谈论规范性因素对（知觉或认知）个体的规范性意义。否则，这种意义最多只能是旁观解释者（亦即人类诠释者）眼中的规范性，而不是对个体自身而言的规范性。换言之，这种回答的一个预设性前提是，只有被理解的规范才能对理解者产生规范作用。

但是，对上述问题的另一种可能回答却不会接受这一前提。至少在人类社会现象中，不乏这样的例子：一个会说话的小孩（甚至是成人）并不知道自己所说的话实际上符合或遵守着一些基本的语法规则（即自然的语言规范），但这不代表这些规范对他没有产生规范作用。在他学习语言以及使用语言的过程中，不断受到来自他人的或显或隐的纠正、示范等影响。在非语言的实践领域，也同样充斥着所谓内隐或默会规范（implicit norms），它们借由习俗、惯例、模仿、习惯的培养，或我们统称为“潜移默化”的途径来达成或实现其规范作用。可见，对规范的自我意识或理解并非规范性生效的前提。

问题之重要且有趣的部分在于，同样或类似的观察也适用于一些前人类的动物社会。许多动物社会是有明显的等级结构的。一个猴王一旦发现某个“不安分”的公猴想与其成群“妻妾”中的一个发生“不正当”性关系时会即刻惩戒或驱逐那个公猴。这里的等级或占有关系并非只有猴王一个有感觉，而是所有（或大部分）社会成员均能默会到的。重要的社会关

---

① BURGE T. Origins of Objectivity [M]. Oxford: Clarendon Press, 2010: 311.

系必然是交互的、参与性的，或者说实践性的。

简言之，对前面问题的第二种回答应当是，无须等待更高级或更完善的理性或语言实践系统的出现，生物有机体的相当一部分自然规范已然具备了对该个体而言的（或准第一人称意义上的）规范意义。

尽管伯吉并未展开关于自然规范对个体之规范意义的讨论，我们仍不妨将其理论框架当作这第二种回答的某种雏形版本。伯吉新著的重要理论贡献之一，就在于用其一贯倡导的反个体主义立场来批判现当代主流哲学中盛行的、过度智性化的“个体表征主义”观点。为了更明确地捕捉这一批判的中心点，我正式引入两个关于表征的用法定义。

我用“一阶表征”（first-order representation）来指称那些原始知觉，这些知觉仅仅包含着与某种基本类型的表征功能相应的自然规范。而用“二阶表征”（second-order representation）来指称那些对一阶表征的表征，这些表征状态必定是命题性的和有自我意识的。二阶表征可包括用命题来表达关于知觉的一般性先决条件，比如对环境中物体的知觉预设着其空间上可定位。现在，我们可以如下简明方式来概括伯吉对第二大类（也是20世纪主流哲学中更具代表性的一类）“个体表征主义”的批评①：二阶表征对于具有一阶表征来说不是必要的。也就是说，伯吉认为不同版本的个体表征主义的共同误区正在于它们都将具有二阶（或更高阶）表征内容视为产生或具有一阶表征（即知觉）内容的先决条件。

为了准确评估这一批评的有效性程度，我们有必要区分两个不同层面或性质的问题：一是在实时心理操作层面上，正像伯吉所强调的那样，一阶表征功能的发挥无须二阶（或更高阶）表征的介入或帮助——就连原则上已然具备高阶表征能力的人类成员，在日常生活中的普通知觉发生时，一般都无须劳烦二阶表征。但另一个不同层面的问题却是，在一种超个体的逻辑或语义学意义上，任何（包括一阶表征）内容要享有（非物理的）内容地位是否须有某种理性的出处或奠基？

对此问题做肯定回答的当代哲学家包括戴维森式诠释主义者（David-

---

① BURGE T. Origins of Objectivity [M]. Oxford：Clarendon Press，2010：12-14. 详细批评参见此书之第五—七章。

sonian interpretivist）和塞拉斯（Wilfrid Sellars）式规范主义者。这里我姑且以横跨这两派的代表人物布兰顿为例，简要地介绍和考察一下这种我名之为“人类理性奠基论”的立场。

规范源自何处？布兰顿在其名著《使其外显化》（*Making it Explicit*，Brandom，1994）中提供的答案由两部分组成。其一，严格地说，规范不是自然因果秩序之中的事物，但它却构成着一种令因果事物向我们显示出意义的逻辑基础；也只有在这种规范性基础上，我们自己的行动或其对世界的因果影响才获得这样或那样特定的意义（即内容）。其二，规范于事实世界中的建立，依赖于人类的规范性态度——一方面态度作为一种心理状态，属于自然界的因果秩序，另一方面这类态度却与某种问责或责任记分（deontic scorekeeping）式社会实践紧密相连（此即所谓规范性态度称谓之来历）。布兰顿强调，人类概念语言诞生后所形成的话语式规范（不限于狭义的语法规范）具有某种不可还原为物理事项或生物事项的逻辑地位。但这一点似乎与当代以进化论进路解说（包括人类在内的）动物社会实践中内隐规范的思想观点不甚相容，或者说，两者间至少存在着相当的张力。

如果说态度是连接自然领域和规范领域的桥梁的话，那么以进化论为导向的哲学家丹尼特、密立根等人会说，许多（高等）动物有着与人类相似的心理态度，这些态度在其适应环境的活动或实践中扮演着某种不可或缺的角色；而且，某些社会性动物（如灵长类）所具有的非语言性态度，一定是与其独特的生存形式中的内隐规范有着种系发生学上的关联的。[①] 在布兰顿强调语言用户共同体所维系的真正的（即外显化语句所表达的）理性规范与盲目的自然选择所维系的动物“规范”之间的本质差别时，丹尼特等人看到的却是目标导向的非语言性动物意向在进化论科学解释秩序中的优先或基础性地位。伯吉对于动物知觉内容的微观研究不妨看作这一更大的理论（争论）背景下的一种有利于自然主义科学解释这一方的有

---

① DENNETT D. The Intentional Stance [M]. Cambridge，MA：MIT Press，1987；DENNETT D. Real Patterns [J]. Journal of Philosophy，1991，88；DENNETT D. The Evolution of “Why?” [OL]. 2006. http://ase.tufts.edu/cogstud/papers/Brandom.pdf；MILLIKAN R. Reading Mother Nature's Mind [M] //ROSS D，BROOK A，THOMPSON D. Dennett's Philosophy. Cambridge，MA：MIT Press，2000；MILLIKAN R. Thoughts without Laws：Cognitive Science with Content [J]. Philosophical Review，1986，95.

效进展。

五、诠释主义与反诠释主义

不过，问题还没有那么简单。丹尼特、密立根等理论家很难被视为伯吉的真正同盟军。这里，我想以心灵哲学领域颇具持久影响力的丹尼特为例试述之。

一方面，不同于伯吉的非诠释主义实在论立场，丹尼特首先是一个（独特的）诠释主义者；动物之所以可说是有意向或意向性内容，是因为其行为可以从它的“意向性姿态”（作为一种解释世界的方法论姿态）那里获得成功的或足够好的诠释。另一方面，丹尼特更像是一个反实在论的工具主义者（尽管他本人否认自己是反实在论者），这从他对人类本身（有无）心灵的“错觉说”立场中可见端倪。这里按下不表。与我们当下论旨直接相关的，也是更值得关注的一点是，在近年他的一篇评论布兰顿的代表作《使其外显化》的文章中，他显露出愿意承认布兰顿的“人类理性奠基论”之可取性的倾向。① 具言之，丹尼特可以接受，所有我们对于前人类意向性的处理均在概念上依赖于我们对人类自身意向性的理解（尽管他仍坚持布兰顿的理论未能解释这样一个根本问题：一个能问“为什么”的语言共同体为什么会进化出来?）。换句话说，丹尼特原本偏向于工具主义的诠释主义与布兰顿、塞尔、戴维森等人的更偏向实在论的诠释主义立场是完全可以调和的，因为究其本质它们都以事实上的人类沟通（即语用学上成功的主体间诠释）所保证的意向性内容为基础。这两种诠释主义最明显的差别在于，丹尼特的意向性姿态既适用于人类也适用于前人类的许多动物，其重点在于这种非偶然的适用性背后的进化论图景，而不在于意向内容的规范性向度如何在人类的社会语言实践中建立起来，或得以最终完成。

丹尼特关于自然选择中的达尔文式理由的规范性向度的提法，虽然包

① DENNETT D. The Evolution of “Why?” [OL]. 2006. http://ase.tufts.edu/cogstud/papers/Brandom.pdf.

含着重要的原创性直觉，但一些分析哲学家嫌其流于笼统或仅具隐喻性，缺乏像伯吉（对动物知觉）和布兰顿（对语言的推理性结构）那样的精细解剖。相比之下，布兰顿的局限在于轻视或忽略动物或自然进化层面上的原始规范因素，而伯吉的局限（至少在我看来）在于他较为轻率地排斥任何关于内容的诠释主义立场，也不承认成功的达尔文解释模式所对应的自然原理本身的描述性内容属于某种“外在理由”范畴，亦即不仅仅属于因果范畴。换言之，伯吉的与（生物）功能相关的“自然规范”尚不具备任何理性品格或（与“因果”相对立的）理由地位。

我相信，伯吉既有的关于表征内容的理论的一个薄弱环节正是他对那些前表征的目的论项目诸如生物功能、自然规范、适应性或交配成功等实践价值的处理。尽管他承认像知觉这样的表征功能需要有多重复杂的生物功能（特别是在动物个体层面，而不仅仅是在亚个体系统的层面）来支撑或趋近，也承认无论是在自然结构还是在进化连续统上都不存在泾渭分明的界限，但他仍然坚称在表征功能与所有非表征功能之间有着一种本质上的区别，即是说，不管后者对于前者来说是多么必要和关键，只有前者才具内容。人们不禁要问：为什么会有这种区别呢？为什么不是一切功能皆有（某种程度的）内容呢？

诠释主义者对这个问题有一个现成的答案：之所以一切功能皆有合目的论内容，乃是因为它们作为我们诠释的对象，其本体论地位依赖于我们诠释者的意向性——正是人类的高阶意向性或表征力构成了我们的诠释性视角，由此视角出发，那些功能对象才获得了内容特有的抽象性、目的性或其他规范性品格。而且，内容的确定性或个别化也得自与此诠释视角相应的整体性或理论性框架。①

① 这方面的讨论，可参见我近年来的一部分英文发表物：ZHENG Y J. Memes, Mind and Normativity［M］//BOTZ-BORNSTEIN T. Culture, Nature, Memes. Newcastle: Cambridge Scholars Publishing, 2008; “Three Notions of Normativity,” presented at the 4th Metaethics Workshop, Buenos Aires, Argentina, 2010; Perceptual Objectivity and Evolutionary Normativity Proceedings of Conference on Burge’s Philosophy, Contemporary Philosophers Serial, Graduate Institute of Philosophy, “Tsing-Hua University”, Taiwan, 2011; “Re-enchantment of Nature: McDowell and Merleau-Ponty on Perception,” in Phenomenology 2010, Zeta Books, 2010。

对上述答案，伯吉的捍卫者或其他反诠释主义者或许会反驳说，诠释主义立场有滑向唯心主义的危险。比如物理学对象的许多根本属性也同样依赖于人类构造和运用理论（假设）的高阶意向性或表征力才得以获得科学的表述，但我们不会说物理对象的客观属性依赖于我们的意向性功能，也不会说这些自然物体或属性本身有内容。当诠释主义将一切功能皆视为有内容时，犯了与将一切属性皆视为有内容同样的错误；而当它将动物知觉表征功能固有的内容视为存在论上依赖于人类（这一进化上后起的物种）的表征功能时，又犯了剥夺动物知觉内容或将因果时序颠倒的错误。

上述反驳尽管是假想的（即非现有著作中已出现的），但都是对那种视人类意向性为唯一真正的、原初的意向性（而其他一切前人类或人造物的意向性皆为衍生意义上的意向性）的宽泛诠释主义立场的、逻辑上真实的挑战。我不敢肯定，现有的诠释主义观点是否已然具备充分的概念资源以回应之，但至少以下思路是相关的，或许是颇有帮助的。

回溯我们前边提到的一阶表征和二阶表征的区分。这里，我们强调的是，任何理论解释都是一种二阶表征，它预设着某种规范性框架或解释者的规范性能力；这些能力是自然进化的产物，它们既离不开那些与一阶知觉性表征相应的、早已运作得宜的自然规范，也离不开维系知觉个体生存活动的那些非表征功能——没有这些功能，知觉表征无从产生。反诠释主义者虽不否认以上基本观点，但会马上跟进说：上述规范性能力最终也离不开物理层面的结构规律及其运作，但我们却不会将内容归属于物理实体本身；既然这样，凭什么要将内容归于非表征性功能呢？

我以为，物理实体与生物功能（其中绝大多数是非表征的）之间存在一个不容忽视的差别：物理实体与相应的物理学理论之间的关系是一种纯解释性关系，而（那些与形形色色生物功能相应的）自然规范与相应的生物学、心理学、语言学理论之间的关系却不完全是解释性的，更准确地应当是诠释性的（interpretive）。解释与诠释间的区分并非术语上的叫法不同，而是有着更深的缘由。解释性关系是一种纯粹的认识关系，解释对象的客观存在（即其本体论地位）不会受解释者的认识水平或其解释性理论的真理水平（常称为理论的解释力）所影响。而标准的诠释性关系则发生在意向性行为及其产物与意向性诠释或其理论之间，最典型的或最具范式意义的诠释情境当然发生在人类个体之间，尤其是共享着某种文化、传统或理性规范的共同体成员之间。按照某些在当代颇有影响的诠释主义理论（比如戴维森基于“施惠原则”[①] 的诠释理论），诠释对象的某些属性（比如其信念的真实性或其行为的合理性）无法完全独立于诠释者所使用（或预设着）的理性规范；而且诠释性活动本身（并非单向的、一次性的，而经常是双向的、重复性的）也参与着对诠释对象或其属性的构成或塑造。总之，典型的诠释性关系不是一种纯粹的认识论关系，而是一种我名之为“本体论加认识论的合成关系”。

这种合成关系的“本体论”部分大致反映在两个方面。第一个方面，诠释对象相对于诠释者用以诠释的规范性框架中的理想或完备形式而言，可以存在一个动态成长之可能性问题，即从某种理性上不成熟、不完备的形式转化成某种更成熟、更完备的形式，比如，儿童可从仅有一阶表征力成长为具有二阶表征力。第二个方面，也是更有趣、更具争议性的方面，与上述动态成长相伴随的规范性构成作用并不（一定要）限于人类成员之间，而是可以扩展到进化阶段中与人类连续或相近的物种上。从最一般的意义上说，自然进化背景（约束）下的、层级递进式的规范性构成，是与某种由人类到前人类的“逆向观照”下的可诠释性相关联的。甚至不妨说，这种构成性与可诠释性是同一个硬币（即该规范性过程）的两面。

另一个表达这第二个方面的本体论成分的方式是这样的：无论是动物还是人，其知觉上的一阶表征内容，最终只能由维系着二阶表征或高阶概念化的同一个规范性诠释框架来表述，或予以个别化。换言之，表面上是第三人称的、对知觉内容或其他功能的目的论内容的理论解释，实际上是离不开解释者本人作为知觉者或有目的者的第一人称视角的。相比之下，一个物理学家在应用某定律来描述或解释某物理实体的构造时，其第三人称视角下的描述性内容所适用的对象完全独立于任何第一人称视角。

虽然不管是在物理学领域，还是在生物学、心理学领域，解释对象均无法意识到（某些或全部）分别地适用于其构造或发生过程的理论原理的内容，但是只有物理对象才具备严格意义上的独立存在性——其本体论上

① 有关“施惠原则”的讨论，可参见本书第七章。

的自足性不受任何来自这种或那种规范性框架的、对其本性的正确或不正确、完备或不完备理解的影响。相反，凡具有内容的非物理对象却无法享有这种免受规范性语义框架影响的终极自足性。

至于在大自然的进化连续统上内容有与无的边界线究竟应画在何处，我相信目前最安全的说法还是“这是一个开放的问题”。无论最终哲学的主流意见会偏向伯吉式以知觉划界的方案，还是会偏向某种朝着生物进化更纵深链条拓展的诠释主义方案，关于内容的本体论地位的非还原主义立场之合理性或可取性似乎是相当明晰的。我相信，而且也一直在努力论证，这种非还原主义不仅不应排斥广义的自然主义，而且须由后者才能真正获得稳固的支持。

第四章　运气、规范性与道德

一、运气与道德的表面对立

“运气”这个词，在日常用语中出现得如此频繁，以致人们很少会仔细思考一下它与那些表面上不相干甚至相反的日常概念之间的关系。一般人的直觉似乎是，当我们对某人的行为做出道德判断时，我们并不是在判断他的运气好坏；恰恰相反，我们判断的是他不受运气摆布，甚或反抗厄运所付出的努力及其结果。由此可见，运气是悖逆于或至少是外在于道德的。“道德运气”这一提法就自然显得十分奇怪。但是，人生中不时可能出现的某些事故会令人不得不直视和深思运气与道德本性之间的某种深层关联。

让我们先来看一则国外报纸上报道过的真实故事：一位年轻的父亲每天驾车上班的途中先把几个月大的女儿送去托儿所，然后下了班再去接。其间，车总是泊在公司烈日烤晒下的露天停车场上。一天黄昏，当他来到托儿所接女儿时，阿姨告诉他：“你今早没有把女儿送来啊！”他赶紧跑回自己的车，发现已经死去的女儿仍然绑坐在车厢后排座上的婴儿椅里。

不难想象，这位父亲接下来会遭受的情感折磨：难以言传的愧悔、自责，日复一日的良心煎熬……作为局外者，也许很容易认定这位父亲在品格上有重大缺陷，否则不会如此疏忽大意以致一整天也想不起来今早错过的性命攸关之事，不过，我还是想先引用一段丹尼特对此事的反思：

> 作为一个一旦陷入自己的思绪就对身边环境心不在焉的人，读到这则故事我不得不自问："假如车里放的是我的女儿，我会不会也有机会同样地疏忽大意？"我试着在脑中"回放"近似的场景，设想着各种分散注意力的情境——当我快要拐向去托儿所的支路时，一辆消防车疾驶而过；收音机里正在播送的某个话题让我想起当天需要解决的一个问题；后来在停车场，当我的脚刚迈出车门，一个朋友招呼我过去帮个忙；或者，我皮包里的文件不小心撒了一地，我忙着去一一拾起。这类一连串的让人分心的事件是否会环环相扣地累加起来，从而淹没了我对于送女儿去托儿所这一头等大事的记忆？能否说当天的运气对我太不公，所有偶发的事件好像合谋一样把我性格中的弱点、习惯中的瑕疵全都利用上而引我步入这条良心上万劫不复之途？思虑及此，我突然万分庆幸所有这一切（设想中的可能性）尚未降临到我头上，因为显然没有必然的理由说它们绝对不会降临于我。……我们自然可以想象，那位年轻的父亲原是一个冷酷而不负责任的恶棍，所以他咎由自取，应该为人所不齿。但同样可能的是，他基本上是一个与你我相差无几的正常人，一个好人，只不过遭逢了宇宙间的坏运气。而且，可以肯定的是，他人越好，此不幸给他带来的道德谴责越大。①

这里涉及的运气对道德评价来说难道只是偶然的、外在的吗？同样是这位父亲，同样的性格特点、同样的教养背景，假如实际发生的这串事件链中有一环改变或松动，最后的结局（即女儿的死）就可能避免，他也就不可能面对严苛而无尽的道德谴责。如果说结局对于我们的道德判断举足轻重，并且每一个人潜在地、同等地受制于决定结局的运气，那么我们怎么能够再对只不过是偶然处于某运气之下的人给予赞美或谴责呢？这个问题的背后有一个康德主义的预设，那就是道德之本性应与运气绝缘，唯有善的意志本身才具有道德价值和相关性。② 尽管这一康德主义进路与人们

---

① DENNETT D. Freedom Evolves [M]. New York：Viking Penguin，2003：6-7.

② KANT I. Groundwork for the Metaphysics of Morals [M]. New York：Oxford University Press，2003：1st section.

深层的道德直觉若合符契，而且在当代像罗尔斯（John Rawls）这样的理论家那里激起新的变奏[①]，但它与我们最广泛意义上的道德实践是相龃龉的，因为这种实践在事实上承认或包含着道德运气。

“道德运气”作为一个专题，是由当代英国哲学家伯纳德·威廉斯（Bernard Williams）开的先河，而美国哲学家托马斯·内格尔（Thomas Nagel）亦随之对相关的概念和命题做了进一步的阐发和讨论。本章主要借助这两位先驱提供的某些理论线索，发掘出一个思考或观照某种深层规范性的特殊视角，而令道德运气这一现象在一个更广大的哲学视野中展现其理论意义。

上述故事中的那位父亲是否有可能避免女儿之死这一悲惨结局？为了回答这个问题，我们至少需要进一步区分这类结局的实际绽出过程所牵涉的不同种类的运气。粗略地说，存在着两大类运气，一类叫作“构成性运气”，另一类则叫作“境况性运气”。前者指的是你属于哪一类型的人，它包括你的性情、能力、气质倾向等，这些方面在很大程度上由你的遗传基因（出生在什么种族、什么家族）所决定，一定程度上亦由你个人历史（成长环境）中的文化、教育影响所塑造。而境况性运气涵盖的是此时此刻你所身处的境况中所有的偶然因素，它主要表现为你当下面对的问题，或任何人面临你的处境时都须面对的问题。上面丹尼特的引文中提到的情境基本都属于这类境况性运气，除了“心不在焉”对应的是一种性格特征，或某种与特定状况（沉思）相关联的“不良”习惯。

现在的问题是，我们是否应该谴责那位年轻父亲没有及时改变他的性格或习惯？如果这种改变不太可能的话，至少应该尽早采取一切防范措施以免它产生严重的后果？我们不妨设想一个可能世界，它与现实世界极其相似，唯一的差别是这位父亲在停车场刚刚离开自己的车，手机响了，是太太打来询问有关女儿的一件事，这使他立刻警觉到女儿还在车里。在这个可能世界中，女儿最终安然无恙，父亲自然不存在良心折磨的问题（或许暗自庆幸没有酿成大祸；或许连强烈的后怕都谈不上，因为他未必想得

---

① RAWLS J. A Theory of Justice［M］. Cambridge，MA：Belknap Press of Harvard University Press，1971：Chapter 7.

到尚未发生的后果可能多么严重)。再设想另一个可能世界，这位父亲在他刚要错过通向托儿所的路口时因为闪避别的车辆而歪打正着地拐上了本应走的路，从而安全地（准时如常地）把女儿送到托儿所，接下来他未必有时间停下来回味一下先前他几乎忘了拐弯意味着什么，或有多少风险包含于其中。在所有这些足够真实可信的可能世界中，这位父亲的性格、习惯等均未改变，此后一辈子的生活也都没有因这些性格、习惯而陷入任何危机。当你考虑到所有这些可能性时，你还有理由坚称这位父亲的道德品格中某种因素必须对现实世界中其女儿之死负责吗？假如说不管发生什么行为结果，总是与当事人的品格密切相关的话，那么同样的品格也就要对那些相近的可能世界中女儿的幸存以及此后的幸福成长负全责从而受到赞誉。

二、“主体性后悔”与事后证明

这里，一个富有理趣的问题是，一旦某种不同寻常的结果在现实世界中绽出，行为主体就须别无选择地承担其道德责任，并为此结果而感受到程度相当的“主体性后悔”。① 为什么会出现这种情况呢？

让我们从一个略为简化的工作性假说出发：一个人只能对其自认为可避免的那些行动后果产生主体性后悔。因为人不可能对完全超出自身控制的任何事物负责，所以具有主体性后悔意识的行动者必须相信，已发生的行为背后至少有部分动因是受自己控制的。我们姑且将这部分动因称为“内在动因”，相应地，“外在动因”则指一切落在主体控制能力之外的驱动因素。内在动因通常被认为由两类元素构成：一类是与决策相关的元素，比如信念、欲望、采纳规则的能力等；另一类则是与决心相关的元素，比如意志力、坚定性、贯彻承诺或遵循规则的能力等。当某人的行动出现恶劣结果时，我们一般指望行动者能将那些明显外在的、偶然的因素

① 关于“主体性后悔”与一般意义上的后悔之间的区分，参见：WILLIAMS B. Moral Luck [M]. Cambridge：Cambridge University Press，1981：27-28。

同其余的因素区分开，并检审后者中是否有属于决策或决心方面的失误。主体性后悔通常源自这样一种认知，即既不存在非同寻常的外在动因直接导致该结果，行动者自身又明显存在着疏忽或错误。值得强调的是，这种认知的后一半，即针对主体自身缺失的那部分认知，只有在事后的反省分析中才可能达到。更有意思的是，行动者往往尚未（来得及）确认自己的错失究竟在哪里时就已经可以识别责任在自己一方，或准备接受来自他人的这类指控。换言之，在相当一大类表面上只涉及一个行动者的情形中，行动主体无须等到事后分析完成就早已承认了责任或感受到了主体性后悔。如何解释这一倾向呢？

我以为，单靠社会化效果（即主体将社会规范内在化的过程）不足以完全解释这一相当顽固的倾向。尤其当你考虑到这一倾向带来的结果是主体自身将会感受到痛苦的甚或长期的后悔折磨，所以主体应该有动力将它尽量纳入理性的审核之中。由此不难推测，某种在认识机制上更深层、更理性的东西应该在此发挥作用。这就带出了威廉斯的一个关键概念（内格尔亦采纳之），即对于不确定条件下的行动的“事后证明”（对其合理与否的追溯性论证）。①

严格说来，一切行动都受制于（且只能受制于）事后证明。这是因为行动不同于意图或决策，只能发生在物理世界的媒介或织体当中，从而不可避免地具有各自特殊的外部属性。这些外部属性是不可能由心灵在事先完全认知的。对认知性心灵来说，哪里有（经验的）外部属性，哪里就有（主观的）不确定性。事后证明这一姿态是我们了解（或见证）究竟发生了什么行动的唯一途径——不管行动者在事前多么仔细地酝酿、策划。或许，看一下别的对比性例子更有助于说明这一点。

让我们先来比较两个司机，一个是莽撞驾驶者，另一个则是正常守法的，两人最后都撞到了行人。假定两人在事故发生后都感到了某种程度的主体性后悔。假如被撞的那个行人是因为乱闯红灯过马路而被撞的，任意一个司机的内疚程度均将低于行人未闯红灯而被撞情形下的内疚程度；假如被撞的碰巧是一个四五岁的儿童，司机的内疚程度将比被撞者是成人要

① WILLIAMS B. Moral Luck [M]. Cambridge: Cambridge University Press, 1981: 24.

来得高（无论是否闯红灯）。如果运气好的话，根本没有事故发生，那么不管那个莽撞的司机在本该倍加小心的人行道附近如何麻痹大意、毫不减速，他都不可能感受到任何内疚（哪怕他在原则上知道这样驾驶有很大风险）。与之相反，那个正常的司机即便（客观而言）在不幸撞死儿童的意外事故中毫无过失，他也会对自己在事故中独一无二的角色作用产生一定程度的愧疚。“可是，假如这个司机在事后分析中发现有一丁点的疏忽（比如，最近忘了去定期检查刹车装置），假如这点疏忽与增大儿童的被撞程度有一点相关性，那么他就远不只是感到难过，而是会为孩子的死而深深自责。”① 事实上，某个孩子是否会在如此这般的时空点以如此这般的方式闯入他的行车线，这是他事先根本无法知道、完全超出他控制范围的事。如果没有这个意外情形发生，他就无须突然而猛烈地踩刹车，那么同一丁点（有关检查刹车）的疏忽也就不会在任何有关这次驾驶的因果链事后图景中浮现出来。但现在不幸事故已然发生，这个司机因疏忽而撞死儿童的行动才毫不含糊地由事后的回顾性视角获得其意义。换言之，哪怕有一个相关的外在因素与现在情形稍有不同，撞死人这一行动就不再存在——尽管从主观上善或恶的意志角度而言，该司机没有丝毫不同。

由此可见，道德意味只能跟随着对特定行动的确认，而这种确认又只能采取一种事后观照的姿态。这就是说，通过观察或经验所有相关的、可归之于某个行动者的实效和后果之后，才能确认发生了什么行动。而所谓“行动者”则被认为是能够发出、导引或结合先前的因果力的某种中心。这些因果力所可能产生的效果和后果之间可以有不同的组合，由之定义出不同的行动（或行动的缺如）。严格地说，并不存在任何纯粹、隐蔽或不可表达的意图。意图个别化（即被确认）的条件在于可观察的效果，至少是主体感受到的某种心理效果。从某个意义上讲，后验性经验回溯性地亦即规范性地构成着行动及其意图。这种意义上的构成首先是知识论意义上的构成，但同时行动这一范畴的本体论地位又如此敏感地取决于它的知识论，以至于摆脱开回溯性视角我们就无法谈论人类行动。一旦这一理论观

---

① NAGEL T. Mortal Questions［M］. Cambridge（England），New York：Cambridge University Press，1979：29.

点得到确立，我们就不难理解为什么风险或运气应被视为内在于道德的：只要承认道德不能脱离道德行动，而对道德（或非道德）行动的确认又不能撇开对其在外部世界中的特征性效果的事后登记，那么运气就必将对塑造我们道德判断的对象施加构成性的影响。

以上我们考察的有关道德运气的例子似乎全都属于一种不妨称之为“被动性行动”的范畴，亦即受谴责的行动主要是由于某种疏忽或缺乏及时的补救措施而造成的，而事件的展开过程本身并未受到任何与结果相连的总体意向的操控。但是这并不意味着道德运气仅仅与这一类无计划、无核心的行动有关。现在让我们来考察一些更为主动的行动类型。

三、性格考验与关乎决策的认知运气

先看一下中间类型的例子或许不无帮助。我是谁和我做什么同样会受到我所面临的机会和选择的局限。“假如纳粹党没能在德国掌握政权，纳粹集中营里的某个军官本来或许会一辈子过着一种平静而无害他人的生活。一个于1930年因生意上的原因离开德国移居阿根廷而从此过着平静、无害生活的德国人，若晚了一步未能离开德国的话，后来很可能成为集中营里的一名军官。”①

“纳粹德国的普通公民不能说没有机会起来英勇地反抗这个政权……他们中的绝大多数人未能通过考验。但是这种考验并非所有其他国家的公民都有机会面对……可见一个人道德质地的显露是仰命运之鼻息的……没有各异的命运轨迹，我们通常的道德态度就无从显现。”② 在中国的“文化大革命”初期，尚在幼年的我第一次看样板戏《红灯记》时，不无惊恐地发现，如果我处在叛徒王连举的位置，也许会跟他一样经受不住日本宪兵的酷刑而招供。我自然绝不敢告诉别人这一秘密发现，只是暗自庆幸：“幸好现在没有了日本侵略者，我不必担心面对酷刑的考验了！”与此

---

① NAGEL T. Mortal Questions [M]. Cambridge (England), New York: Cambridge University Press, 1979: 26.

② 同①34.

同时，我心中也忍不住泛起对王连举的一丝同情："假如他不被捕，或许永远成不了叛徒。"

我们个性或人格中的某些深层脉络或底线也许从来没有机会得到真正的测试，因而也无从完全得知。无论幸运与否，那些有机会经受这种测试或考验的人会得到额外的荣誉，抑或羞辱。那些生活在战争年代而应征入伍的人们，到头来有的成了英雄、将军，有的默默牺牲或因战争导致伤残（包括精神上无法复原的创伤）。不难想象，经历重大事变或炼狱般过程的人会深刻地改变自己而获得某种新生。问题是，相对于什么而言这种"新生"不只是琐屑的时间流逝意义上的？是否相对于在所谈论的特殊过程之前尚未获得很多道德"本质"的旧我？还是相对于尚未来得及充分展开的他的所有潜在性的集合（即构成性运气）？不管是哪一种情况，道德运气均已然内置其中。我们能否因此断言，由事后回溯发现的事实所决定的道德面貌，对每一个人来说都是一种无法逃避的"命运"样式？这一问题便将我们引导向对下一种行动类型的考察，这种类型的行动在如下意义上是最主动的：它们基于理性的筹划，一般在决策前有充分的时间可以较为全面地考虑各个相关因素，而且可供选择的空间相对地比较大。

威廉斯曾以画家高更为例来讨论道德运气如何与抉择和筹划相关。这里谈论的"高更"未必需在细节上与历史上的真人一模一样，重要的是他的生命总体走向和艺术成就具有某种典型性。我们不妨这样简略地描述高更：这是一位富有创造力的艺术家，他为了以一种前所未有的方式来实现自己作为画家的天赋，抛弃了妻子和五个孩子以及现代的文明生活，来到太平洋上的一个与世隔绝的小岛塔希提，直至生命终结。我们也不妨假定，高更最终所取得的艺术上的成就无可争议，在丰富人类的艺术宝库这一点上可以说，他对个人梦想的独特追求造福了全人类，从而具备某种道德意义。这些描述（假定无人反对）只有在后人的眼中、至少在高更完成了大量佳作之后才有可能。现在的问题是，假如他没有成功又如何？失败的可能性有多种，有的是内因所致，比如，其绘画天赋并没有他自己想象的那么高，或意志不够坚强，等等；有的则是外因不配合，比如，他乘坐的驶往塔希提岛的船在风暴中触礁翻沉，或刚到塔希提不久他就身染瘟疫而亡，等等。假设事后已知失败的事实，在什么意义上我们还能够说他原来的计划或他的尝试具有合理性（包括道德上的合理性）？在人类的历史长河中，必定有着无数天赋异禀的人才或其英勇无畏的尝试早已被时间的尘埃所埋葬，而从未被后人知晓（自然谈不上对其抉择或尝试的合理性证明）。但这并非要点所在。对彻底的理性主义者而言，这里的要点在于，只要我们有办法掌握有关这个真实艺术家的足够多的史料（事实），我们就不难判断，高更当时离家出走的抉择是否符合理性筹划的准则，比如说，他是否恰当地了解自己的才能以及与绘画或其目标相关的社会或世界状况。如果答案是肯定的，那么在他抉择的那一刻我们就可以说，他奔赴塔希提是合理的，尽管他本人当时无法确知他的追求是否会因为个人控制范围之外的无常外因而夭折。换言之，我们在原则上可以区分一样东西（一个物理过程）的失败和一个人（作为理性决策者）的失败。作为一个有天赋、有眼光、有勇气的艺术家，高更永不会失败——虽然他完全有可能落入种种断送其事业的噩运之手。

上述观点听起来有板有眼，但是如果有人提出以下这个疑问，你对它的信念恐怕就会动摇。抉择前的高更如何能够知道自己的天赋足够高，高到可以超过这一抉择所蕴含的道德代价？作为父亲、作为丈夫、作为血缘和社会纽带所编织的生命共同体中的一员，高更自然有着若干真切的道德义务。这些义务并非不能为某些别的意义上或许更重要的义务所悬搁、所超越（虽说很难被代替），可是那“更重要”（姑且承认我们有某种统一的衡量尺度）的义务或追求却不能由当事人主观、随意地臆断。前面我们已经假定，后期印象主义大师高更的艺术成就具有某种超时空的、造福全人类的（道德）价值，但这是以历史的事后视角而言的。这不等于说成功前的高更早已知道这个价值的大小，或者说在理性上可以证明这个价值必然大于为此付出的道德代价。威廉斯使用了“关乎决策的认知运气”这一术语来捕捉这里隐伏的疑难：

> 也许有理由声称，如果某人准备好将某个决策付诸实施，而且事实证明他是对的，那么就应当说他实际上**知道**他会成功……但这里的“知道”这一概念本身是以一种**事后回溯**的方式被运用的……它无法使得行动者在其做决策的那一刻能够判别那些只有事后才能判别的

东西。我们似乎更应当说，即便事后结果表明行动者的确知道，那仍然是运气才使得他实际展现为早已知道。这种运气是相对于他在决策关头所能拥有的信息和思考能力而言的。①

四、道德运气、生物学运气与深层规范性

威廉斯上面这段话基本上抓住了要害，即理性筹划的根本问题其实是一个知识论的问题。然而，可惜的是，威廉斯未能进一步抓住那已然遥遥在望的关键概念，即植根于我们将某一信念算作知识的这种智性实践中的深层规范性。内格尔说："我们的信念将永远地、终极性地受制于那些处于我们控制范围之外的因素，而欲将这些因素纳入我们理性的牢笼就必然要依赖另外一些同样不可控的因素——这一状况令人怀疑我们是否真的知道任何东西。看上去更有可能的是，假如我们有任何信念是真实的，那么与其说是知识，倒毋宁说是纯粹的生物学运气。"② 内格尔此说亦只是在规范性观念的边缘外围旁敲侧击，未能直奔主题。这里的主题简单地说就是：在运气充斥的世界中我们之所以能够（甚至必须）进行道德判断，是因为人类所特有的规范性。③

知识这一概念，正如同道德概念，乃是我们关于世界和我们自身的概念大厦中如此根本的一块基石，几乎无人可以在其实际生活中对之产生认真的怀疑。任何理解知识或道德含义的人都很难否认，在达至其终端结果（即真理或善）的过程中必然存在着某种并非偶然、意外的东西。（为此，合理性证明对两个领域来说就都是一种适当的要求。）虽然要确定究竟事

---

① WILLIAMS B. Moral Luck [M]. Cambridge: Cambridge University Press, 1981: 25-26. 着重号乃笔者所加。

② NAGEL T. Mortal Questions [M]. Cambridge (England), New York: Cambridge University Press, 1979: 27. 不无奇怪的是，威廉斯并未像内格尔那样在道德运气与认知运气之间做出完全平行、对等的理解。

③ 显然，这里的规范性无论在广度和深度上都已超出日常所谓道德规范，它涉及语言和心灵哲学、认知科学、进化论等很多相关领域的当代学术成果，远不只是伦理学范围的话题，故不能在此详述。

物的哪一部分内核是免受风险、运气侵蚀的这一点十分困难甚或永无定论，但是只要人们无法不使用知识或道德这类概念，他们就必定会达成一种实际的（很大程度上默会的）共识，以应付内格尔称之为“悖论性”的关于道德运气或理性运气的难题：简言之，一方面人们意识到（科学更不断帮助其建立这种意识），人类的行为作为物质事件进程的一部分，从未停止过展现其不可逆料之结果的连续过程，从而即使作为意向性图式，其实践意义也必然会随着时间的展开而不断修正；另一方面人们别无选择，必须规范性地设定人类行为的性质或类型，而设定的标准只能是事后回溯性视角中所看到的合理性，及其相应的逻辑论证关系。

因此，最深层次的哲学问题必然是：在我们的科学理论所提供的、注定是自然主义的世界图景中，这样一种根本的人类规范性之崛起是如何可能的?① 以这种规范性背景为依托，我们才较易看清，理性或道德事业无非是一种根深蒂固的冒险——“根深蒂固”是因为人类状态是从本质上非人的宇宙状态中突生的，而实现这一突生靠的是规范性推动的实践活动，并且正是规范性冲动及其精致化才使人类不断提升。规范与冒险，原本似乎是冲突的，但又宿命般地绑在了一起。正如道德与运气，两个表面上矛盾的术语，却从来就没分开过。

---

① 丹尼特上引之书（DENNETT D. Freedom Evolves［M］. New York：Viking Penguin，2003）可以说是朝着追问这一问题的方向做出了可贵的努力。另外，A. Gibbard 和 R. Brandom 在其著作中（见参考文献所列）都对澄清这一问题的诸多意义关联贡献良多。

第五章　意向性、规范性与社会科学

一、自然主义前提下的意向性问题：因果空间与理由空间

这里试图通过对当代分析哲学几位重量级人物的一部分相关思想的介绍和发挥，从一个侧面展示所谓深层规范性主题及其对社会科学方法论的可能蕴含。

具体来说，我将详简不等地提到如下几位哲学家：蒯因（Quine）、戴维森、丹尼特、麦克道尔、塞尔和布兰顿。所谓“相关思想”指的是一条潜伏在以上几位（乃至更大规模上的哲学研究纲领）风格迥异的论著背后的关键脉络，即我称之为“深层规范性”的脉络。

由于本章最终着眼点落在哲学与社会科学的可能连接上，我将选择塞尔的《社会实在的建构》（*The Construction of Social Reality*）中的某些概念装置作为论述和例示的重点。不过，在谈塞尔前，最好还是宏观地鸟瞰一下作为规范性主题之背景的问题域。

17世纪科学革命以来，人类思想所遭遇的亘古未有之巨变可以用“世界之祛魅”来概括。祛魅之根本原因在于对自然万物背后的因果必然性的原则信念。今天，一个受过正规学校教育的人必须承认，从原子物理到天体物理，凡是真实存在的东西最终都有物理学上的依据；从单细胞生物到智能生物，无一例外地来自漫长的宇宙进化。这是一种别无选择的自

然主义前提，任何脱离这一前提进行的思辨或理论建构，在当代的学术语境中都不会受到严肃对待。一旦从这一自然主义大背景出发看问题，最触目的疑难显然是作为人类所特有的、第一人称上最熟悉不过的意向性问题。在最简略、最原始的意义上，所谓“意向性”，就是某物的一个状态代表、表征或关涉（about）自身以外的另一物体或其状态。这种代表是如何可能的呢？对于从小就会说话的常人来说，语词能代表想说的、意会中的东西，这根本不成为问题（即在实践上不存在提问的动机）。但你只要稍稍多想一下如下这个问题，某种疑惑就可能油然而生：一块石头的物理状态，无论其多简单或多复杂，它不可能关涉另一样东西（哪怕是一块相邻的石头）；而人的思想（必定是在某个体的脑中）可以关涉千里之外、百代之前甚至尚未存在（或根本不可能存在）的东西。问题是，人脑与石头的差别，在足够微观的层面上无非是不同粒子的排列关系上的差别。假若任何粒子都谈不上意向性的话，那么无论其叠加、组合、重复多少次也不可能变出意向性来。这就是自然主义面临人类常识时的挑战，也是哲学和科学迄今未能破解的“神秘”（当然不是指超自然意义上的）。

意向性之所以关键，不仅仅在于它伴随着任何语言现象的存在，而且更关乎任何理由（包括询问、解释、推理或证明得以进行的一切依据）的可能性。简单地说，在上述现代科学所揭示的无所不包的因果空间之外，有一个人们赖以思考、计划、选择与他人合作或协调的观念性关系网络，我们不妨称之为“理由空间”。当代的哲学疑难，可以说正是理由空间与因果空间的关系问题，或者说是人类规范性与自然描述性之间的联结问题。而如何理解意向性恰恰是走向解开这一疑难不可或缺的环节，也许是入其堂奥的切入点。

二、人际阐释中作为构成性规范的施惠原则

现在，让我们扼要地回顾一下当代分析哲学自蒯因以来对意向性问题的讨论。蒯因首先关注的是人们在沟通中如何赋予彼此意向性。在常识心理学层面，大家均不怀疑彼此具有信念、欲望、意图等一系列心理态度，

唯有靠着对这些态度的识别或内容上的赋予（ascription），我们才能彼此理解。问题是，信念、欲望等这些意向性术语是否果真对应于本体论上真实的存在物？蒯因倾向于认为这些“在实践上必不可少的”意向性术语其实不过是一些十分有用的“戏剧性成语”，即其本性上并非是在描述自然界中现成的存在物。这也就是蒯因著名的（关于原初翻译的）不确定原理，以及后来其学生戴维森大加阐述和发挥的（关于人际阐释的）施惠原则背后的因由。

在这两个原则（不确定原理和施惠原则）背后的另一个立场则是关于意向性术语的整体论，即一个说话者说出的每一句话原则上都可能有无数互不兼容但又都与他所说的其他话兼容的阐释。戴维森接过了这一不无怀疑论倾向的整体论，而把它改造成为一种在理性构造意义上获得客观性的整体论。他的基本思路可以简述如下：施惠原则是一种阐释别人行为时别无选择地必须采用的规范性原则，否则阐释者根本无从入手去判别阐释对象是否具有任何信念（因为信念的显现乃至其源起均依赖其他相关信念所组成的信念网络的存在——而这种网络存在的前提则是整体规模上的融贯性和真实性）。这里的关键在于看到，该原则并非一种类似交通规则（比如靠右行驶）的调节性规则，而是一种存在论上的构成性规则（比如，若无象棋的规则，就无象棋这种游戏本身）。严格地说，阐释者自身作为言说或行为主体，其意向性的形成也离不开施惠原则（即在同一种根本上带有阐释规范的原始人际互动中发生的）。一旦我们抓住了这一条线索（即方法论上行之有效的规范有赖于社会本体论或语言发生学上的构成性规范），我们就不难理解戴维森整体论的特色及广泛影响（这一点在稍后讨论塞尔时还会看得更清楚）。

三、意向性姿态与达尔文式理由

蒯因的另一个学生丹尼特则进一步在生物进化论的宏大背景下将有关意向性的诠释性策略推广至整个生物界（乃至前生物阶段）。丹尼特把“意向性姿态”作为一种在方法论上必不可少的、理解大部分生物现象所需的概念工具。当人们看见非洲原野上一群狮子配合默契地围猎一只掉队的羚羊时，人们很难怀疑这些狮子有着明确的意向，以及有着如何才能最省力地猎获羚羊的原始信念；同样，夺命狂逃的羚羊必定相信背后有着迫在眉睫的危险，同时具备逃生的欲望。当我们几乎本能地使用“信念”“欲望”这些意向性术语来描述上述场景时，不仅仅是出于方便，而且有着更深层的原因——丹尼特认为，世界上很多真实存在的有意义的图景只能从意向性姿态这个视角才能看到。换言之，如果换一个纯粹物理学的视角，你所能看到的充其量只是一堆运动着或碰撞着的粒子，或发现背后支配它们的种种因果机制。有趣的是，类似说法适用于人造品，比如说一块手表。手表对人的意义是指示时间，但这一设计上的功能只能从具备着理解设计者目的的阐释能力（以及时间观念）的使用者的角度才能看出。在这个意义上，设计性姿态（丹尼特的另一个基本诠释姿态）与意向性姿态密切相关。任何设计均为着某种目的，所以唯有具备目的性这种意向力的存在者才谈得上设计。另外，自然主义前提意味着大自然本身没有目的性，那么，我们如何解释生物界无所不在的生物功能呢？

严格地说，“功能”预设着一种目的论框架，或者说预设着某种理由关系（对“为什么”的回答只能诉诸理由）。如果不是某个意向者的理由的话，那它只能是一种丹尼特称之为“自由漂移的理据或遍在的达尔文式理由”。对应于适者生存这一进化原则的自然选择观念，隐含着这样一个潜命题：其选择产物将不断得到优化（但未必是线性的单调上升），最终达到从设计姿态来看近乎完美的功能状态。

进化过程本身仿佛趋向着某种合乎理性的目的，但我们确知它没有预见、没有目的。大自然母亲仿佛是终极设计者，有着某种原初的意向性；但达尔文进化论的美妙之处恰在于用非意识的，或者说“盲目的”因果机制取代了原初心灵。而人类心灵却的的确确来自自然演化，在这个意义上可以说是一种“衍生的意向性”（就像人工智能所禀具的衍生的意向性来自人类一样）。有意思的恰恰是，这种后起的、衍生的人类意向性及其表征力，使得原本已存在或展开的生命秩序“史无前例”地呈现出来，使得先前无法被识别的种种客观的理由关系破天荒地建立起来，或真正成为理由——不单单是在事后被发现的意义上，而更是在被当作理由而成为有意义的、可思议的东西这一意义上。换言之，尽管大自然作为人类进化之母是人类实现为意向性诠释者的本体论条件，但是具有意义诠释力（或理性立法力）的人类乃是使大自然获得合理性（或命题内容）的知识论条件。我前面提到的所谓“深层规范性”，从一个侧面说正是这种人与自然在理由关系上的互为条件性。①

当人类祖先从蒙昧状态中“苏醒”时，他们眼中所看到的意义关联并不是自己臆造的，而是从自然母体的肌肤上拷贝下来的，他们凭借的概念资源（即拷贝工具）也直接或间接地得自该母体，或以之为生存境况的社会性实践。至此，我们尚未触及自然物理事实与社会事实的区分。上面刚刚提到的“意义关联”仍然只是从人类眼中或意向性姿态看出的自然事实所呈现的秩序或联系；这尚不等于我们作为人类社会的成员最为熟悉的、与集体规范或制度相关的事实。而后者正是塞尔前述之书所关注的焦点。

四、集体意向性、语言制度与背景能力

塞尔早年因其有关“言语行为”及稍后有关意向性的论著而暴得大名。在20世纪90年代出版的专门讨论制度性实在的专著（《社会实在的建构》）也立刻引起了相当范围（包括不少社会科学家在内）的争辩和几乎一致的对其重要性的肯定。在本章余下的篇幅中，我打算用最减省和（希望是）最单刀直入的方式，来剖析一下此书的独特题旨及其与上面所勾勒的问题域之间的逻辑关系。

此书力图从微观机理上建构一种具有客观实在性的社会本体论。其核心问题是：社会事实在什么意义上存在？所谓制度性实在背后的逻辑结构是什么？简单地说，塞尔的回答是：社会事实就是那种只有我们相信（或同意、接受）它才会存在的事态或关系。社会事实的独特性（即区别于纯自然事实之处）在于：在集体的意义上，它依赖主体（“我们”）；而对任

① 有关这一互为条件性方向的进一步讨论，尤其是其世界复魅化之效，请参见本书最后一章（“世界由祛魅到复魅”）。

何个体（“我”）来说，它又是客观的。

理解这一独特性的关键概念是“集体意向性”。集体意向性并不意味着存在任何超个体的心灵，或世界精神之类的东西。一切意向性结构仍须从个体心理过程出发。塞尔强调，集体意向性的命题内容包含主词“我们-意向”，它不可还原于“我-意向”及其与其他“我-意向”的组合关系。但是，集体意向性又不限于具有命题表征能力的人类，即在很多动物（尤其是像猴群甚或蜂群这样的社会性动物）那里同样存在。换言之，集体意向性是一种原始而基本的形态，无论在逻辑顺序还是在历史发生学上均优先于具有充分自我指涉性的个人意向性。但塞尔似乎尚未意识到，对前人类的原始集体意向性的真正识别或定性，只能是自觉进入理由空间之后的人类才能做到的事。

这里涉及一个重要的概念区分：一方面是作为原始自然事实的因果机制或关系，另一方面是对这类事实的可能描述——后者不但基于语言这一根本的社会制度，而且渗透着不同层面的人类规范性成果。

理解制度性事实所需的另一关键概念是所谓“地位功能”，及其被赋予某物的方式。塞尔用了一个简单的公式来说明一个物理事实如何变成制度性事实：“X 在语境 C 下算作 Y。”这里的 X 是有形而可见的经验对象，比如说一张纸片，而 Y 则是无形却实在的制度性对象或功能，比如说钱。显然，作为功能的钱不可能等同于作为物理存在的纸，两者之间的关系也不可能是纯因果关系，否则在任何情况下这张纸都必导致钱的存在。

上述公式中的关键词是“算作”。塞尔花了相当篇幅分析这“算作”成立的条件。一言以蔽之，它无非是一种规范关系以某种集体认可的方式得到确立。表面上看，这步骤平淡无奇（制度对人来说已是如此司空见惯而早已失去其对好奇心的吸引力），但对直面自然主义基底的哲学家来说，任何一种规范关系如何对应到物理的因果关系上，或者说如何在因果机制上得到保障，乃是最困难和最具挑战性的问题。

问题的复杂性（同时也是趣味性）还在于，上述公式同样适用于作为最根本人类制度的语言本身。这意味着语词 X 与其意义（功能）Y 的关系本质上也是一种规范关系，而不是从物体到名词（从羊到“羊”）的那种好似直接的因果关系。这里潜藏着某种循环性：对上述公式的使用，预设着作为语言之本质的象征能力以及诸如“功能”“地位”这类概念意义的存在，但是对语义的创造和对功能关系的把握，又须依赖这一公式来说明。

制度性功能与自然功能的最大不同点在于，前者是由某些本来未必存在的规则构成的，而后者则是人们在自然中发现的（尽管如前所述，这种发现部分地依赖着意向性理由框架）。构成前者的规则本质上是语言性的，即具备符号的表征性和象征性，并在一种系统的语义约束和关联中获得该符号（如纸币）的规范性地位，以及相应的权利、承诺、责任等义务论（deontological）品格。这些规范性的品格或地位在前语言的自然功能中是无法找到的，故谈不上还原到后者。可见，语言游戏乃是其他一切制度性博弈（如婚姻、财产、贸易、政府乃至体育比赛）的基础，也是对社会制度的无穷增生或创新潜力的终极解释。至于自然语言的运作如何具体地体现和预设着理由空间中形形色色却又秩序井然的规范关系，美国当代哲学家布兰顿在其若干近著中提供了系统而富有洞察力的说明。

回至塞尔。除了集体意向性、地位功能和构成性规则这三要素外，塞尔的另一个重要概念“背景能力”对于理解规范作用与因果作用的关系似也举足轻重。社会实在的复杂性体现在其背后巨大的、不可见的本体论规范结构；这种结构所包含或牵涉的层面和类型不是常人可用若干命题来表述甚或想象的，而且（更重要的是）常人在大部分情况下也无须先从理智上认清某个制度才能参与和行使该制度所具有的种种功能。这里，填补“空档”的就是所谓背景能力。它大致上相当于人们常说的会做不会说的技能（如骑车、游泳中所包含的非表征性的技能），在传统哲学术语上叫作“知道怎么做”（know-how），而与“知道是什么”（know-what）之命题性知识区别开来。

有趣的是，这种默会知识或技能在因果样式上是与动物所能者没有本质差别的；唯一的差别在于，一旦进入了人类的制度环境，这些非意识的能力、倾向、惯性驱力等就获得了某种跻身于理由王国的身份，从而哪怕是纯粹因果作用（如条件反射）下的肢体动作在合适的语境下也会被当成意向性行为。一个熟练的球手在比赛场上用不着想到种种规则也能“从心所欲不逾矩”，而在旁观者看来其动作完全符合规则，好似每次皆出于遵守规则的特定意向。但实际上规则在此时此地未起任何因果作用，如果说它有任何因果关系的话，那么只能是在平时的训练或其教练的指导中。

肢体行为如此，感官知觉也不例外。麦克道尔在其名著《心灵与世界》（*Mind and World*）中所提的一个核心问题就是：在感觉经验（这表面上简单的因果作用）中，世界是如何向我们的思想施加理性影响的？其简化答案是：理由空间无疆界，哪里有因果对象，哪里就有理由。但这只能是对人而言才成立的；对动物的感觉或行为而言，理由关系或理性约束并不内在于它们而存在（亦即它们在原则上不可能意识到这些“理由”或把这些关系作为理由来使用）。人类的独特性恰恰在于，我们在集体或制度层面上建立了基于理性（最终基于语言）的功能框架，及其相应的角色分明的等级秩序；而每一个人类个体，从一出生起就通过文化、教育（终极上也是凭借语言的学习）的“洗礼”而被纳入理由空间中或某个大传统之中，从而在规范性意义上自动成为（即被理所当然地视作）理性王国的一员。而其所有明显偏离社会规范的行为或性格倾向都会受到相应的纠正或规训。从而，人类个体行为中绝大部分的规则性或可预测性，应该直接或间接地来自制度性的社会规范。但这不等于说因此每一个人在每一个场合的符合规范的行为都是出于规范的（即出于遵守规则的意向性考虑）。恰恰相反，真实的图景应该是，人们在大多数情形下是凭着习惯，或近乎本能（由以往的经验反馈所强化或内化）的性格、倾向、技能而行事的。这与一切动物所展现的自然功能关系约束下的行为规则性相差无几。关键的差别在于，具有理性能力（或潜力）的个人，原则上（不等于事实上）可以把因果样式上的动物性机能纳入不同类型的规范关系中，而受其规范内容的约束，由此将其提升为一种对相应制度性功能的自觉体现。正是在这个意义上，只有人，而不是任何高智商的动物，才具有自由意志。

综上所述，社会科学中有关诠释性研究进路对峙于因果性实证进路的争论，应蕴含以下几个方面：

（1）理由空间的规范关系乃是人类行为在质的意义上区别于动物行为的根本背景或架构。社会科学只要想解释或预测人类行为，就绝不可能离开对这些规范性关系之产生和变化脉络的分析；而诠释性进路乃是这一分析之必要条件。

（2）人类社会在自然进化史意义上是与生物界连续的。所以，一般地说，对动物世界的实证研究必定有助于在因果样式上对人类行为的驱动机制的了解。但有意思的是，即使是对动物行为的实证研究也至少部分地取决于意向性姿态所预设的诠释性进路。

（3）虽然理论上可以说，理由空间与因果空间同样广阔；凡是在具备理由关系的地方必定也存在着相应的因果内容。但是，从戴维森等人的理论中却应得出这样的结论：理由关系在类型上并不对应于因果关系的类型（尽管在个体事件的物理实现上前者依赖于后者）。换言之，理由上的必然性（如逻辑蕴含关系）并不等同于因果关系上的必然性。所以，哪怕有一天自然科学能穷尽有关人类大脑的所有因果细节及其背后的因果规律，那也不能取消或代替基于诠释性原则的意向性解释的根本作用。

第六章　非理性、规范性与阐释悖论①

在《非理性之悖论》一文中，唐纳德·戴维森在论及如何面对一些典型的非理性行为的解释难题时，提出了一个饶富理趣的命题：

> 任何试图解释非理性行为的理论所无法完全逃避的底层悖论乃是这样一种两难境况：假如我们把它解释得太好，那么我们就等于将它变成为理性的一种隐蔽形式；但假如我们太轻易地把某种不一致性归于行为主体，那么我们就等于放弃了为有效诊断任何非理性所必需的（行为主体的）理性背景，从而使我们理性批判的能力大打折扣。②

许多力图解决非理性难题［譬如经典的关于“意志薄弱”（weakness of will）的解释难题］的当代理论家都未充分意识到上述命题对于理解一系列异常行为的困境之源及其与理性问题之一般关系的重要意义。这部分地是由于戴维森本人并未详细说明这一命题在何种意义上揭示了一个真正的而不是表面的悖论，也未能将它与他自己在行动理论和阐释理论中的其他重要思想的潜在关联予以清晰交代。本章尝试在这两方面进行一些必要的概念梳理工作，从而对上述悖论的真正属性以及由此可能引发的其他相关悖论进行一点深入的理论探讨。

---

① 本章所用“阐释”一词与前文所用“诠释”一词皆为同一英文词 interpretation 之同义译名。选用之别，纯粹是基于不同语境下的汉语使用习惯，特此注明。第七章亦同。

② DAVIDSON D. Paradoxes of Irrationality［M］// WOLLHEIM R，HOPKINS J. Philosophical Essays on Freud. Cambridge：Cambridge University Press，1982：303.

一、寄生于理性殿堂的非理性

当我们判断或批评某个行为是非理性的时候，并不一定意味着这个行为就其本性而言是不可理喻的或违反自然常理的。我们完全可能明确地意识到我们的批评所依据的规范标准，并同时知道或很容易想象某人为何会在如此这般的情形下如此这般地行事的理由或原因。比如，我们能明白为何某吸烟者尽管先前下了戒烟的决心仍会继续吸烟，但同时认定其继续吸烟是非理性的。我们无须了解所有导致瘾或积习的因果机制的细节亦能做出上述批评。我们关于非理性的判断可以简单地是我们对某些行为所采取的规范性立场的一种表达，我们相信这些行为是可以通过个人努力而加以改正的。可见，至少在我们较习惯的日常生活用语中，“非理性”与悖论性似乎并无必然的联系。

即使至今无人能够以科学的因果术语来解释（比如说）意志薄弱是如何在心理机制上发生的，这也不代表它就必然是悖论性的。因为在自然科学的领域中人们通常亦会面对不少长久无法解释的现象，但即使如此人们也不会轻易把它们叫作悖论。

当我们看到某个我们相信是具备数学基本知识的人在黑板上写下“2×2＝3”时，我们最初的判断一般会如下：“要么他粗心大意写错了某个符号，要么他写的并不是一个数学等式（例如‘×’并不代表算术中的乘法）。”如果被询问之后他坚称他是在做算术运算，而且写下的每一个符号都具有常人理解的标准含义，他甚至知道数字 3 并非 2×2 的正确答案但仍要这样写，这时我们就可能面对着一个较实在的难题，一般很难相信世界上真有这样的人，他在其他每一方面都与常人无异但却自发而自知地犯这种明显的错误。

假如不想否认类似行为存在的可能性，我们或许可以在如下意义上将它们称之为“非理性”，即行为者对于他自己认同的基本规范的自觉的违反。但在上面这个假想的例子中，我想大部分有理智的人不会轻易接受它属于这种意义上的非理性。这是因为，这里所犯的错误在纯理性推理的层面上是如此简单而明显的矛盾，很难设想一个智识健全的人在不粗心大意的条件下会犯这种错误。相反，我们会猜测他有其他动机，比如说，他想愚弄在场的人，或想误导那些尚未学过算术的（正面对黑板学习的）小孩子。他或许有进一步的理由可以说明为何以这种方式来愚弄或误导，如此等等。基于他的这些潜藏的或底层的实践因由，我们自会重新评判其古怪行为的合理性。如果我们将他当下所具备的无论何种动机当作给定的前提，那么很可能他此刻的行为在作为既定目标的最佳手段的意义上是理性的。另外，如果我们要进一步依据此人的整体、长远利益来考察他的这些当下动机，也许我们（包括他本人）会发现这些动机并不是其当下行为的最佳理由，即通盘考虑之下，他有更好的理由不这样做。假如他本人真的知道这一点但还是违反自己的最佳判断来行事，那么我们这才有了一个真正或严格意义上的非理性行为。也只有在此处“非理性”一词才真正适用。

戴维森有一句精警之语：非理性乃理性之殿内部的一个失败。[①] 即是说，假如一个人未踏入理性之殿，即从未进行过有效的推理，那么他不能被称之为非理性，我们最多名之为“无理性”（nonrational）。虽说非理性不能完全落在理性的疆界之外，但也不能完全落于其内。“完全在内”意味着被推定为非理性行为中的每一样元素都有一个或隐或显的解释性理由，这些理由是如此有根有据以致该行为成了“理性的一种隐蔽的形式”。换句话说，行为者本人可以（但不必是在行动的关口）诉诸这种理由解释以证明其外显的“非理性”行为的合理性。“缺乏自制型行为之特点在于行为者不能理解其自身：他在他自己的有意识行为中发现某种荒谬难解的东西。”[②] 戴维森的这一刻画所包含的理论挑战是，我们如何在对某类非理性行为给出一种圆满解释的同时不因此而把它们变成“主观上合理的”，即从行为者自身的观点看（不管是在行为发出之时还是在事后他更从容地反省之时），他的行为也是非理性（道理上讲不通）的。所以，该行为中

---

① DAVIDSON D. Paradoxes of Irrationality [M] //WOLLHEIM R, HOPKINS J. Philosophical Essays on Freud. Cambridge: Cambridge University Press, 1982: 289.

② DAVIDSON D. How is Weakness of the Will Possible [M] //FEINBERG J. Moral Concepts. London: Oxford University Press, 1969: 113.

必须有某种至少部分地落于理性范围之外的东西使之成为非理性。换言之，非理性行为必须同时包含理性的元素（即诉诸理由）和无理性的元素（即受制于非理由类型的力量）在其内核之中，少了任何一种元素皆不成为非理性。

当戴维森开始采用一种心智的区域分隔模型并声称理性不具备跨界性（即跨越区域分界线）的司法权力时①，他似乎遵循的就是上述思路。然而，有趣的是，不少理论家试图指出戴维森对意志薄弱（即不自制）行为与他的行动理论之基本原理之间的调和性处理是不成功的②，且过分智性主义化——太侧重诸如理由和判断等认知因素而忽略了驱动这类行为的意欲因素的作用。③ 尽管注意到意欲因素（及其与理由的互动关系）对非理性行为在发生学上的重要性甚或必要性对上述讨论是相关的，但这些批评均尚未触及前述非理性悖论之意蕴。

二、非理性悖论的挑战性

构成戴维森式非理性悖论的两难之角可以重述如下：其一，如果我们将（比如说）意志薄弱是如何可能的解释得太好，即给出一个因果上和心智上过于融贯一致的图像，那么我们无异于证明它是合理性的一种隐蔽形式；其二，如果我们将意志薄弱轻易排除于可理解的现象集合之外，那么我们等于将本来在理性上可诊断的某些人类行为神秘化，从而给人类交往中成功地阐释他者的可能之途设置下人为的障碍。按这一表述方式，这所谓悖论听上去更像某种解释学意义上的困境。但抱有怀疑观点的人大可质

---

① DAVIDSON D. Deception and Division [M] // DAVIDSON D. Essays on Actions and Events. Oxford：Clarendon Press，1980.

② 例如可参见：JOSEPH M. Rationality and Weakness of Will [J]. Journal of Chinese Philosophy，1981，8：9-27。

③ 参见：ROBINSON K. Reason，Desire，and Weakness of Will [J]. American Philosophy Quarterly，1991，28：295-296；R. Audi 则在一文中提出了一种关于理性行动的更广泛、整体论式的和反智性主义的概念（AUDI R. Weakness of Will and Rational Action [J]. Australasian Journal of Philosophy，1990，68：276-281）。

疑这种悖论的真实性。什么是适当的解释与解释得“太好”之间的界限？如果融贯一致性是我们阐释或解释的目标，何来“太一致”之讥评？另外，假如某解释者因其自身的无能或懒惰而未能理解一个困难或复杂的现象，但却转而以对象的不融贯一致为托词，这显然并非什么困境而不过是应加杜绝的诿过做法。如果我们毫不怀疑自然现象的根本一致性，为何不终止赋予人性（亦是大自然之一部分）以不一致性的做法？既然如此，人们接下来要做的只能是尽其所能地为任何人类现象找出一个尽可能一致的因果解释。

我们对解释上的一致性的追求基于我们对自然的终极一致性的信念。这意味着被解释的对象中的每一个单元都须有一个对其发生而言充分的自然原因，并且所有自然原因均以与所有自然规律相协调（即无矛盾）的方式发生作用。但是，对某个行为的解释上的一致性显然不能自动保证其行为者一方的任何形式的理性。当戴维森担心“太好”的解释会将一种非理性行为变成一种隐蔽形式的理性行为时，他指向了一种潜在的有问题的多因素复合体——其净效果使得对行为的理性评判误入歧途。但戴维森却没有进一步提供对这种多因素复合体的进一步分析。为了检讨非理性悖论的真确性及其背后可能蕴藏的理据或洞见，我们有必要进行这一方向的分析。

在我看来，若要反对上述人造的“隐蔽形式的合理性”，首先需要对如下关系提供一种可取的说明：一个因果解释如何能够在正常或标准的情况下直接导致或引向合理性的归属（即把某种程度的合理性归于某人的某个行为）？这种说明有希望给出一个背景原理，其意义大致可以表述为：某种类型的因果解释能够合法地将被解释的行为转化为具有某种形式的合理性。只有当这一正面的背景图像确立之后，人们才能谈论在何种可能的情境下因果解释的“合理化作用”变得不合法。用个通俗的说法，只有在原则上确立（知道）了小鸡是由（某种类型的）鸡蛋孵出的，才有可能去谈论哪一种孵蛋的方式正确或不正确。假如在任何情况下因果解释都与合理化毫不相干（就像鸭蛋与鸡毫不相干那样），那么对某些因果解释会不合法地将某些行为合理化的这种担心又从何而出呢？这时，人们唯一能说的是，这个行为在因果机制上融贯一致，但在合理性上难以置评——单从解释的角度无法看出其合理与否。但另外的情形是，因果性与合理化之间的一般关联越强，那种对两者之间的可能的不匹配的担心才越真实，或者说那种对确定真正因果项方面可能出错的忧虑才显得越有分量。如果以上的准备性分析站得住的话，那么我们最好先来看一下有什么样的考虑可以支持上面提到的那种背景原理。

首先，这种背景原理想要建立的是因果解释与合理化之间的关系，而且须是从前者指向后者的关系。（至于从后者指向前者的关系，戴维森在其著名论文《行动、理由和原因》中已用另一个原理予以概括：某一行动的主要理由亦是该行动发生的原因。换言之，合理化是因果解释之一种。[①] 限于篇幅，恕不在这里赘述戴维森对该原理的论证及我对该原理适用范围的批评。）一个有效命题的逆命题并不一定有效，这是逻辑常识。用于此，可以说，哪怕一切行动的理由皆是其原因，并不意味着一切行动的原因皆是其理由。当人的手被沸水溅到时会本能地躲开，手的动作的原因是由皮肤的触觉到中枢神经再到控制肌肉的运动神经等所构成的刺激反应机制或者条件反射机制。这与其说是一种基于信念或欲望的理由，毋宁说是一种更近于金属受热会膨胀的无意识现象。所以，我们似乎不能说，“一切因果前件（原因）都能将其后件（结果）合理化”（不妨将此命题称为 T1）——除非将“合理化”的意义不适当地放宽为“纳入一种已知图式使之变得可理解”。

其次，我们这里探讨的是人的行动而不是任何物理事件或现象。行动之区别于其他事件之处在于它是人所做之事，而不是简单地发生于人身上之事；而“做”与“发生”的最大区别则在于前者是受主体控制的、主动的，而后者是不受控制的、被动的。正因其受控性，对行动的描述才必须使用“意向性”“理由”等术语，而显然这些术语是不适用于纯“发生”在人身上的事件的。由此标准，不难判断上述手被烫之后的本能反应式的动作并非真正意义上的行动，故而此例无法作为 T1 的反例。但这种对于“行动”的概念上的厘清是否足以拯救 T1？

我现在正把这些汉字打在计算机的显示屏上，这显然是有理由（为了

---

① DAVIDSON D. Actions，Reasons，and Causes［M］// DAVIDSON D. Essays on Actions and Events. Oxford：Clarendon Press，1980.

写文章)、有意向（组织语句)、受控（我的手指、眼球的运动）的行动。这一行动不单是由前后连贯、持续不断的许多小动作所构成，而且每一小动作本身都包含着我的身体和大脑内部无数神经元及其他生理功能单元之间的协调运作，甚至包括与计算机工作状态之间的互动和反馈。从整体上讲，我的打字行动自然是受我控制的，但从局部和微观层次而言，其机理未必没有与上述手被烫时的本能（习惯）反应的相似之处。再者，因果链条几乎是可无限细分的。当我可以合法地说我组织语句的意向（作为原因前件）将我手指的打字动作（作为结果后件）合理化时，这并不代表我同样可以合法地说属于这个因果链条当中的任何一对因果前件与后件之间也有合理化的关系（显然，我肢体内某个传导神经元与沿着上述因果链的下一个神经元之间的信息传递关系谈不上有任何合理化关系存在)。所以，严格意义上的 T1 仍不成立。

最后，我们能否将 T1 修改为“任一行动背后的整体原因都能将该行动合理化”（姑且称之为 T2)？T2 的优胜之处在于把着眼点放在行动之所以成为行动的宏观层面上而避免了上述微观层面的麻烦。从概念上讲，任何行动必有其意向和理由，故而行动背后的整体原因自必包括这意向和理由；一旦理由存在，合理化关系亦自必随之存在。但是麻烦并未全部消失。新的麻烦源自行动范畴下所辖类型的多样性。除了大量正常的行动外，尚有不少较反常或异常的行为。一方面，正常与异常之间的区分永远是相对的、可更易的；另一方面，即使是通常概念中最异常的、严格非理性的行为在具备意向性、非强迫性（亦即某种程度的可控性）甚至某种类型的理由这几项要素上均符合标准“行动”的范畴。所以没有理由把这些所谓异常行为排除在“行动”之外——而我们的日常语言也正是以包容这些行为的方式使用“行动”这个词的。那么，这些并不罕见的异常行为在什么意义上给 T2 制造了麻烦？以意志薄弱为例，按照经典的定义（自苏格拉底起)，它是一种违反自己最佳判断的自觉行动。① 作为实际发生的

① 对于该定义之详细分析，可参见 R. Audi 上引之文（1990)，以及：AUDI R. Weakness of Will and Practical Judgement [J]. Noûs，1979，13：173-189；另外，F. Jackson 试图论证以“违反自己最佳判断”来行事对意志薄弱而言既不是必要条件也不是充分条件（JACKSON F. Weakness of Will [J]. Mind，1984，93：1-18)。

行为，它必定是有原因的，但这原因又不可能是其行动前的最佳判断或其中所含的主要理由——否则它就不成其为“违反”了。当代关于意志薄弱在因果机制上的解释模型不止数种，但无论哪种解释都不可能把它发生的（整体）原因变为证明它合理的理据。所以，只要意志薄弱现象（或者其他类型的非理性行为）真的存在，T2 就很难站得住。但尽管如此，T2 仍不失为一个相当近似于真的命题。如果我们将 T2 中的“整体原因”改为“在因果上有解释力的理由”，并在“合理化”之后加上一选言限制“或局部合理化”，那么修改后的命题（称之为 T3）则可消解上述非理性现象带来的麻烦并同时使得 T2 原有的似真性表述得更准确。（由于本章的重点尚不在证明 T3 的有效性或探讨意志薄弱等的解释模型，故在此从略——我在其他文章中对 T3 及其与戴维森之著名逆命题的相关性有详细的讨论。）

三、合理化与悖论化

回到本章的原初问题，戴维森的非理性悖论在什么意义上是一个真正的悖论？如果 T3 的确是一个真命题，即任何行动背后的在因果上有解释力的理由都能将该行动合理化或局部合理化，那么它作为一个背景原理是否或以什么方式足以令上述悖论真实可信？

非理性悖论的第一个担心是，“太好”的因果解释会把本来不合理的行为人为地予以合理化。给定 T3，我们就不难设想这样的可能性，即解释者为了填补因果解释链条中的某些空白或缺环而加进的假设性因素使原本不存在或站不住的理由变得活灵活现，从而将原本古怪的行为合理化；或者使本来只能在概念上做抽象区分的理由关系（局部合理性）在“实际”心理过程中与其整体关联断裂开来，从而转化为事实上的新的整体合理性。

比如，某晚当我正准备为第二天的大课演讲而备课时，听到电视里传出美国职业篮球联赛总决赛实况转播的声音，我明知演讲的重要性要远大于看一场球赛，但我还是违反了自己的最佳判断不无愧疚地坐在了电视机前面。这里，我最终的行动——坐在了电视机前——显然是有意向的、受我自己控制的，而且基于一个明确（意识到）的理由——看这场球赛会带来很大的兴奋和享受，但这却是一个在当时的境况中站不住的理由，因为我同时有更好的理由要做另一件不兼容的事，也就是有更强的理由不做看电视这件事。所以，这种行为是一种典型的意志薄弱或缺乏自制（incontinent）的行为，在主观的意义上（即就我本人的标准，而不是别人的标准看）也是非理性的（它影响了我自己的其他更好、更重要的目标）。但是，尽管如此仍不排除有另外的解释空间，即某个解释者他（可以是我本人，在事后反省）为了在较深或较细节的因果层面上理解我的反常行为（假定我平时大部分时候是颇有自制力的）而最后将我的上述行为转化成一种隐蔽的合理行为。比如，他在解释中发现我最钟爱的是芝加哥公牛队，而这场决赛又是多年罕见的比分极其接近（从之前的赛事中得知）的劲敌对决，迈克·佐敦亦刚刚复出，鹿死谁手不到最后一刻难见分晓等。所以虽说一般情况下我不会为一场球赛如痴如醉而丧失自制，但面对这一场极特殊极难得的赛事，很难说我先前的最佳判断（即次日演讲更重要）是坚定不移、毫不含糊的。即很可能在我潜意识中有另外一个倾向于看这场球赛的更本性的判断。或者，他发现我除了显意识中的最佳判断外，我当时实际上存有另一个不太明显的侥幸心理，即相信自己若超水平发挥（仿佛受到球星们超水平表现的激励似的）的话可以在更短的、球赛之后“开夜车”的时间里把备课工作完成。这种信念很难说有多少根据，也正因此是不太明显的侥幸信念，但它很可能在最后导致我选择看电视时起到关键作用——这作用就是将本来完全冲突、不兼容的两件事（至少部分地）调和起来，从而使得我不自制的行为不再像是真的违反自己的判断，甚至不排除第三种解释可能，即尽管我实际上并没有上面设想的侥幸心理，也没有对该场赛事“百年难遇”般的不可错失感，但出于某种原因在我做出最佳判断之后几秒钟内我竟然忘了这判断的存在，亦即我不再担心明天的事，仿佛它已不再存在或真实；这时唯一充溢我心的是这激动人心的比赛场面。

以上三种解释情境远未穷尽所有的可能性，可每一种解释情境都符合T3 所述的合理化途径。先看上面的最后一种可能情境：当解释者用遗忘来割断我的最佳判断与其后的与之相反的行动之间的约束关系时，我的行动实际上就已成了一种相对独立的行动，唯一支持它的（本来显得不合法的）局部理由也就在孤立了的相对独立关系中上升为（就当时而言主观上的）合法理由。可见，用“遗忘”这种非理由的因果项，达到在因果上实现局部理由的条件，同时使该理由得以把原本“不自制”的行为合理化。上面第二种可能情境则是在原本的判断背景上增添某个或隐或显的信念，使得具有因果解释力的（看球赛的）理由不再受到最佳判断的正面威胁或瓦解，而具备发择其因果力的条件，同时亦将看球赛的行为合理化。而前面第一种可能情境却是直接加强看球赛这一方的原本不充分的理由，即强调当下境况的独特性和不可重复性（使之成为例外）而令这因果上生效的理由在理性上也更站得住。

所以，借助 T3 的帮助，我们很容易看到在尝试理解“反常”行为时存在多种真实的不适当合理化的危险性。其危险或危害性不只表现在为某个具体的行为找借口而逃避理性批评及其纠错之效，而且更主要的是只要这类不适当合理化的可能性原则上永远存在，那么一般意义上的理性批判就在原则上被瓦解了。这后一点恰是戴维森通过非理性悖论试图表达的基本困境。

但可能性毕竟不是必然性。凭什么可以断言这种不适当合理化的可能性要比人世中随处可见的各种各样出错的可能性更严重、更迫切或更不可避免，以致非得用“悖论”这个字眼来形容呢？再看上面例子中提到的三种可能的解释情境，凭什么任何人（包括当事人“我”自己）能确切无误地肯定某一种解释中推想或假定的因果项或其作用模式（如“遗忘”）一定是人为杜撰（无中生有）的，而不是以某种不易察觉的方式确实存在的呢？（当事人自己的回忆、记忆就一定准确、可靠吗？当代认知心理学早已揭示了多种认知主体对自己感觉、判断方面的偏差。）

值得注意的是以上这种怀疑性的诘问虽说亦可用于对纯自然现象（如非观察层面的所谓“隐变量”）的解释，但它面对属人的现象时就会变得更富针对性。这是因为，任何人类现象必包含各种各样的心理属性。一个心理事件可以同时是因果事件和心智事件，意即它可以用神经生理学、分子生物学（终极上是物理学）的术语来描述，同时也可以用其命题内容以及与其他具备命题内容的事件之间的逻辑关系来描述。心灵（或心智）区别于自然万物的特异之处不只在于它创造和理解意义（即禀有含命题内容的心智状态），而且也在于能够描述这种心智状态的术语具备如下根本特点：首先，它们只能是日常心理学（folk psychology）意义上的术语，即人们日常语言中所使用的基本术语或范畴，诸如信念、欲望、理由、判断、愿望、意图、意志、决心、情感等；其次，也是更要紧的一点，这些与我们自发形成的语言习惯相伴生的日常心理学术语有一基本的局限，即它们不同于人为构造的抽象形式符号系统的术语，它们在概念的内涵或外延上没有清晰明确的边界，而是互相重叠、交织、转换的。这种重叠、交织、转换的程度不但因人而异，而且（对同一个人来说可以）因时、因地、因上下文联系而异。这种状况对话语（文本）阐释和概念分析造成了很大的困难。关于这一点，当代语言分析哲学有大量精致且饶富争议性的论述，在这里自然不可能做哪怕是鸟瞰式的介绍。我在此想强调的一点是，上述这种自然语言的基本局限并不是一个纯负面的、犯了本来不该犯的错误之意义上的缺点。一方面，自然语言有其自然进化意义上的适宜性（fitness），现今存活的语言在整体上必有其适应社会实践（人际交流乃其中之一组成部分）的功能。另一方面，当代语言学的研究表明，自然语言（不管是汉语、英语，还是印第安语、爱斯基摩语）背后有一些深层的共通的语法、语义结构，它们可能是与人类（人脑）感知、识别和处理物理世界信息的基本方式（受人体本身构造制约的方式）相关联的。这里不妨用量子力学之父尼尔斯·玻尔的一句话来做模拟：面对微观层次的量子现象，我们所拥有、所能使用的唯一有效（有意义）语言是经典物理学语言（它是植根于人类可感知的宏观物体的描述性语言）。用后者来表征、刻画前者，必然会产生诸如光（子）的波粒二象性或海森堡测不准原理这样的（在经典物理学看来的）悖论。同样，如果自然语言是我们在某个领域别无选择的描述语言，那么也不难想象当某些描述或解释深入某个超出常规的层面时会带来某些出人意料的悖论性结果。

具体地说，上述日常心理学术语的基本局限对于我们诊断非理性的尝试的直接意味是，当我们遇到表面上费解的行为现象时我们永远会有某种解释上的机动性或选择余地：要么在某种深潜的层面假设某个（或某些）

具因果解释力的东西，从而（依据 T3）使之合理化；要么拒绝承认这个行为现象背后有任何理性上的协调一致性，亦即将它判定为无法理解的非理性。若是后者，剩下来要做的无非是试图治疗或纠正这“另类”行为。若是前者，仍然存在一种重要的可能性，即通常我们可以有多过一种的、整体上解释得通的假设。自然科学史向我们有力地昭示了这种可能性。但涉及大量心理因素的人类行为现象自然会比纯物理现象更具这种解释上的非唯一性，从而为解释的主观随意性开启了大门。不过，正像自然科学中互相竞争的假设可以有待以后发现的新证据的检验（随着时间的淘汰往往最合理的理论假设留存下来），对行为现象的可供选择的不同解释亦可依赖别的相关证据的检验。这后一种别的“证据”一般不是靠做出预测、再看预测的行为是否发生这种方式来收集的，而是靠把当前的假设与该行为主体在其他场合的行为相比较而得出的融贯性指标。用于比较的相关场合越多、相应解释的覆盖面越大，则该假设的似真性或可信性就越高。

所以，尽管日常心理学术语在概念上有不可避免的松弛性和伸缩性，这使得它们在陈述假设方面比起用物理学术语来要缺少精确性，从而心理假设的可验证性亦相对要低；但尽管如此，这些心理假设在原则上仍然是可比较的，比较的标准——解释的融贯性及覆盖面的大小——在原则上也是与自然科学共通的。如果我们在自然科学中没有因为某个局部范围（如量子现象）的“悖论性”而把整体科学的大部分成果悖论化，那么我们也同样没有理由夸大心理解释对于非理性行为偶或有之的无能为力。

但是，戴维森悖论隐含的锋芒似乎不限于可局部化的个别非理性行为，而是针对一切既有的和潜在的非理性行为。问题是日常经验告诉我们，类似意志薄弱或自欺这样的非理性倾向几乎每一个人或多或少都会有一点。既然如此，有什么理由让人确信潜在的非理性行为不可能无限增加，以至于某些人的大部分行为都落入这一范畴？假如对某些人真有此可能，那么凭什么说绝对不可能出现大部分人在大部分时候都非理性的情形？由此可见，若戴维森悖论的真确性难以否认，它对我们人际日常进行着的阐释和批评之理性实践的潜在影响就绝不能低估。

四、描述性掩盖下的规范性

或许，悖论性因素并不在于能否在心理解释中彻底排除因术语的模糊性而来的虚构成分，而在于为何必然要对非理性行为中隐藏的所谓不一致性进行理性批判。

一种常识性的观点似乎可以这样来表述：一个人在某一特定时间所具备的理性程度，无论其来源如何，应是他自身的某种内在特性——不可能取决于第三者怎么看他。不管你怎么定义理性，只要它对应到或关联到行为主体在其思考和意欲驱动方式中表现出的某些心智能力或倾向，我们就无可否认在任何理性对象之中存在着某种关乎理性的既定的事实性。我们又怎能说我们有权把某种程度的一致性或不一致性归于（即强加于）行为主体呢?[①] 理性批判的前提就是批判者在解释中已把某种不一致性归于行为主体。但是，难道可以说“关于某个心灵的独立而既定的事实依赖于另一个心灵是否决定及如何决定去理解它”? 这种说法本身难道不是一个悖论吗?

对这个问题的一个简明回答是，只要我们在概念上区分存在论（本体论）的独立性和认识论的独立性，上述所谓悖论就迎刃而解。换言之，一个心灵在存在论上独立于解释者并不与关于它的“事实”在认识论上依赖于解释者相矛盾。这一点适用于一切被解释的对象（包括物理对象）。我们可以毫无矛盾地说，关于一个对象的任何“事实”陈述无非是来自某个解释者的特定理解的一种描述形式；这个解释者无须否认该对象在存在论上的独立性和一致性。心灵，作为自然对象，其本体一致性的公设在逻辑上先于关于它的任何特殊理解。

当我们判断某个行为非理性时，或者更精确地说当我们发现某人自觉地违反了他自愿采纳的标准（且于行动之时并未忘记或放弃这一标准）

---

① 这一问题表述中的“我们”可以换成行为者本人，即行为者自己似乎也无权为了理解上的方便而把某种特定程度的（非）理性归于自己。

时，我们是否正在把某种本体不一致性归于他？假如答案是肯定的，则我们犯了一个概念错误：我们用仅有认识论相关性的理由僭越入存在论的领地。而如果我们说我们“归于”对象的并非存在论上的不一致性而是解释上的不一致性（即对象中的某个假想因素与其他相对稳妥地确立的因素或规则之间的不一致），那么接着的问题是为什么我们应该把这解释上的困难之源归于对象而不是归于我们自己（比如我们在认识上的不完善或不胜任等）？进一步的问题是，把某些行为判定为内在非理性而不是暂不可解，这有助于达到什么样的目的？

真正的不一致只能发生在作为理由或命题（而不是作为纯因果项）存在的心智状态之间①——这一点对解释者及其对象即行为者同时成立。不管在解释者这一方有多少可能的解释或认识上的不一致，至少永远存在行为者那一方的如下可能性：在他自己行动的理由与别的也可以用命题表述的底层因果机制之间具有某种真实的逻辑上的不一致性。因此，对解释者来说，永远可以考虑把无论何种（通过努力也）解释不了的“剩余物”归于对象那一方——不妨把这看作一种后备的解释策略。至于在何时何地这种策略的使用是可以证明为合理的，这是一个经验性问题，它取决于许多涉及具体境况的因素以及某些一般的规范性方法，比如蒯因提出的在原初性翻译中必须使用的“施惠原则”②。虽然要对各种可能的不一致性来源做出比较准确的分类需要认知科学的长足进步，但哲学家却能（也只有哲学家才能）提供对于心理学机制与命题内容之间关系类型的概念化说明。

① 不存在完全脱离因果关系或因果属性的心智状态或心智事件。也就是说凡是心智事件，它须同时也是物理事件即具有因果效力。但这不代表心智事件与纯物理（因果）事件之间没有区别。关于这一区别的十分著名的讨论，可参见：DAVIDSON D. Mental Events [M] // DAVIDSON D. Essays on Actions and Events. Oxford：Clarendon Press，1980：207-225。

② “Principle of charity”尽管最初由蒯因提出，但戴维森却将它推广至包括行为在内的更大的阐释领域。该原则的要点在于尽量把阐释对象当作具有常人所具有的基本理性而不轻易地将它斥之为非理性。参见：QUINE W V O. Word and Object [M]. Cambridge，MA：MIT Press，1960：Ch. 2；DAVIDSON D. Inquiries into Truth and Interpretation [M]. Oxford：Clarendon Press，1984。关于不同强度的“施惠原则”的比较性讨论，可参见：THAGARD P，NISBETT R E. Rationality and Charity [J]. Philosophy of Science，1983，50：250-267。

那些“内在非理性”案例令人费解之处是通常生效的对行动的基于理由的解释居然在某处断裂，而作为一种基本方法论规则的理由解释（按戴维森的观点，也是一种因果解释）一般认为是对意向性行动普遍适用的。

当然，我们一直还有另外一种选择，那就是径直否认内在非理性的存在，并且把这种否认当作一个基本原则。戴维森所称的“柏拉图原则”正是这样一种原则。[①] 它可表述为：没有人会自愿地去违反自己认为最好的。但面对着有史以来如此众多（环顾左右似亦比比皆是）的人类不自制行为，这一原则的可信度究竟有多大呢？有趣的是，这一原则的表述方式看起来像是一个对自然事实的纯粹描述，但除非你把“自己认为最好的”定义为行动者（在发生行动的那一瞬间）脑中实有的无论什么状态，否则这一原则很难成立。而一旦像上面这样定义，“自己认为最好的”就成了一个没有独立意义的判准，也就使得柏拉图原则在一琐屑的（即设定的）意义上为真。

以逻辑规则为例。我们之所以很少见到有推理能力的人会在神志清醒时违反基本的逻辑规则，并不是因为逻辑是人脑天生的硬件，而是因为人们是在这样一种自然和社会环境中长成：在其中假如没有某些基本的认知规范，则无论是集体的人类实践还是个体的生存活动均寸步难行（或很快就会被现实所淘汰）。“我们对认知规范的接受最终是可以在实践上说明的——究其总体而言我们从以证据约制信念的做法中获得好处”[②]。终极的约束来自自然，不管是直接的（通过个体与外在和内在自然的遭遇）还是间接的（通过社会性的宰制和中介性的规范）。认识上的规范早已是我们的第二本能（第二自然），它们在我们心中通常像自然规律那样发生作用。

所以，关于柏拉图原则的一个可取的观点应当是：尽管它看上去像描述性命题，但实际上是一个规范性原则——其正当功能不是描述或预言，而是命令或指导。由此，我们不难领悟将一不自制行为判定为非理性的用意：这是因为它未能达到它本应达到的规范标准，这一标准是行为者本人

---

① DAVIDSON D. Paradoxes of Irrationality [M] //WOLLHEIM R, HOPKINS J. Philosophical Essays on Freud. Cambridge: Cambridge University Press, 1982: 294.

② HEIL J. Minds Divided [J]. Mind, 1989, 98: 580.

自然（自发）地采纳且无法理性地拒斥的；同时因为我们相信这个行为是能够按照这一规范标准来改正的。

我们从未声称这个非理性行为在存在论上不一致，从而我们总是保有这样一种可能性，即有一天我们能够在所有的因果细节上充分地解释这个行为的自然发生过程。即使到了那一天，我们也并未“将它变成为理性的一种隐蔽形式”，因为我们仍然在规范层面上将它视为不一致。（当然，若我们到时已根据新发现的心理学事实而部分地修改或放弃了我们的规范原则，则另当别论。）一言以蔽之，只要我们充分意识到这些基本原则在我们有效的人类实践中的规范本性，戴维森的非理性悖论的暗影似已就此烟消云散。

五、内在于阐释的批判性与实践性

然而，故事尚未终结。在尘埃落定后似乎刚刚廓清的天空上，仍有一朵浮云迟疑不去。它是在一部分人心中残留的一种怀疑，这些人一直以来惯于把上面提到的那些基本原则当作远比一些显然的规范性指引更为深厚实在的东西。即使他们在知性的层面已经认可柏拉图原则的规范性基础，他们仍想知道为什么我们应当采用这个而不是那个特定的原则来作为对所有意向性行为的阐释原则（假设这两个候选原则意思接近但适用范围有所不同）。关于我们创制及贯彻这样一个规范性原则的自由度有没有任何自然而终极的约束？如果有约束的话，那么这种约束是否应当来自人们现有的心智平均状态或其一般的水平？换句话说，就一个规范性原则而言是否存在一个描述上的准确性或似真性问题？

我们很容易想到一些日常生活中的规则，其唯一的目的只是要求服从和遵守。比如，一个工作场所的着装或制服守则。这里，规则的制定者无须关注有关的人员现在是否已有这种着装（比如打领带）的习惯，或在多大程度上本来就是符合他们的喜好的。唯一的关注是此后这些行为的出现，与某人是否要付出很大努力或代价才能做到是不相干的。许多道德（尤其是传统的）规则属于这一范畴。显然，对这类规则不存在所谓描述的准确性问题，即这些规则适用对象的现状对规则本身不构成约束。这里唯一值得注意的是，任何规则制定者都有一个潜在的、不言而喻的前提，那就是规则适用的对象在原则上有能力达到规则的要求，或至少有能力朝这个方向改变自己。总之，除了潜在性或（一种狭义上的）“可完善性”乃其必要条件之外，人们的现状并不是这类规则的考虑因素。

但是一旦我们进入阐释的领域，事情就有所不同。由于阐释的目标在于搞清某个现存和既定的现象，它的内核自然是以真相为依归的描述性。既然如此，哪里又有为规范性内容留存的空间呢？任何具有实质内容的有关“阐释的规范性原则”的提法都不免会产生某种悖论感：一方面阐释要求的是关于对象现状的真实陈述，另一方面原则的规范性要求的是阐释对象对某一标准的适应或服从。怎么可能同时把两个相反的要求放在一块而不自相矛盾呢？

在我的视野内对这问题的可能回答至少有两条进路，每一条都会对“阐释的规范性原则”的由来或者必要性给出某种说明，但每一条最终都仍会引向新的悖论或悖论性表述。让我们先来看一下第一条进路。

回答上述问题的一个关键在于阐释对象的一个根本特征，那就是被阐释的行为并非不受到行为主体自身关于某个阐释原则的信念、态度和行为反应的影响——这个阐释原则也正是阐释者用来指导或调节其阐释操作的。许多人也许对“自我实现式预言”（self-fulfilling prophesy）的说法并不陌生。类似地，也有一种自我实现的信念的可能性，即当人们（包括行为者和阐释者）真心相信某个原则的有效性时，他们的行为将受到如此的影响以致最后确证了原则的真实性并且反过来强化了自己初始的信念。能区分对于人类行为的阐释和对于纯自然对象的阐释的东西恰恰是，在前一种情形下阐释者必须考虑上述这种产生自行为者的信念与某一行为原则的可信度之间的互动作用及其效果。因此，这种原则的有效性诉求不能只考虑对行为者现存状态的描述准确性，而不考虑行为者并非隔绝于自身为适应原则而付出的努力之外。也就是说，阐释原则很可能是与行为者的行为原则同一（方向）的，所以应当包括行为者所能实现，也有相当动力去实现的目标状态。假如某个行为者的现状是较远离这目标状态的，比如说他有颇强的不自制倾向，有什么样的动力足以让他尽最大的努力来设法改变这种倾向以符合这目标状态呢？趋利避害，通常是人们的动力之源。但不自制者的毛病恰恰是不能按自己的最佳判断——它可以是基于功利最大化的判断——来行事。另一种可以想象的动机来源是行为主体对自己行为的“怪诞性”（被说成偏离常规、违反自然等）的担忧。我这里不准备对何谓“怪诞”及为何某种类型的自觉异常会在某些条件下引起某种程度的不安等问题做出详细的分析。我只想指出，如果行为者自己对自己偏离常规的行为都不明所以、无法理解的话，那么他就很可能会在社会（内）化的压力（用弗洛伊德的术语讲是来自“超我”的监督）下产生某种莫名的恐惧，感觉到自身存在某种内在的问题而不只是外人眼中的问题。（相反，那些常见的故意标新立异或“出位”的行为不在此列，因为当事者非常清楚自己为何这样做，或只有在特定的例外情况下才这样做。）所以，对所谓“内在非理性”的批评并不简单地等同于其他类型的理性批评，而是植根于被批评者自己都无法否认、都无可奈何的原初愧疚意识之中。

回头再看一下柏拉图原则的表述：“每一个（正常）人都会按他自己认为最好的去做”。或者看一下经济学中的功利原则：“每一个（正常）人都会追求自身预期功利的最大化”。它们显然不同于说“每个人应当按自己认为最好的去做”，或者“每个人应当追求自身预期功利的最大化”。后者缺乏的不仅是表面措辞上的描述性质，而且是其背后那种足以令违反者感觉自己（好像）不正常的裁制力。

除非违反者一开始就不相信柏拉图原则的有效性——但我们生活的世界的有趣性恰在于这样的微妙事实：尽管某些人可以怀疑诸如柏拉图原则或功利最大化原则这类的基本信条，但是（由于本章前面提到的人类日常概念的不可规避的机动性或伸缩性）即便思想复杂的怀疑者也很难确认某个一目了然、无懈可击的反例，以之来推翻这些信条或扭转某种蓄势已久的社会化效果，更何况现实中毕竟还有更大量、更明显的符合这些基本原则或信条的常规行为。所以，对于一个思想不太复杂的常人来说，柏拉图原则那种以实质性和规律性的事实描述之面目呈现的判准，反而更容易激发出对自己不自制（亦即不正常）行为的批判力。假如这种自我批判力足够大的话，行为者是完全可能逐渐减少这种“反常”行为而逐渐趋向该原则所描述（实际上是所提倡）的正常状态的。

由此可见，对上述行为的阐释者若将柏拉图原则当作其理解行为者真相的描述性原则，至少在实践上有一不可替代的优点，那就是它充分兼顾了（某种带有必然性的）理性批评以及自我实现的信念所可能产生的实践效果，而且与行为者视这原则为描述的做法保持一致。这种阐释法隐含的代价则是某种逻辑上的悖论因素，即本质上是规范性的原则不但在实质内容上要有足够大的原初似真性，而且在表述形式上须以描述性命题的面目出现。说得粗糙一点，规范原则的规范作用要以描述性外衣做掩盖才能得到发挥。

那么，以上论点是否意味着在这类规范原则的背后一定存在着某种经过盘算的“诡计”，即为达到其规范性目标而故意误导大众（以相信这些原则的事实描述性）？我的回答自然是否定的。黑格尔式的“理性的狡黠”有其作为隐喻的有效性。但我们不难设想这样一种可能的世界，在其中任何个体意识都不具有这种狡黠的理性目的，可是规范原则却仍依循类似的途径而生效。也就是说，虽然从来没有过任何于特定历史时刻发生的创制某个规范性原则的圣贤公开行动，但该原则所大致对应的、不时会有的类似表述，仍具有匡正人们行为的规范性功能。当然，这样说并未否认历史上不时可能会有一些个人能够（或自以为能够）看破这类表述的“欺骗性”外衣但又基于这样或那样的原因而不愿“泄露天机”。一言以蔽之，假如在人类实践的内核处果真有某种狡黠的理性设计的话，那么它通向自身目标之径不必伴随着人类个体对此设计的理解或意识。哈耶克（Friedrich August von Hayek）讲的“自发秩序”庶几近之。

其实，若从另一角度看待这一问题或许更有意思。假如真有某些眼光锐利之人清醒地意识到上述类型的行为原则的规范本性，那么他们在行为实践中是否还能像“蒙在鼓里”的人那样依赖这类原则来调动自己的动机以摆脱与原则不符的恶习或愧疚呢？假如答案是不能，那么我们似乎有理由尽量让人们“蒙在鼓里”——“愚民政策”在这里成了一种理性的甚至道德的策略。这是悖论因素之一。再设想，当“识破天机”者因缺少“蒙在鼓里”者所能获得的好处而想忘掉“天机”再回到“鼓里”，这是否还有可能呢？信念不同于欲望，不是想要就能有、不要就能去的东西，这是常识观念。但人类心理的复杂面貌早就向细心的观察者（不必是理论家）展示了多种多样的有趣途径，由之可以从纯意欲状态通过某种间接的、逐渐遗忘（最初动机）的过程而达至一种（往往是不全真的）信念状态。我们一般笼统地把类似过程叫作“自欺”。自欺是一种典型的非理性行为。问题的复杂和微妙之处在于，有时自欺可以用来助人达成他们原本难以直接达成的正当目标。例如，上述“识破天机”者若成功地使用了某种自欺策略或许仍能回到那种在实践上有益无害的“蒙昧”天真状态。只要不排除这种可能性，我们就难以否认，有些理性的目标只能通过本质上非理性的手段来达成。此乃悖论因素之二。

以上就是我试图说明“阐释的规范性原则”这一不无矛盾的概念所采用的第一条进路。现在让我们转入第二条进路。

基于规范性标准的理性批判，从概念上讲，应可明确地区别于以描述的准确性为标准的客观阐释。理论上说，对阐释的尝试也应可以与对批判的尝试分开来进行。我们可以设想下面这幅十分融贯的图像：在完全独立于任何规范性考虑的情况下某人完成了对某个行为在原因上的十分完备的阐释；接下来他再将阐释所得的结论与我们大家（包括行为者在内）所持有的规范性标准进行比较，若发现两者不符则相应地对该行为给出批判性的判断。但是，在现实的解释学境况中问题绝不那么简单，否则我们就可以径直宣布“阐释的规范性原则”是一个不自洽的概念了。这里，我们须再次诉诸戴维森自己的观点，即其阐释理论中一个具中心地位且颇富辩证意味的思想。换言之，此思想之内核是，我们不可能把阐释与理性判断（或对非理性的规范性批判）这两者分隔开来进行。

关于这个思想的论证可以大致表述如下：进行任何有意义的对行为的阐释均需一个先决条件，那就是要把足够多的理性的基本特征或属性赋予阐释对象即行为者。这是因为理性的基本规范（像概念的同一性、无矛盾性，以及逻辑的最基本规则）是我们得以识别和表达思想的必要条件，是构成和调节任何知识或理解的背景基础或经纬线。打一个比方，没有地球的经纬度坐标系，你如何在茫茫大海中辨认任何物体（包括自己）的位置？如何可能知道何时算是偏离航线？在此，“航线”这个概念本身就没有意义。再比方说，如果眼前有一块布，但是没有纤维经纬走向的任何痕迹，你能辨别它的织料粗细吗？你能有意义地说这块布的哪一部分织法与别处不同、哪一部分紊乱哪一部分协调吗？同样道理，没有理性规范作为基底，谈论非理性是毫无意义的。要识别哪怕只是微小、局部的一点非理性，识别者须已赋予对象大量的、常识范围的理性元素。

所以，戴维森反复强调一个论点，即断言某个人在其行为或思想的大部分状态中皆非理性是不可思议的，因为你一开始就不可能知道这些状态是什么。要知道这些状态，你已假定了他在整体背景上有相当的理性程度。就阐释的根本处境而言，凡是可被阐释的行为者，必定已是整体意义上的准理性者——这一判断并非认识论上的先验判断，而是（在我看来）解释学处境中不可避免、无可选择的方法论前提。

在这个前提下，我们唯一能做的只能是以理性规范作织体（而不只是作先导或指引）的阐释。换句话说，在这种限制下完全脱离理性规范的阐释是无意义的；局部的脱离或偏离可能有意义，但其意义大小取决于其他未脱离部分之间关系的紧密程度——亦即，合理性部分的联系被阐释得越紧密、越合规范、范围越大，非理性部分的推定才越可信、越不容易受到质疑。戴维森说："把至少某些非理性确认为内在不一致性……并不是去解释，甚至很难说在多大程度上是去描述这些心理状态；反而，它使描述和解释的难题变得无法解决。"① 这里提到的"描述和解释"指的是类似我上一段设想的那幅图像中独立于理性规范的纯因果描述。这样的描述对于作为对象的涉及命题意义和逻辑关系的人类心智状态而言，不可能在描述方和对象方之间具有一一对应（从而互相对照）的关系。

至此，上述这第二条进路已把我们带到一种新的富有悖论意味的境地：一方面，理性批评并不是外在于阐释活动的附加性评价，而是作为阐释之基础的理性规范背景所必然蕴含的判断，从而基于行动之某种内在不一致性的非理性诊断亦是必然的；但另一方面，按一种彻底的自然（物理）主义立场，客观的内在不一致性对于作为纯自然物的心灵亦是不可能的。

这两个方面来自两个全然不同的视角，即理性的视角（对应的是纯理

① DAVIDSON D. Incoherence and Irrationality [J]. Dialectica，1985，39：345-354.

由的空间）和因果的视角（对应的是纯因果的空间）。这两个视角并非不能圆满地调和——不妨说，哲学的精粹相当一部分正在于在许多难以调和方向上的追求。但这并不意味着任何形式的将两者连到一起的尝试都是可取的，或合法的。戴维森所表述的非理性悖论可以看作这个方向上一个可贵而重要的尝试。不无遗憾的是，他本人未能以一种系统的方式把这一悖论所蕴之义与他的其他重要观点之间的深层关联揭示出来——而这一揭示，及其连带问题，正是本章要旨。

第七章　施惠原则与规范性：从整体主义范式到跨文化阐释

一、统摄戴维森哲学的、关于规范性的整体主义进路

我们不妨从戴维森（取自蒯因）的一个广为人称道和引述的规范性原则——“施惠原则”入手。这个原则说的是，在你试图阐释别人的行为（包括语言行为）时，你应该尽量令其显得合乎常理，即阐释对象所具有的，与该行为相关的种种信念之间须协调一致，且大部分信念内容真实。这个原则的（人为）规范性是一目了然的。但如何证明该原则本身的合理性呢？凭什么你能如此肯定阐释对象的信念不会出错，或相互之间不（隐）含逻辑矛盾呢？

戴维森的回答是，虽然孤立地说，你永远不能肯定对象的某个特定的信念必真，或必与他的其他信念相协调，但是任何对象（当然指的是具备语言和思维能力的人）的信念系统不可能在整体上大幅度偏离真实性和融贯性。否则，作为阐释者根本就无法识别或确定他具有任何信念，遑论其个别信念的真实性。而人际的有效互动必须依赖相互识别彼此的意向和信念，没有后者就没有前者，也就没有社会性生存的基础。

更深一层说，行为主体（作为第一人称的阐释者或阐释对象）自身意向性的形成，也正是在同一种（自婴儿时就开始的）根本上带有阐释规范性的人际互动中发生的。后期戴维森十分强调用一种三角连锁关系来说明最基本或最原初的、两人面对同一个客体时所发生的因果互动及反馈作

用：客体作为指称对象只有两人的“视线”相交才能被定位，而客体作为每人的观察语句的因果之源又在客观上提供了其语义的真值条件，且保证着受观察语句约束的各种信念或其他命题态度在总体上不会偏离真实太远。

这种三角连锁关系在每个主体的信念（概念）系统形成和调整的过程中是重复不断地发生的，其间牵扯的客体对象既可以是简单的、静态的感觉对象，也可以是复杂的、动态的事件，甚至可以是难以直接观察、隐含在语境关系中的抽象对象（一旦该三角中的两个主体都已具备足够多的相关概念或共同信念）。这里的关键在于，三角连锁关系不管在哪一层面发生，主体双方都须将对方语言行为的相当（足够大的）一部分当作反映或对应真实情境的，这情境也包括自己对对方先前行为或对外在客体新变化的反应或响应。每方当然都有出错或表达失真（甚或故意隐瞒）的可能，但这些可能唯有在假设被阐释的一方的信念大部分正确的前提下才能被阐释者所识别。这是一种在方法论上别无选择的阐释学情境。

上述“施惠原则”所针对的正是这种深层意义上的规范现象。没有这个层面的规范，语义、真假乃至信念的个别化（individuation）均谈不上。换句话说，若无上述三角连锁关系，不单别人无法知道我的信念，就连我自己都不可能确知我有何种信念——因为各别信念所赖以生成、赖以显现（从而才有被确定的可能）的基础尚不存在。这个基础就是自然因果条件约束下的社会规范性。所以，施惠原则不只表达了一种方法论上的理性规范，而且更具有社会本体论或语言发生学意义上的规范性构成作用。

由此不难窥见戴维森整体主义理论特色之一斑。这种整体论不限于静态描述意义上各个信念之间的相互依存关系，而是进一步扩展到信念的动态生成及其所必然牵涉到的与真理、语义、阐释的连锁关联这一大的背景上。一方面，戴维森借用塔斯基对于形式化语言中谓词“为真”的递归式语义学定义（所谓“T 约定”所对应的 T 语句）的外形，把它逆转为对于（某个对象语言中每一个语句的）语义的一种真理理论，即以真理为核心或自明而基本的概念的语义学理论。另一方面，他又把真理与“视为真”（即相信）这种基本的命题态度在一个更广泛的理论架构中联系起来，这个理论架构就是之前论及的以施惠原则为中心的基原性阐释（radical interpretation）学说。

此学说的规范本性除了上面提到的方法论和本体论含义外，还有显而易见的知识论蕴含：戴维森对于经验主义的第三教条（即所谓概念图式与经验内容的区分）的批判、对怀疑主义和相对主义的拒斥、对三类知识（即关于自我心灵、他人心灵和外部世界的知识）之互为前提的强调，显示出一种整体主义进路在对深层规范性的挖掘中所禀具的理论威力。

戴维森除了将知识论、真理论、语义论熔为一炉外，另一个极具影响的领域是其行动理论，以及由此衍生的关于非理性、因果解释、心灵事件和反常一元论的一系列著名论述。由于篇幅所限，这里仅以其中两个关键命题为例来略微说明这一高度整合的论述领域所蕴含的规范性题旨。

第一，行动与（物理）事件的区分并不在于两者在本体论上有何不同，而仅在于前者是允许意向性描述的事件，而后者则只能有物理学的描述。有趣的是，凡是可被描述为有意向的（心理/行动）事件必定会有相对应的物理或生理描述。简言之，行动必是事件，而事件则未必是行动。事件成为行动的必要条件是“处于某种类型的描述之下”。比如，“天黑了，我单击电灯开关，屋里顿时一片通明”这一描述对应着我的一个行动，而“我开了灯，藏在窗外树丛中的小偷被吓了一跳”这一描述就并不对应于我的任何行动，因为我完全不知道窗外躲着小偷，故而我开灯这一动作就不具有吓小偷的意向性。但小偷被吓的确是由我开灯引起的，作为一个被描述的因果事件，其存在的客观性丝毫不亚于我开灯这一行动所对应的因果事件，而且后者显然是前者的一部分。本体论意义上只存在一个统一的因果序列或网络，而对人的认知具有各别意义的事件划分取决于不同描述在该序列或网络中所选取的关联角度。即使是同一事件划分（如“我开灯”），也可因描述角度的变换而失去原有的意义（如作为有意向的行动的意义）：假如某个神经生理学家用神经传导、肌肉运动这些术语来描述“我开灯”所牵涉的从大脑皮层到手指移动之间的所有生理步骤，那么它就不再是关于行动的描述了。

第二，要成为行动，必须要点明行动背后的理由（即意向），而不是生理机制上的原因。原因和理由是分属不同的逻辑空间的：描述性的因果空间相对于规范性的理由空间。能够解释行动的“主要理由”（primary reason）必包含信念和欲望两部分，而信念和欲望均属于命题态度（即带有确定的命题内容的心理态度）。如前所述，信念的构成和识别必以整体主义的规范性原则为前提，同样的论证适用于欲望（而且大部分欲望是以某些特定的信念为中介或边界条件的）。戴维森的独特贡献在于既承认上述逻辑空间的区分，又同时强调两者（的组成部分）在本体论上的同一。换言之，行动的（主要）理由必是其（起驱动作用的）原因，从而对行动的诉诸理由的解释也就是一种物理意义上的因果解释。戴维森这一命题如果成立的话，就会使得规范性因素和描述性因素之间的关系变得更为有趣，也更为复杂。这一复杂的局面可从他关于非理性行为如何可能及连带的非理性悖论的讨论中略见一斑，这里不赘述。另外，上面第一点所含的“描述决定事件（或行为）的意义”那一题旨，也从另一个侧面揭示了作为（对人有意义的）现象而被构成的自然事件与作为描述主体而参与对意义对象的构成这种深层规范作用之间的耦合关系。

第三，什么是描述？这对戴维森来说是一个本体论层面的带有根本性、全局性的问题，绝不仅仅是语言学、修辞学的问题。虽然他并未从正面给出完整而系统的答案，但从他对行动和事件所涉相关方面的讨论中可隐约窥见其中心地位。我这里感兴趣的是，戴维森心目中的描述是如何与规范性发生关系的。

首先，作为主体发出的行为，描述必定带有意向性，或者说必定伴随着主体所意识到的内涵语境（intensional context）；由此它已然牵扯到（前面论及的）与信念个别化（识别）相关的规范性。

其次，描述的手段只能是语言，而语义的诞生或确定只能通过大量语句间的逻辑关系以及特定语句所处的三角形因果关系来实现。而这两种关系均已然内禀着种种规范性原则。

最后，作为在“符合之方向”上必须指向客体的命题内容，描述必须服从外在于描述者的自然因果空间中事实性关联的约束——这就是一般所谓“描述性因素”所具有的客观性含义。这一含义上的描述恰与发自自主意志的规范（作用）形成两极性的对立区分。可见，“描述”正像“真理”一词一样，同时受到两个相反方向的拉力或制约（在戴维森那里，真理同时具备外在对应性和内在融贯性两个特征），从而得以在因果与理由两个空间之间，或者说在自然与理性之间扮演某种不可替代的重要角色。

沿此线索，就不难理解戴维森为何既将心灵事件纳入物理事件的一元本体论范畴又强调其抗拒自然律模式的反常性。简言之，心灵事件在发生或构成上就内禀着规范原则，故而对它们的描述只能是依据施惠原则式的规范而进行的一种阐释，并由此区别于对纯物理事件的描述——后者仅仅受到方法论规范的调节（而非构成）。但是，对心灵事件描述或阐释仍有真假可言，其真值条件除了融贯性原则的制约外，主要植根于心灵事件同物理事件之间的因果作用。而凡是有因果关系者均可纳入严格的自然律模式，所以心灵事件作为个项又必然同时是物理事件。只有作为（由物理学术语所描述的）物理事件个项，它才遵守自然律；但作为（只能由规范原则所阐释的）有内容的心灵事件类型（types），它不可能服从自然律（换言之，不存在连接心理与物理两领域或理由与因果两空间的严格规律）。这就是戴维森著名的反常一元论。不难看见规范性空间（即内容空间）这一观念在这里所起的关键作用。

二、规范性视野下的跨文化阐释断裂

戴维森对当代西方分析哲学（某种程度上，通过罗蒂等中介，也对欧陆哲学 ）的影响是毋庸置疑的，但它对于中国哲学研究，或其自我定位问题，有无任何相关性或借鉴作用呢？

这里，我不准备评论传统中国哲学的思想资源是否可能有助于深化、推进或批判戴维森式整体主义的研究进路及其理论成果。我只想借用戴维森对规范性的处理方式，来大略地考察一下中西哲学的概念模式或运思理路可以在多大程度或规模上分道扬镳，或者说产生难以沟通的（深层）断裂。

直觉上，中西哲学从形式到内容均有明显的差异。但问题是这种差异的性质究竟是什么？它们能不能算是库恩意义上的完全不可比的范式之间的鸿沟？戴维森显然是拒斥相对主义式的“不可比”命题的。其基本理据是，无论你身处何种文化或使用何种语言，你所面对的自然物理界是同一的，你要形成信念、理解他人所须面对的三角连锁关系也是必然的，而且由这种关系所保证、由施惠原则所表达的信念系统之理性优化对你也必然适用。你在特定文化历史环境中所形成的所谓“概念图式”与另一个在别种环境中所形成的概念图式之间，差不多就像两个可互相换算的温度测量系统（如摄氏和华氏）之间的关系。所以，本质上并无“不可比”或不可翻译的概念系统或文化模式。

那么，这是否意味着跨文化意义上的比较哲学并不具有与不同的个人观点之间相比较的独立意义呢？换言之，中国哲学，正如任何其他非西方哲学，是否根本不可能自成一统地独立于占主流地位的西方哲学或世界哲学？戴维森的答案应该是不可能。这答案是他以施惠原则为核心的整体主义阐释理论（包含真理论、意义论、知识论的“三位一体”理论）的题中应有之义。

在某种较“薄”或较简约的意义上，我基本同意这一答案。但在真实的语境中，“哲学”的含义并非如此单纯，即类似戴维森整体主义阐释所示，甚或终极上可还原于用外延逻辑完全表达的概念分析。只要我们允许足够“丰厚”或宽松的哲学定义存在，那么就很难忽视在历史上有着悠久传统、在当代仍不失其影响力的思想文化体系，及其背后可能蕴含着的难以替代的认知和价值取向。虽然本章篇幅不允许做详细深入的案例探究，但我仍想沿着戴维森施惠原则所开启的论证理路，宏观地探讨一下不同文化范式之间形成翻译或理解鸿沟的可能性。

如前所述，施惠原则的有效性基础是自然因果关系约束下的理性规范作用；没有这种作用，我们的意向性内容无从诞生，自然也谈不上这内容的真值或逻辑关系。但这种规范作用可以在不同层面、不同范围上发生，也可以以或隐藏或明确的各种表述形态显现或作用于个体意识。每一个语句，无论是作为判断、信念，还是命令或希望，它都带有相应的与其他语句间的承担（commitment）、授权（entitlement）关系。而这种承担、授权关系的程度或范围大小，不仅取决于该语句所处的特定语境，而且也取决于更大尺度上的、说话者所身处的语言游戏的规则。戴维森的施惠原则虽在逻辑上保证了大多数信念的真实和融贯，但并未在操作上自动地解决如何识别究竟是哪一些信念为真、它们究竟以什么方式联结在一起。换言之，施惠原则作为起步前提和终极边界条件自然必不可少，但它本身无法取代在经验上发现那实际地构成着意向关系和命题内容的具体（语言）游戏规则。这类规则的多样性似乎是不争的事实。

母语或文化系统，一般被当作塑造个人意识类型或生活形式的宏大游戏。这种游戏就其因果发生（地理环境）而言是相互隔绝或相对独立的。尽管戴维森式三角诠释关系和施惠原则必然适用于它，尽管它的语法、句法规则无论发展得多系统、多明确（explicit）也都不足以保证其游戏内人际理解的绝对透明或无误，但是我们并不能由此否认它与另一（相同层次的）语言游戏之间可能存在的相对性"文化断裂"或沟通无效。

问题的特殊性在于，并无一般的方法来简便地证明或准确地测量这种"断裂"的可能深度和广度。或许个体之间跨语言或跨文化的沟通在统计意义上的成功频率可以成为某种粗略的指标，但何种程度（几个回合）的对话算是成功的沟通呢？凡是有过初通外语时之对话体验的人恐怕都知道，表面的礼节性问候或聊聊天气之类的对话可以轻易地进行，一谈到稍稍远离当下情境的抽象话题，你就很难把握对方的准确意思——但感谢施惠原则的"无孔不入"的渗透，你一般总有办法把对方某个（在你听来）较为奇怪或反常的用语合理化，只要你假设他有若干与你不尽相同的背景信念即可。问题是在很多语境下你不仅没有机会（或动力）去刨根究底地一一核实他是否真有这些信念，而且（与此处论证更相关的是）你即使有机会询问也可能再次衍生新一轮的施惠性假设及疑问。

一个常为理论者津津乐道的、不依赖翻译而理解生僻语言的途径，是所谓人类学的实地观察。人类学家若能较深地融入某原始部落的生存游戏中，最后总能了解其习俗信念或非书面文字的口语。但我们不妨反过来设想一下，一个来自与世隔绝的原始部落的人，是否能在一段（可以和上述人类学家相比拟的）时间内理解文明社会的习俗文化，包括政治、金融、学术等游戏的性质或功能？

这里的不对称性似乎是显而易见的。原始人的口语未必没有一阶量词逻辑的潜隐甚或外显结构，像表示否定或选择关系的连接词自然会有，所以基本的推理或蕴含算子"如果……那么……"也必然会存在。我们有理由相信，原始社会与文明社会的语言差别并非本质上的（即人类语言与非人类或准人类“语言”之间的），而更应是构成较高层语义关系或语言游戏的理性规范之间的差别。比如说，科学解释中的“奥卡姆剃刀”原则就可以看作一种高层认知游戏的规范。

假如这种“逆人类学”理解的不对称性所引起的阐释失效并非偶然的话，我们同样不难设想，即使是两个同等发达程度的原始部落，只要是其原生的地理环境有很大差异（比如一个地处赤道热带雨林、一个临近极地高寒地带），它们各自适应独特的生存环境所生发出来的游戏规则，包括偶然创造的、有利于游戏的增值或变化的调节性规范，就可能令其意向性结构中的某些部分与另一方相应（或缺乏）的部分（在互相隔绝的条件下）愈行愈远，而终致（一旦相遇）难以沟通，即不能在自己的信念系统中找到足够大的相关信念域，来识别对方某些（言语）行动背后的依赖着上述历史路径的信念内容。

以上这种阐释逻辑上的可能性，非但不违反戴维森理论的基本前提，而且恰恰是在特定条件下贯彻戴维森诠释主义逻辑的题中应有之义。这里的“特定条件”显然包括两个迄今为止没有接触、互动的原初文化，以及其中至少局部地特异化了的语言游戏。我以为这一可能性是原则上可由经验来检验的——尽管实际上受到人类历史不可重演性的局限。

原始社会与文明社会在阐释上的不对称性，也不难由相应的特定条件所可能包含的社会复杂性差异得到解释。文明社会一般是由不同的原始部落之间的碰撞、融合，再向外扩张等等过程来催生的，所以它的语言游戏也必然会在互动中交融、调整，以至达到更大范围或更高层次的整合。当这种整合或混合积累到一定程度之后，被这些游戏规范所塑造的个人，即使突然面对一个从未接触过的语言游戏，他也一般能调动出足够丰富的阐释资源来模拟、逼近、把握对方文化中哪怕是相当特异化的部分。相反，较原始社会中的人，就很难即刻发展出足够的阐释资源来理解真正的外来者、陌生者。

同理，两个原本从未接触或接触较少的文明社会一旦照面，双方在原则上应该都有足够的阐释资源来（逐步）理解对方文化的足够多的方面或层面（这一点显然是戴维森一直想强调的）。但有趣而微妙的问题恰恰在于，这种跨文化理解能否理所当然地触及或必然扩展至对方文化的所有方面和层面？这显然不是单凭施惠原则本身就可先验地解答的问题，而是有待后验的、广泛而具体的阐释实践来逐渐彰显的。

至少有两方面的理由让我怀疑对这一问题的肯定答案。

其一，是来自对上述特异化原始文化之间阐释失效之可能性的历史性推想或延伸。既然两个简单的原始语言游戏之间可能出现阐释断裂，那么分别包含一个断裂因子的两大文明语言之间则同样有可能出现某种牵连到该断裂因子的阐释（局部）断裂。这就像体内缺少某种基因的动物很难消化另一具有该基因的动物所能消化的某类食物。问题的复杂性似乎还在于，当这种局部断裂真的发生时，阐释主体未必能够意识到，或者说未必能在自身中找到充足的理据线索来识别或证明断裂已然发生。[①] 这是因为他有足够多的阐释资源来提供某种回旋或缓冲余地（据施惠原则，这是自发且必然要发生的），使得他无法完全肯定其种种合理化步骤的背后有无或何处掩盖了真相。

其二，文明中上层建筑或高层理论的建构过程既包含着某些为解释或容纳底层经验或自然约束所必然要有的成分，也包含着一些个人创意或人际互动时难免的偶然成分。同样，复杂性在于，语言游戏中高层规范一旦形成，必以其整体面貌发挥效用；一般很难再去细辨其源头上的必然或偶然因素。而且，许多规范在长年累月的使用中会不断被强化或固化，规范与规范之间的耦合或支撑效应也会被放大。以上所有这些倾向都有助于说明，某些本来有很大偶然性的个人思想分叉会在日后成为“不可动摇”的正统或主导规范的思想内核；而这些规范对共同体成员相关信念系统的根本塑造作用，则是恰恰可以从戴维森进路中得到有力证明的。不管这种原初的思想分叉是否包含着谬误或谬误倾向，也不管这一点能否（像在科学中那样）最终得到揭示和证明，至少由这种（大大小小、或隐或显的）分叉所导致的整体范式有可能成为跨文化阐释中不容忽视的障碍，或难以消除的暂时的、局部的断裂之源。

之所以应强调阐释的断裂是暂时和局部的，原因亦有二。第一个原因

---

① 这里的情形可以与戴维森讨论的判别非理性究竟在何处发生时的困难相模拟。参见上一章。

是任何范式都不可能是绝对封闭和独立的，也就是说它的作用无法脱离那些日常经验中大量存在的、平凡的、可由戴维森之原初三角诠释关系保证的基本信念的真实存在。在这个意义上，库恩的范式不可比性命题显然站不住。

第二个原因，也是戴维森强调过的，任何语言，或基于语言的人际理解，都不可能完全由现成而固定的一套有关句法、语法的外显规则来穷尽。语言或其范式，本身是一动态的、无明确边界亦无永久内核的人类把握世界（也同时把握自身）的无尽过程，这一过程也永远地牵连着非语言的、与世界打交道的默会技能（或潜在知识生成）。

说了以上这些，不等于否认跨文化阐释的局部或暂时断裂不真实或无实际意义，也不等于说动态演化中的范式就不是具有深层规范作用的范式，或者说范式转换对于跨文化理解无足轻重。恰恰相反，本章这一节的主旨正在于揭示戴维森理论的宏观有效性背景下的局部失效，即跨范式阐释中的隐蔽陷阱。而且正是借助于本章上一节对其跨领域理论的规范性基础的阐发，上述无法根除的阐释断裂——虽说主要地会发生在跨文化层面，但也难免会在亚文化乃至个体之间发生——才得以相对清晰地呈现出来。

第三部分

实践领域中的规范性：理性选择和自由

第八章　消极自由与理性局限

一、价值多元论与抗竞式自由主义：从“历史主义者伯林”出发

约翰·格雷（John Gray）在其关于以赛亚·伯林（Isaiah Berlin）的哲学评述中提出过一个颇富新意的观点，即把伯林政治哲学之深隽而具内在张力的思想来源，纳入一种他称之为“抗竞式自由主义”（agonistic liberalism）立场。这种自由主义，不同于我们现代占主导地位的自由主义，其核心在于否认我们可以达到自由、权利或正义等根本价值之间的和谐或兼容。另外，这一立场对于自启蒙运动以来的多种自由主义思潮所具有的乐观主义或可趋完美的理念而言，亦不乏某种悲剧和颠覆意味。

本章不准备直接挑战格雷对于伯林思想的诠释，但却想围绕格雷以“历史主义者伯林”名义所论证的几个正面观点与他进行一番商榷。这些观点的内核可以概括如下：自由主义体制不可能具备普遍的有效性或权威性；自由主义充其量只是一种特殊的生活形式，无论在理性、人性或历史中均找不到足以支撑其普遍诉求、安顿其优先地位的根基。

让我们姑且承认，抗竞式价值多元论乃伯林思想之底线。现在的关键问题是，在此底线之上能否找到对某种样式的自由主义的普遍有效的合理性证明。尽管伯林关于消极自由之基本价值的立场举世皆知，格雷却试图论证说伯林思想中的历史主义转向对其整个思想面貌或总体关怀而言更

具中心意义。但假如这一阐释站得住脚的话，伯林作为一个真正自由主义者的地位及其与之相关的理论成就则将变得十分可疑。由于本章（如上所述）不以追究诠释的准确性为己任，我仅在以下篇幅中聚焦如下论证的有效性，即如何从价值多元主义论证出普适或非普适的自由主义，或者非自由主义。

格雷总结了伯林有关价值多元与自由主义之间关联的著述所涉及的三条主要论证线索。第一条论证线索是，凡威权主义或非自由的社会政体注定会否认价值多元的真理性。但对此格雷却不以为然，格雷认为这一条仅仅适用于那些奠基于西方普遍主义学说的非自由社会，比如功利主义、柏拉图主义、基督教、穆斯林均属于这普遍主义范畴。然而，格雷声称，并非所有非自由社会都必定宣称或强调其自身生活方式的普适性或优越性；逻辑上完全可能存在一些特殊的非自由政权，它们并不否认其他生活方式的价值。格雷列举出历史和现实中的印度教、日本神道教、犹太正教社会作为这方面的例子。①

第二条论证线索是，自由社会可在如下的多元主义立场上得到辩护：自由社会比起非自由社会在孕育和容纳更多不同的人类价值方面要优胜得多。对此，格雷提出的反论点是，如果我们的世界不只包含自由社会而且也包含那些维系另类有价值的生活形式的非自由社会，那么这个世界在生活价值上岂不更丰富多样？换言之，当保存或扩展生活形式的多样性的使命与所谓消极自由相矛盾时，为什么后者不可以让步呢？②（别忘了这里的前提是价值多元论，即没有一种至高无上的价值，包括消极自由，禀具先验的理由凌驾于其他价值之上。）

关于价值多元与自由主义的第三条论证线索是，如果人类价值的确是不可比的，那么我们就永远找不到充足的理由来证明把任何一种特殊的价值等级系统强加于任何人这种做法的合理性。这一论证思路力图从价值多元论直接推导出“永远让人有选择”这一制度安排的至高地位。可惜的是，照格雷看来，该论证亦难奏效。“某个特殊的非自由社会未必需要宣

---

① GRAY J. Berlin [M]. London：Fontana Press，1995：151.

② 同①152.

称它所规定其臣民必须遵从的那套价值等级系统是唯一合理的，甚至它都不必宣称该价值系统比起世界上现存的其他价值系统来要更好。它只需声明这是一种植根于其独特生活方式，又为后者的存续传承所必需的价值系统。”①

要言之，格雷欲证明价值多元论无法为自由主义价值提供任何普适的优先性，而自由社会得以证成的理由只能从其所由出的特殊的文化传统当中去找（正如伯林自己出身的文化传统就是一个崇奉和维系自由主义价值的传统）。格雷认为，正是这样一种见识才是令伯林的整体思想高出所有其他种类自由主义理论的地方，并由此令其成为自由主义中最有说服力的一种理论形态。

二、生活形式与调节性原则

对于格雷把人类历史中许多非自由生活方式与自由秩序在价值上等量齐观的立场，我不敢苟同。不管这种立场是否应诠释为出自所谓“历史主义者伯林”关于人类基本价值在理性上不可比这个前提，都不影响我的以下论证（按上述所列三条线索的顺序）对此立场本身做出的质疑。

第一个疑虑，让我们回到格雷关于普遍主义和特殊主义这两类非自由政体的区分上。格雷这一区分的目的是避免后者与价值多元论的直接冲突，但是他却忽略了一个关键的事实。这个事实是，表面上特殊主义非自由政体并不否认（集体层面的）价值多元论，但它却在个体层面事实上剥夺了其臣民作为个人信奉价值多元论（即按自己的价值倾向选择和探索属于自己的生存方式）的权利。一切非自由政体，无论是否属于普遍主义，均同样地遵奉这样一种信念，即相对于集体选择或某种社会决定的本质而言，个体选择的重要性永远是等而下之的。普遍主义与特殊主义非自由政体的区别无非是这种集体或社会本质所具备的有效性的范围或程度

① GRAY J. Berlin [M]. London: Fontana Press, 1995: 153.

之别。

这里稍稍岔开几句。我的一个附带疑问是，把像印度教、日本神道教、犹太正教所处的社会描述或定位成特殊主义非自由政体在经验上的可信性究竟有多大？谓其“特殊主义”，至少应强调这些社会中的人民（或仅仅是统治者？知识阶层？）能充分意识到价值多元论在集体的、跨文化的层面上为真。换言之，他们须意识到其他完全不同的生活形式的同等价值和有效性。但是正如包括伯林在内的许多学者所指出的那样，这样一种意识只能是现代文明的后期产物之一。让人颇可怀疑的是，是否真有人能如此肯定地将一个所谓特殊主义的非自由传统社会与另一个尚未成长为完备的普遍主义的传统社会区分开来？或者换一方式问，难道现存的所有伟大的文明（包括基督教、伊斯兰教、佛教、儒教等）均有一普遍主义学说为其内核这一现象是纯属偶然的吗？

我的第二个疑虑关乎上述第二条论证线索，即非自由政体的存在，作为可供选择的生活形式，是否真的令世界比起单单只有自由政体存在的情况来要更加丰富？粗略一看，这几乎像是一条简单的数学定理：1＋1＞1。可是再细想一下，就不难发现，这里隐藏着一个带有根本性的重要事实：我们平时所谈论的“世界”，除了是从一个无所不包的超然视角看出去的现象整体以外，更多的时候或更本真的，是来自我们自己作为活生生的、独一无二的个体，在常常是别无选择的、被“抛入”的历史境况中所体验到的意义。对每一个这样的个体而言，最真实的问题是他或她的生活世界是否足够丰富，或者说是否具备足够多的机会，以让自身的生命潜能得到释放。这里，我不想否认（或深入辩究）在集体文化层面上生活类型之多样性可有一定意义，或其较之个人生活样式的多样性来应占一定比重。确言之，我此处的怀疑只是基于一个相当有限度的断言，我们对于什么东西能够在一完整的意义上算作一个“更丰富的世界”这个问题尚无一个简单而全盘的答案。

我的第三个疑虑涉及如何证明如下做法的合理性，即把一种特定的价值等级系统强加到某一社会的每一个成员身上。上面列举的格雷的第三个反论证，在面对采纳和贯穿一种特定的生活形式这一问题时，似乎将自由政体和非自由政体一视同仁。格雷认为伯林毫不含糊地断言，如果根本性价值的确不可比，那么自由主义体制同非自由主义体制一样地不具备任何普适的权威性；而另外，两者都又有同样好的、基于历史背景的理由来维护其各自的、作为其生活方式之本质要素的价值体系。换言之，格雷认为自由主义体制不过是许许多多相互竞争的价值形式中的一种，其在某些（西方）社会中的优先地位乃是特定历史“选择”的产物。

我以为，这一论点不仅在是否忠实传达了伯林那多面而复杂的思想这一方面颇有可议之处，而且更重要的是，它包含着某些概念上的模糊甚至混淆之处。澄清这些概念将有助于我们判定自由主义的有效性。

（A）当我们使用“生活形式”这一笼统的、有时是模糊的字眼来描述所有的自由、非自由或反自由的社会形态时，存在着一个潜在的危险，那就是我们容易忽略掉那些区别这些不同社会形态的根本特征。如果说这些社会生活形式不过是以不同的排列方式体现了一群不可比价值之间的相对优先性，这种说法不足以刻画不可比价值在种类或属性上的不同，也不足以说明为何某种生活形式会以如此这般的方式演化发展，或者更易向另一种生活方式转化。此外，即便是价值优先性排序上类似的社会，在用什么方式推行这些价值（比如用多少或何种类型的强制力）这一维度上也可能相差甚远。

（B）正义或自由作为一种价值与其他类型的价值之间的区别，实乃政治哲学中一个关键问题。有趣的是，格雷本人并非从未意识到这种区别，这里还是先引用一段格雷自己的文字：“正义原则或自由原则，不同于其他类型的实质性的善或功利，而是一种调节性原则，其作用是设定出基本的游戏条款，在此基础上对其他实质性的善或功利的追求和竞争才能得以展开。正义和自由属于对追求各种特定的善或功利施以边界约束的责任性原则，故此它们与一般的善或功利分属不同的范畴。”① 这个观点的蕴义十分明显：自由，至少在一种可明确厘定的意义上，不能混同于一般的善，即不能简单地当作对应于或有助于确定一种特定生活形式的实质性的善。但遗憾的是，格雷后来却否定了上述引文中的观点，而代之以将自由原则降回到同别的价值等量齐观的地位上。他改持后一立场的依据应该

① GRAY J. Berlin [M]. London：Fontana Press，1995：146-147.

是，价值多元论别无选择地要求我们必须对一切价值采取平等和开放的态度，故而没有更高的理由让我们把自由置于所有其他价值之上。同时，格雷还认为关于什么是真正的自由一直存在着对立而相互冲突的看法，这种状况使得试图找到一个围绕消极自由的和谐价值体系的梦想成为泡影。格雷声称这一立场的思想源头是伯林。由于这是一个重大而基本的问题，我将在稍后的篇幅中重点探讨消极自由这一观念。

（C）为便于论证，姑且让我们先假定消极自由的概念远非协调统一。但这一假定是否马上意味着我们可以把消极自由的地位等同于别的实质性社会价值，比如父权社会关于男性和长辈尊严的等级制，或主张清心寡欲的禁欲主义理想？要想把这类特定的实质性价值强加于一个社会的每一个成员，必然需要很多的灌输、监控和律令强制，这比起贯彻一种基于保护人们的消极自由的法律秩序来肯定要付出大得多的社会资源或代价（这一点不会因为消极自由概念所对应的受保护的私人空间的范围暂且未定，或将来可能有变，而有根本性的改变）。理由十分简单：任何实质性社会价值目标均以规定个体的人生目的为旨归，由此必须调动每一个体，按整体认可的规划，安排其个人生活的每一方面并努力约束或改变自己的动机。相反，任何站得住脚的消极自由概念，均不可能提出这种全方位或一揽子的服从集体的要求。历史经验告诉我们，这种要求的实现只能靠强大而稳定的形塑信念、鞭策动机的社会机制。所以，即便（退一步说）一切原则最终都免不了会受到价值不可比或交互有竞争的影响，但就实践上的可操作性或社会效率而言，在作为基本权利的调节性原则与作为特定价值目标的实质性原则之间仍有着意义显著的分别。

三、消极自由、权威判断与自主能力

以下篇幅将用来重点审视这样一个问题：对于自由在价值中的特殊地位，究竟有没有一种最大公约数意义上的理性证成？

正如开篇时所说，我并不准备考究伯林关于自由的著述在多大程度上具有歧异诠释的空间。对本章题旨而言，重要的是伯林（或任何其他人）

的思想脉络中有无包含着一种足以令有关消极自由的命题自洽而具说服力的成分。简言之，我想探讨的是，借助于伯林和其他人（像哈耶克）的思想资源，我们是否可为基于消极自由概念的自由体制找到一种在理性上相对坚实的合理性证明。

尽管格雷反复强调，关于消极自由的判断不是价值中立的，而是包含着诸多足以导致互不可比的自由观念的维度的；但是，有一种似乎无人能否认的、最低限度上的消极自由观念，它作为其他更丰满的消极自由概念的内核，其意义一点也不含糊。正如伯林所述，“自由最根本的含义就是免于受他人牢笼、监禁或奴役的自由，其余的含义都是这一含义的延伸，或者说是隐喻”①。换句话说，消极自由是一种对强制的摆脱，而不是对任何其他形式的无能为力或无所作为状态的摆脱。在这里，“强制意味着其他人在我本来可以按己意愿行事的领域内的有意干预”②。“一个社会唯有当它受以下两个互相关联的原则主导时才算是自由的：第一，不能有绝对的权力，只能有绝对的权利；第二，必须存在着一些界限，在这些界限之内人是不可侵犯的。这些界限是由一些人们普遍接受的规则来确定的，而这些规则应是如此悠久或深入人心，以致它们早已成为我们关于何谓正常的人的概念的一部分。”③ 我以为，伯林的这些表述足以清晰地勾画出一个非常基本的意义上的消极自由概念，至于其他可能附加上去的意义不应与此抵触。

有一些学者把上述这种将自由定义为免受外来干预或阻碍的观点视为一种极端消极的自由观（或称“霍布斯-边沁观”）。查尔斯·泰勒（Charles Taylor）在其批判性论文《消极自由错在哪里》中力图一针见血地点出这种极端自由观的谬误渊源。按泰勒的诊断，它的谬误来自一种对所谓极权主义威胁的过分心理反应，而这种极权主义威胁被认为是同某种关于自由的积极观念分不开的（两者间的联系可部分地归因于伯林的论述）。为了在一道更安全稳固的防线上抵御或防范极权主义，那种从一开始就须把自由的概念定义得更清晰狭窄（以切断不必要的多义或歧义关

① BERLIN I. Four Essays on Liberty [M]. Oxford: Oxford University Press, 1969: lvi.

② 同①122.

③ 同①165.

联）的动机就十分顺理成章了。泰勒把这叫作“马其诺防线心态”①。

为了进一步看清这种马其诺防线心态的错误症结，泰勒将消极自由通向积极自由的道路细分为以下两步：“第一步是从自由作为按自己想要的去做这一观念迈向自由作为按自己真正想要的去做这一观念——后者意味着并非所有的意欲动机都是符合我们自己的理性意志或能真正指引我们的人生的。第二步则是引入一种进一步说明什么才是理性意志或人生的学说：简单地说，只有在一种能将真正的自治自主融入圣典指导下的集体行为的社会中个人才能找到自己的理性目标。”②

泰勒的基本论证思路是，尽管以上的第二步可能包含某种以自由名义辩护的极权压迫的危险性，但是上述道路中的第一步却是我们必须迈出的一步。其理由如下：阻止我们迈出这一步的马其诺防线实乃基于一幅过于简单化的人类心理学图景。换言之，外在障碍并非妨害自由的唯一途径；自由的有无还取决于主体自身是否具备确定目标和做出选择的能力。心理学的事实告诉我们，存在着许多种类的内心障碍会让人丧失或难以发挥上述能力，比如对某物上瘾、耽溺纵欲的习惯、意志薄弱、短视的欲望、非理性情感、自欺欺人等。有些内心障碍，主体自己能识别，“而另一些内心障碍，主体却习焉不察、浑然不觉，因为他关于自己的目的和何物需要拒斥的信念很可能在根本上是错误的”③。泰勒因此呼吁，一旦我们认识到这一事实，我们就不再能坚称主体对其自身自由的判断是终极的或不会错的，从而也不再能反对他人（如专家）对自己状况做分析的权威性。

四、知识论视角、有限性与可行性

应该承认，泰勒的上述论点大部分都有一定的道理，但我却不能接受

---

① TAYLOR C. What's Wrong with Negative Liberty [M] //RYAN A. The Idea of Freedom-Essays in Honour of Isaiah Berlin. Oxford：Oxford University Press，1979：178-179.

② 同①181.

③ 同①193.

其贬斥消极自由的结论。为了论证方便，我不妨承认他上述所有论点（除了最后一句）均有效，可我的结论却仍与之相反。

这里的关键在于看清如下问题：虽然主体本人未必是判断自己自由与否的最后权威，但他人或任何外部专家也未必是这样的权威。从本体论上说，我们可以想象甚或必须假设这样一种权威存在——只要某种最低限度的理性概念是可思议的。然而，从社会认识论层面说，根本无法找到这种权威的位置所在，更不用说永久的所在了。这是因为任何个体的理性力都是有限的和会出错的，并且又不存在真实意义上的集体心灵或集体认知官能。换言之，让每一个个体在至少是他的生活的某个亲私领域内自行决定其行为，这种制度性安排的根本理由并不在于他每次一定知道得最清楚什么才是他自己的真正利益或目的，而恰恰是没有人总是肯定地知道这些——或者更准确地说，没有人知道谁知道得最清楚。因此，唯一不随意武断而又切实可行的处理这些不确定而又（对当事者本人）重要的问题的途径，就是让每一个行为主体自己去尝试、去探索。在一种十分显然的意义上，每个主体至少是其行动的发射中心以及该行动之反馈信息的主要接收体。

我把上面这一独特进路称之为基于可行性的合理性证明。这一进路在我们把注意力转向经济事物的领域时似乎变得尤具说服力。

哈耶克，作为大力推进这一可行性进路的当代先锋，其等身著作中最具洞见的成果之一，在我看来就是对如下基本机制的强调：一个大型社会的复杂而精微的运作，靠的并不是其社会成员之间的共同点或相似性——理论上讲他们之间可以毫无共同点，但除了一样东西例外，那就是每一个人都有一种追求其视野中动态显现的目标或利益的动机。

构成一个人知识和兴趣的局限的那个无可否认的智性事实是："他所知的东西不可能超出社会整体的一个极微小的部分，因而能够进入其动机的东西也只能是其行动在那微小部分中所将产生的直接效果。"① 此处牵

---

① HAYEK F A. Individualism and Economic Order [M]. Chicago: The University of Chicago Press, 1948: 14.

涉的个体性知识在种类上不同于那有组织的、以理论为基础的科学知识，但在重要性上却一点不亚于后者（至少在经济福利的范围内）。这是一种关于特定的局部条件以及时空的在地境况的知识。“正是因着这一局部性，每一个体在实践上都比他人有着某种优越性——这是因为他具备着某种独一无二的局部信息，这种信息可以用来造福自己和别人；不过仅当决策可以由自己做出时它才有用。”①

如果你同意任何社会的经济问题主要是如何迅速适应无数特定时空境况中随时可能出现的变化，那么达成这种适应的唯一方式只能是反中心化和及时传递有关这类局部变化的信息。市场或价格体系所提供的正是这种传播快速变化的信息的唯一可行的机制。而保护私有产权的法律体系则为市场中的行动个体提供了做出理性选择的必要动因，即该个体做选择时会尽力去考虑，他的选择可能对别人某些愿望的满足产生什么样的物质影响，而这些“别人”在其他方面可以跟自己毫不相干，自己也不必在乎。②

亚当·斯密有一句名言，每一个体在市场条件下追求其自我利益时“实际上乃由一只无形的手引导着去实现某种目的，而这一目的绝不是他本人的意图的一部分”③。斯密另一个主要观点则将经济的考虑同政治联系了起来，斯密关注的并不是人在其最好的时候所能偶尔达至的境界，而是在其最卑劣的时候造成危害的机会应当尽可能地少。用哈耶克的话，那种坏人在其中为害最少的社会是一个“其运作无须依赖找到好的统治者的社会，或无须依赖所有人均成为圣贤的社会，而是能够利用所有人的既有禀赋和面貌的社会。该社会中的绝大部分人自然是有时好，有时坏，有时明智，常常愚蠢”④。一个主要基于“对统治者的纯粹不信任而设置的限制政府各部门权力”，并且施予所有人以消极自由的政治法律体制居然同时有利于发挥市场经济之不可替代的有益功效，这种巧合或暗合不能不算

① HAYEK F A. Individualism and Economic Order [M]. Chicago: The University of Chicago Press, 1948: 80.

② 同①20, 83-87.

③ SMITH A. An Inquiry into the Nature and Causes of the Wealth of Nations, Vol. 1 [M]. Oxford (England), New York: Oxford University Press, 1976: 456.

④ 同①12.

是经验上十分奇妙的现象。①

今天，有目共睹的全球化科技和经济大潮是人类历史上前所未有的。如果没有近代的科学和工业革命，今天出现的大潮恐怕是不可思议的。可这些影响深远的革命性变化在历史上却是与近代西方的自由社会秩序紧密关联或共时发生的。不管人们乐意与否，今天世界上的绝大多数人口已经生活在一个由全球化经济和飞速成长的信息网络所刻画的外部环境之下。对任何非自由政体而言，维系一个封闭的边界以保护其自身的“生活形式”似乎前景黯淡。这不仅是因为世界范围日益增长的经济竞争使得生活指数的相对（而非起点性）指标成为衡量国家和民族声誉的标准，而且更是因为要想遏制其本国臣民行使自由选择的自发力量将会变得愈来愈困难。某种程度上说，个体行使自由选择的能力对于维持和焕发任何特定文化的活力都是不可或缺的——从这个意义上说，不可能存在一种绝对不自由的社会，丝毫不给个体选择留下任何余地。

这里值得注意的是，在地球村时代无孔不入的全方位信息的渗透性影响之下，要想完全限制人们进入或接触那本质上无国界的、异质而多元的自由信息空间，成本将会越来越大；而一旦接触到哪怕是有限的未被筛选的信息，人们自然就会在不同的可能性面前进行比较和选择。较自由政体而言，非自由政体面对这种难以预料的自发性个体选择时，显然具有一种内在的脆弱性或不稳定性。

由此不难看到，任何一种关于真实世界的特定社会政治秩序的合理性证明，假如完全无视上述这类可行性和稳定性问题，则必然欠缺说服力。格雷对那所谓非普遍主义或特殊主义版本的抗竞式自由主义的捍卫，因其未能处理这类问题而难以使人信服。此外，前文所提其他疑问亦必削弱其可信性。

最后，我愿以一个有关消极自由的正面命题作结：给定个人理智的有限性，在开放环境中维系一种封闭和威权式政体的不可行或不稳定性，以

---

① HAYEK F A. Studies in Philosophy, Politics and Economics [M]. London: Routledge & Kegan Paul, 1967: 161-162.

及人类自身不可消除的多样性和原创性，某种最低限度的自由体制对于可长期持续的任何形态的人类生活的繁荣来说应是不可或缺的；这种体制的主要功能在于保证某个范围内的个人免受他人强制的权利及相应义务，即个体在该范围内可被允许按其所见和所欲发挥其自身的选择力。假如人性及文化（谜母）的可塑潜力不排除最终走向渐趋完善之途①，那么也只能是始终不脱离自发秩序这一地基的、以示范带动的多数个体的自主选择之果。

---

① 关于谜母即文化基因与规范性关系的讨论，可参见我的英文文章：ZHENG Y J. Memes，Mind and Normativity［M］// BOTZ-BORNSTEIN T. Culture，Nature，Memes. Newcastle：Cambridge Scholars Publishing，2008。

第九章　历时性议价、无偏私性与道德性
——动态选择中的尤利西斯

一、埃尔斯特的《尤利西斯与海妖歌声》

荷马史诗《奥德赛》中的英雄尤利西斯的故事许多人都耳熟能详。其中有一个十分耐人寻味的片段，讲的是他在返回久别的故乡伊萨卡的途中，如何抵御其所遭遇的海妖歌声的诱惑的。尤利西斯事先早知道在他的船将会通过的海面上会听到这种女妖歌声；而任何凡人一旦听到这歌声都会不由自主地循着歌声的源头而去，最后必致触礁沉船、有去无返。以智勇双全闻名的尤利西斯想出的成功策略是，提前把自己绑在船的桅杆上，且把手下船员们的耳朵都塞住。结果，船按照既定的航线安全驶出了危险区，尤利西斯成了唯一既听到了“此曲只应天上有”的魅幻歌声而又全身而退的凡人！

虽然这故事的潜在意蕴不止一重，但本章的意旨仅在于分析个体动态选择过程中的理性问题，及其与道德性的可能关系。

上述故事中的一个关乎个体选择的显著特征，是时间上可自我预见的意欲偏好的改变（preference change）。与此对应的问题则是：理性个体如何解决这种偏好改变所带来的对初始合理计划的破坏？尤利西斯在听到女妖歌声之时，其原先对尽快返乡与亲人团聚的偏好已被对女妖歌声的沉迷偏好所取代。如果尤利西斯未能提前采取任何措施，这种偏好改变的结果对他及船员将是致命的。在日常人们常见的意志薄弱事例中，这类偏好改变所造成的危害也是有目共睹的。换一个提法，这里的问题可表述为：

哪一种可能的解决意志薄弱难题的方法最为合理？

美国社会理论家乔恩·埃尔斯特（Jon Elster）在其《尤利西斯与海妖歌声》一书中颇为详细地分析比较了数种有代表性的解决方法，从而提出了“事先委身”（precommitment）① 较其他方法为优的结论。尤利西斯提前自缚于桅杆的形象，典型地代表着理性个体有能力自觉地借助某种外力机制来约束自己（将来）的行为。在此，借助外力意味着通过自我作用于外在环境而改变某种涉及未来的因果结构关系。对埃尔斯特来说，事先委身不仅包含在时间 t_1 做出某种筹划和决定，以之来增加自己在时间 t_2 做出另一相应决定的可能性，而且更是在 t_1 就介入某种外在世界的因果过程：“我们关于什么是自我约束的观念似乎有如下要求，即我们须暂时将我们的意志存入某种外在结构中，从而在外部世界中建立了一个因果序列，这个序列在一段时间之后会返回源头而修正我们自己的行为。”②

埃尔斯特把这种事先委身与其他两类不同的策略做了如下的对比。第一类策略可以叫作“局部最大化”或“逐级爬坡”，它可以刻画在自然选择环境中绝大多数生物个体的行为，其基本特征是每次均选择眼前所见最高的地方落脚。

第二类策略可名之为“整体最大化”，即为了选择视野内整体上最高的目标位置，有时不得不顺着脚下的山形地势先往低处走，或至少不急于登上身边就近的小山峰。这第二类策略预设了个体的一种等待和克制的能力，克制那当下涌现的诱惑所带来的耽溺性冲动。依埃尔斯特之见，凡人之所以需要采用事先委身之法，是因为作为一种完美理性目标的整体最大化，在许多场合下是肯定超出凡人的能力范围的。换言之，因为凡人永远是一种不完美的理性选择者（即意志薄弱有其生物机制上更原始的、非关道德的根源），所以无法要求他们径直达至整体最大化的最佳目标。事先委身策略所代表的目标状态，相对于一个完美理性者所能达到的理

---

① 将“事先委身”刻画为特定的动态选择情境中的一类策略的思路，最早可追溯到 Strotz 的《短视与动态功利最大化中的不一致性》一文。参见：STROTZ R H. Myopia and Inconsistency in Dynamic Utility Maximization [J]. Review of Economic Studies，1956，23：165-180。

② ELSTER J. Ulysses and the Sirens：Studies in Rationality and Irrationality [M]. Cambridge：Cambridge University Press，1984：43.

想状态而言，永远是一种次佳（second-best）状态（由于事先委身总含有某种代价）——但这或许恰恰是真实世界的自然限定下所能达到的最合理状态。

埃尔斯特列举了三种主要的事先委身策略：一是对实际可选项集合的自我操控，二是对自身态度或欲望的操控，三是对来自外在的相关讯息的操控。

具体地说，靠押出某种公开的赌注来改变可选项之间的相对报偿值就属于第一类策略。比如说，为了戒烟，我郑重地向我周围的朋友们宣布我已下决心戒烟；这样，如果我戒不了，那么我能否实行诺言或计划的信誉就会受到影响。而通过设法降低自己对某种所喜好的甜食的食欲、胃口等来改变自己对相应食品的偏好结构，则属于第二类策略。埃尔斯特相信，上述第一、二类策略的某种组合，如果用得其法，常常是会相当有效的，因而值得推荐和采纳。相比较而言，那试图操纵相关讯息的第三类策略几乎多是（潜在）代价更大，或是很难奏效。不妨设想，当我试图戒烟期间，我决定完全不接近任何抽烟的熟人或陌生人，或者避开一切卖烟的柜台、小贩等——此法显然要么完全不可行，要么会带来更大的不便。

还有第四类策略，不妨称之为“心内之法”，它“大致说来是靠个人的一种内在空间的重组，而无须诉诸任何外在世界的因果机制”①。美国心理学家艾因斯利（George Ainslie）用“私下押注”这个概念以及基于这个概念的个人规则来表征这种心内之法。② 私下押注是以一种自己跟自己打赌的方式，来检验自我控制瞬间冲动的能力。在这里，赌注是行为者

---

① ELSTER J. Ulysses and the Sirens：Studies in Rationality and Irrationality [M]. Cambridge：Cambridge University Press，1984：37.

② 这个概念最早见于 G. Ainslie 的早期文章《关于防卫机制的一种行为经济学的研究》，见：AINSLIE G. A Behavior-Economical Study of Defense Mechanism [J]. Social Science Information，1982，21：735-779。它可以用来与“公开押注”概念相对照。按 Schelling 的研究，公开押注是一种在博弈情境的报偿结构中引入的、不可回复的改动，它通过人为减低某些策略组合的回报值来提高某一个特定结果实现的可能性。参见：SCHELLING T C. The Strategy of Conflict [M]. Cambridge，MA：Harvard University Press，1960：21－80；BECKER H S. Notes on the Concept of Commitment [J]. American Journal of Sociology，1960，66：32-40。至于两种押注策略的比较，则可参见：ELSTER J. Ulysses and the Sirens：Studies in Rationality and Irrationality [M]. Cambridge：Cambridge University Press，1984：Chapter 2。

个人对自己在未来能否获得连贯一致行为所对应的一切相关好处的期望值，而押注的对象（或者说监赌人）不是别人，正是自己清醒而不自欺的意识——意识到自己已下注，以及所下赌注意味着什么。

二、心内市场与动态自我间之历时合作

让我们先看一个例子，以便直观上了解这种概念工具是如何工作的。

A君是一个早九晚五的上班族专业人士，其白天的工作是需要头脑敏捷和精力充沛的。但每晚回家后他都要上互联网漫游，层出不穷的网上新玩意、旧雨新知的朋友圈对话使他乐此不疲、欲罢不能。每到午夜时分，他都面临一个困难选择：如果他继续眼前的赏心乐事，明早起来就会睡眠不足，白天的工作效率就会大打折扣；如果马上关机睡觉，他又于心不甘，仿佛割爱般难受。他属于典型的意志薄弱者，一般总是不由自主地选择在网上流连下去……次日早晨闹钟响起时，他又十分后悔昨夜不该“一晌贪欢”！问题是，尽管白天后悔，到了夜晚他又不知不觉地会重复旧习。A君在理智上清楚地知道，长此以往，工作业绩必受影响，乃至饭碗难保——这当然是他万万不想看到的结局。

艾因斯利是这样来刻画A君的决策难题的：

> 此刻他最佳的行动方案取决于他是如何预测自己未来的感知的。他必须问自己两个问题：(1)在未来他是否会将此刻的选择行为视作一种先例？(2)如果是的话，那么选择准时就寝的叠加预期值在（未来的）大多数情况下是否足以驱动这同样的（就寝）行为？如果他今晚熬夜并且将它视作一种先例，他应该预期自己以后还会继续熬夜。如果他现在就寝并且视它为一种先例，那将会增加以后类似行为的可能性，但如果这增加了的可能性仍然不够大，那么他就等于浪费了此前的努力。如果他无论熬夜还是就寝，但都视它为一种**例外**情形，那么他将不会因现在的选择行为改变他先前已有的预期。①

---

① AINSLIE G. Picoeconomics [M]. Cambridge: Cambridge University Press, 1992: 160-161.

这一段引文所包含的可以展开的线索是复杂而多向的，我这里的讨论只集中于有关A君决策筹划的一个重要特征，即关于相似案例的可联结性观念。当A君将自己一连串相似的选择看作每一次选择都预言了其后所有选择的方向（即上面引文里“先例”一词的意义），他就能据此形成一个私下押注，从而阻断现在这一特殊选择行为在长远将来的不良结果（比如某种恶性的连锁反应）。一个私下押注可以用以下这种条件句形式来表述：“如果我现在不就寝，那么明晚乃至以后每晚我都将重复这行为——其结果是不能忍受的，因为它将危及我长远整体的工作质量或我自身的健康。”这样，通过认知上联结起相似的、可重复的行为案例，A君就已把自己未来的某类行为中的一员绑在了这类连贯行为整体上所对应的利害关系（赌注）上。这种私下押注的有效性不仅仅取决于这一整体赌注所具备（或所能调动）的动机力，而且更重要地取决于形成这一赌注的事实基础之可信程度，亦即，一般而言，某人关于自己未来选择的信念是否必然地以当下选择为转移。就我们眼前的论述目的而言，我们只需关注这样一个特征，那就是假如我们能够证明对上述联结性关系的信念在认识论上的合理性，那么艾因斯利对意志薄弱的个人规则解决方案就有望作为一种更好或更理性的策略，用来取代其他代价相对较高的事先委身策略。

上面这个例子，其形式特征很容易在日常生活的很多动态情境中找到。有趣的是，它与之前“尤利西斯与海妖歌声”的故事具有某种类似性。两者都提供了这样一类案例：某种在眼前的诱惑与原先的相反偏好之间选择者总倾向屈服于前者。这里，我们面临着一个解释上的困难，那就是这样一种偏好上的逆转是如何可能的。艾因斯利的“蔽构经济学”（Picoeconomics）理论试图给出一个扎实的经验性解释框架，其经验证据来自20世纪60年代初以来行为心理学对大量动物（也包括人类）的动态选择行为的实验研究。这类研究的一个引人注目的成果，就是发现了一个可用双曲线函数表达的心理报偿（rewards）动态递减定律：任何动物对在时间上滞后的报偿均有一种动机值不均匀递减的趋向；报偿滞后得越久，对它的当下欲值就越低，直至某一点后趋于一水平值；相反，在报偿即将兑现或生效的临近状态里，动物对它的欲值就会徒然急升——可以远远超过该动物对一个更大、却尚未临近的报偿的欲值。然而，这里我暂不讨论该定律在经验解释上的成功度[1]，而只想在艾因斯利式动态事例与某种稍加修正的“尤利西斯与海妖歌声”的故事版本之间做出一种更强的类比。

试设想，尤利西斯并非一次性地穿越萦绕着海妖歌声的水域而是需要很多次来回穿越，而且每一次他都事先知道他将遭遇此种歌声。不妨再设想，海妖的歌声尽管极富诱惑力但并非绝对不可抵御；而且一旦某船受其蛊惑而驶进暗礁危险区后也并非绝对有去无回——不妨假定凡驶入危险区的船只为在迷宫式的礁群里找寻出路，会招致时间和精力上的巨大损耗。这时我们可以问，当尤利西斯首次起航前就完全知晓这一切，包括他自己的偏好动态模式（即在他听到海妖歌声之前或之后的所有时间里，他都有一个明确而一致的对安全、迅速地完成航程的理性偏好），他应该做什么？

这一修正版本（我姑且名之为“尤利西斯与重复的海妖歌声”）所显现的正是一种日常生活中艾因斯利式的意志薄弱情境。若按艾因斯利的论证思路，我们不难得出：在这种可重复的海妖情境中，为了克服海妖歌声的诱惑，尤利西斯的最佳方案并不是每一次出发前把自己绑在桅杆上（这样做的代价似乎过大），而是采用一种自我施加的个人规则。这种规则是基于这样一个私下押注，即如果他这一次不能战胜这诱惑，那么他以后每一次也就都无法战胜——这意味着他将失去所有与其未来航程相关联的事功利益（即使不算耽误在海上的时间精力）。在此，艾因斯利的论证显然包含两个概念上可区分的问题。第一个问题是关于采用某特定个人规则在动机上的有效性，假设该行动者已经成功地使自己相信了这样一种规则的必要性。换句话说，与此规则相连的动机力是否可以大到足以克服眼前诱惑的地步？假如尚未达到，那么是否还有什么辅助方法可再增加这一方向的动机力？第二个问题是关于使自己相信有必要采纳这个规则需要什么认知条件，即上述作为个人规则基础的联结性关系在认知上是否可信？在这里我不准备对这两个问题进行深入探讨。[2] 但值得指出的是，对深嵌于

[1] 下一章将会对相关内容（包括该定律的函数曲线图）做更细致的介绍和讨论。

[2] 同样，读者可在下一章第四节中见到涉及此两个问题的讨论。

我们自身动态偏好结构的难题的解决，其意义要远大于领悟或欣赏到最初版本的海妖歌声故事中尤利西斯的睿智（一举两得）方案所透露的其他意蕴。

艾因斯利的"个人规则"策略，在我看来，依然属于一种广义的"事先委身"，即一种实现从宏观视角出发的最佳结果的事先安排好的方式。但在埃尔斯特所用该词的狭义上，艾因斯利的个人规则并不属于一种事先委身的形式。[①] 虽然对于把握艾因斯利理论本身的内容来说，这一广义或狭义归属上的区分并不十分重要，但这一区分却对如何将艾因斯利方案在我即将讨论的下述概念坐标中定位这一点来说十分关键。

三、有决意型选择与个人规则

美国当代哲学家麦克莱宁（E. F. McClennen）在其探究动态选择的理性基础的著作中引入了一种新的概念构架，在此构架中我们可按一组经详细考订的有关动态筹划的公理化条件来区分和评估三种可能的动态选择模式。[②] 这三种模式的名称分别是短视型（myopic）选择、深虑型（sophisticated）选择和有决意型（resolute）选择。[③]

---

① 事实上，埃尔斯特甚至将艾因斯利的私下押注技巧与存在主义关于靠重新描述、重新定义自我来改变自身的观点联系起来。萨特的这种自我再造的观点，一般被视为在亚里士多德有关性格发展的渐进理路之外提供了另一种途径。埃尔斯特的上述联系应该说是有相当洞察力的。

② MCCLENNEN E F. Rationality and Dynamice Choice [M]. Cambridge: Cambridge University Press, 1990. 尤见其第9、11、12章。

③ "短视型选择"的提法最初也来自 Strotz，见前面注释中所引之文，而深虑型的选择模式以前亦被包括 Strotz、Hammond、Yaari 和 Schick 在内的许多理论家讨论过，不过 McClennen 是第一个将它与自创的"有决意型选择"进行对比分析的人。可参阅 Hammond《变化的趣味与连贯一致的动态选择》HAMMOND P. Changing Taste and Consistent Dynamic Choice [J]. Review of Economic Studies, 1976, 43: 159-173；可参阅 Yaari《趣味的内发性变化：一种哲学性讨论》：YAARI M E. Endogenous Change of Taste: A Philosophical Discussion [J]. Erkenntnis, 1977, 11: 157-196；可参阅 Schick《荷兰赌与抽钱水泵》：SCHICK F. The Dutch Book and Money Pump [J]. Journal of Philosophy, 1986, 83: 112-119。

简言之，所谓短视型选择者，是把每一个选择点都当作一个孤立点，仿佛前后处于同一选择序列上的其他选择点并不存在似的，只管按当下这一点的直接判断来选择。与此相对照的是，深虑型选择者提前预料到他自己在以后可能到达的各选择点上将会如何选择，以此来限制或调节自己在当下这一点的可行性判断，亦即排除那些包含有时间上不一致的选择偏好的路径计划。不过，深虑型选择模式的一个默认前提是，处于选择序列的任何一点上的选择偏好不应该再受到时间轴上游（即历时序列中已经“走过”）的选择点上所做出的选择性判断的影响。换句话说，过去了的已经过去，因而不再相干；唯一要认真考虑的是仍然开放着的未来的可能选择。正是在这一点上，第三种有决意型选择模式有别于前两种。有决意型选择者所选的路径计划是基于整个历时序列的初始点上的最佳判断的；计划一旦选定，则不管走到序列中的哪一点都不能因为该点上的（可能不一致的）选择偏好而放弃这个整体计划。换言之，有决意型选择者不仅是瞻前的而且更是顾后的，并且有贯彻整体上（但不一定是当下）最优计划的坚定性。①

麦克莱宁的上述观点与我们上一节所讨论的议题的相关性，表现在如下两个方面。第一，埃尔斯特的事先委身策略可放进麦克莱宁的概念构架中讨论，即事先委身策略属于深虑型选择模式；由此不难理解为什么麦克莱宁会把它作为批判的主要靶子。第二，我将论证，艾因斯利个人规则的进路既带有深虑型选择的特征，又与有决意型选择有某种共通性。如以麦克莱宁的概念坐标系为参照来考察个人规则，则有助于我们更好地理解艾因斯利的“联结性”观念所具备的理性筹划性质。

让我们先再细察一下深虑型选择与有决意型选择之间的差异。首先，这两者都是对短视型选择之误区的纠正方案。短视型选择的误区主要在于它未能考虑未来选择点上的不一致偏好对当下所选路径的改变，这种改变最后往往导致一种在给定的所有可能结局中（接近于）最差的结局。深虑型选择正是为了避开这种偏好改变所形成的陷阱，在给定的选择结构中先

① MCCLENNEN E F. Rationality and Dynamice Choice [M]. Cambridge: Cambridge University Press, 1990: 12-13.

排除那些在未来某一点上会被那一点的选择偏好所排斥的计划，再从余下的可行计划中选一（从“当下”看）最佳者。这样，深虑型选择者就难免只能与某个次佳结果有缘，因为逻辑上可能的最佳结果往往落在了那些因含不一致偏好而被排除的不可行计划中；或者，为了防止不一致偏好产生作用，该选择者不得不像尤利西斯那样借助外力将自己事先束缚在某个逻辑上最佳的计划中。由此可见，埃尔斯特所讨论的种种事先委身策略都是建立在深虑型选择的思路之上的：选择者应当把自己未来的选择偏好当作既定的、不可更易的，所有策略只能建立在这个前提下——要么设法避开与现在愿望不符的未来偏好，要么就诉诸外力消除掉未来相应点上的选择可能性。正是在这一点上，麦克莱宁质疑和批判了埃尔斯特对事先委身策略合理性的辩护。

麦克莱宁的论点可以简述如下：基于后果主义的考虑，人们不难发现深虑型选择的结果通常次于有决意型选择的结果，至少从不会比后者优胜。道理很简单，当给定的选择结构不包含未来偏好改变的陷阱时，深虑型选择可以达到最佳目标，有决意型选择自然也可以达到；而当深虑型选择为避开陷阱而不得不选择次佳目标时，后者却能凭对理性计划的坚定决心越过陷阱而达至最佳目标；再当前者借助外力来更改临近陷阱点的选择可能性时，必然伴随着某种或显或隐的代价——比如，自己须向提供外力服务者付费，或提前自我束缚所带来的不方便、不适或不自由，以及现实情境中伴随着这种不自由的其他可能风险（当尤利西斯让手下人把自己绑在桅杆上后，一旦手下人不听指挥，他已无能为力）——相比之下，有决意型选择者却不存在这类代价，他始终没有丧失作为行动主体的自主和自由。

但是，明眼人或许早已看出，上述对有决意型选择之合理性的论证预先假定了这种选择的现实可行性。其实麦克莱宁并未忽视这一预设，而是以其独特的方式来处理这个可行性问题的。

他首先指出，有决意型选择的可行性与其说依赖于某些关于常人是否天然地具备足够的意志力来抵抗偏好改变等这类经验性问题，毋宁说依赖于对某种许多人习以为常的基本假设的拒斥。这个他称之为“分离性条件”的基本假设告诉人们：动态序列中每一步的选择判断是与此前已经发生的行为或概率事件无关的，从而当下的选择就如同从序列的背景关联中分离出来的一个全新而独立的、只向未来开放的选择。麦克莱宁认为这个假设是站不住脚的。首先，这个假设可取与否，不能独立于对以它为前提的行为模式合理与否这个问题的（重新）思考。其次，我们可以区分两种意义上的计划可行性：第一种可行性指的是在给定的诸如自然规律、可用技术和资源等外在约束下某个计划在原则上是否有可能被执行；第二种可行性则涉及理性，即某行为者所能做的事还会进一步受到他本人对这种或那种理性标准的认同程度的影响。事实上，我们经常发现，某人对某种选择方式之合理性的信念可以增加他实际去如此选择的概率，哪怕这种方式（在别人）看起来很不同寻常或匪夷所思。

这里的微妙之处在于，在相当大的范围内可行性问题是与理性问题密切相连的。也就是说，某个计划是否可行，很大程度上取决于当事人是否在一种规范性意义上认同它的合理性。这种说法并不是无视或否认来自自然和其他客观社会条件的约束，而是恰恰以一种更富实践性的方式去探索这种约束的边界或极限。可以说，在一种十分重要的意义上，一个人因判断某事为合理而使得某事（首次）成为可行，或从原来的“不可行”逐渐转化为可行。这个规范性意义的不平凡之处在于：实践理性，或力求达至理性的行动尝试，是人所独有的一种根本驱动力；它植根于理性判断对适应和改变环境的长远而深层的有效性。

麦克莱宁虽然没有用我以上的言辞来表述这一观点，但其试图区分不同意义的可行性以及把可行性与理性观联系起来的思路使以上表述成为其题中应有之义。如果我们回溯前面提到的埃尔斯特对个人的完美理性的否认（其所有讨论的展开都是建立在选择者的不完美理性的基础之上的），那么麦克莱宁这里的批判性思路并非简单地回到对人的完美理性的假定（麦克莱宁本人亦不承认这假定，至少在关于理性个体的既有状况的描述性意义上不承认），而是在一种更宏观的规范性层面上，揭示并强调符合理性标准的、至少是潜在的性格建构或塑造力——而这一点，我姑且称之为“可趋完美的理性规范作用”，恰恰是埃尔斯特更偏于机智谋略的研究路向所忽视和遮蔽的。

不过，本节主旨并不在对麦克莱宁理论本身的评价，而是想借其深虑型选择与有决意型选择两相对照的概念坐标系，来对前述艾因斯利的个人规则策略予以再定位。

首先，个人规则与深虑型选择有相似性，即两者都包含某种（广义的）事先委身策略，都主张行为者靠着对某样东西的重组来避开或绕过未来选择偏好改变所形成的陷阱。两者不同的是，个人规则重组的是心内空间，而深虑型选择重组的是外在环境。另外，在操控外在或内在空间方面两者有一个颇为重要的差异：深虑型选择的代价是固定的或较明显的，而形成和维系个人规则的"私下押注"的代价却是潜在的或不定的。具体点说，如果我们可以忽略形成某个合适的私下押注所花费的心理能量的话，其代价就可以说等于零；但当这一押注失败，从而选择者不仅丧失了对应于此回最佳结果的好处，而且损害了自我对遵守规则、善始善终的自信，其代价就可谓是极大。究竟哪一种情形出现，一是取决于该个人规则的性质（即联结对象的范围、允许例外的宽松程度等），二是取决于选择者委身于个人规则的意志力大小。如果我们假定个人规则能够像深虑型选择一样有效地实行，那么显然前者要在效益/代价比上优胜过后者。在这一方面，个人规则之进路取向更接近于有决意型选择而不是深虑型选择。①

其次，个人规则与有决意型选择之间的差异也是颇为明显的。有决意选择型不但没有诉诸一种以巧技为中心的程序，而且其内在理路倾向似乎是排斥这种程序的。对麦克莱宁来说，对巧技的强调正是深虑型思维的标志，其本质特征"在于对所谓将来的自我施加于现在的自我的限制的清醒认识"②。具言之，一个深虑型选择者把自己将来的自我当作既定的，"仿佛它的行为倾向只能够是预见和策略性防范或利用的对象，

① 但是有人或许会反驳说，个人规则的施行要依靠相当大的意志力，而形成这种意志力往往会导致某种性格上的僵硬性。性格僵硬的代价常常是隐蔽而巨大的，可以大到足以抵消个人规则所可能带来的好处。这种反驳可参见：ELSTER J. Ulysses and the Sirens：Studies in Rationality and Irrationality［M］. Cambridge：Cambridge University Press，1984：104－105。类似的诘难也有可能用于针对有决意型选择，这一点下文将会涉及。

② MCCLENNEN E F. Rationality and Dynamice Choice［M］. Cambridge：Cambridge University Press，1990：235.

而不是可改变的对象”①。与之相反，有决意型选择者把自己将来的自我当作可重塑和管理的对象，这种管理是基于对自身可能的长远利益的整体考虑的，或者说是基于对所有相关的各个时刻的自我的最大互利这一考虑的。一言以蔽之，有决意型选择者乃是在时间上展开且可由时间来定义的意欲偏好或利益所构成的多元自我动态集合内的行政总裁。

行文至此，尚需进一步阐述如下几个要点。

第一点，设想有人问，上述有决意型选择与深虑型选择之间的区别是否真的能支持这个命题，即任何重视技艺程序的进路都应当被归为深虑型这一类？假如答案是肯定的，那么艾因斯利的个人规则进路就在一个重要的意义上更接近于深虑型选择而非有决意型选择。但我个人对此问题倾向于持否定答案，这是因为我发现在个人规则与有决意型选择之间有着其他的、重要性似乎不亚于上述意义的共同点。比如说，它们两者最终都落脚在内在资源上，不管是设法调动、激发意志力还是直接表现为意志力，在凭意志力克服来自瞬时偏好转移的威胁这一点上是一致的。尽管有决意型选择在形态上并不特别关注任何一种调动内在资源的具体方式，但它在逻辑上并无理由排斥有决意者实现其决意时可能会有的这种或那种调动意志力的方式。其实，在一个更深的层面上，两者都可（且须）诉诸后果主义架构来证明其各自相对于标准深虑型策略的更高的合理性。②

第二点，上面我们已经看到，有决意型选择的立意重点，在于有规范力的理性而不在于具体境况下的可行性。麦克莱宁关于“理性可以是可行性的决定因素之一”的命题，可以被看作在艾因斯利的个人

① MCCLENNEN E F. Rationality and Dynamice Choice［M］. Cambridge：Cambridge University Press，1990：235.

② 在这种深层面的合理性上两者可说是同盟者。我以为对有决意型选择可以有一种新的诠释：在这新的诠释中，有决意型选择并非建基于各个报偿的“客观值”之间的比较，而是建立在包含着同样的动态偏好分布结构的选择场景于现实中发生的频率比较之上。（这种新诠释背后的一个重要理由是，在某些动态情形中所谓的“客观值”根本就不是直接存在的，而是按某种规则被建构的。）如果这样一种新诠释可以成立的话，那么我们就有办法证明，与个人规则相关的联结性观念的合理性也同样是有决意型选择的理性基础。至于这一论证的细节则需要另文来单独处理。

规则那里得到了一种操作机制上的具体说明。这是因为，个人规则背后的联结性观念具体地显示了一个理性选择者如何调动其高阶（high-order）动机来克服初阶（first-order）冲动。而且，正是这些冲动在层次上的原初性，导致我们觉得大部分所谓反意欲偏好式（counter-preferential）选择是“不可行的”。重要的是，这高阶动机的源泉不是别的，正是一种对理性要求的体认。比如选择者在内心对自己说：“假如我屈服于这眼前的诱惑，我将断送自己的长远利益——那绝对是不理性的!”形象点说，个人规则提供了一个向内看的窗口，只有通过这个窗口我们才能看见潜伏在所谓“重组内在空间”之下的是一些什么样的力量和关系。埃尔斯特也注意到，“在一定的约束条件下，如何说决定着事实如何变——这是一个重要真理”①。把什么事物算作合理的或必要的，这一认知行动本身就参与创造着该事物——尤其当我们能在经验世界的、更实在的约束条件下仔细检审何时何地这种“算作”方式如何增减其实践有效性时，这个“重要真理”才能于敞亮的理论殿堂上彻底摘下其神秘面纱。

第三点，麦克莱宁对有决意型策略进行分析的一个重要目标，是想将它作为人内（intra-personal）决策环境下的理性方案扩展到人际（inter-personal）决策环境中去。所谓人际决策，是指在包括两个或两个以上的行动者的互动形势下如何做理性选择，这一般属于所谓博弈论（game theory）领域。相比而言，以上所有讨论都只涉及一个行动者，但其决策问题却是发生在不同时间上的自我之间，即由于不同瞬时利益之间的冲突或协调问题而需寻求理性解决之道——在这个意义上就有所谓“人内决策”环境，及其与人际决策环境之间的某种可类比性。

根据麦克莱宁的诊断性分析，“关于人际选择的传统思维方式恰好提供了一个关于人内选择的传统式‘分离性’方法的绝妙注脚和参照，从而两者自然会遭受同样的失败命运和批判”②。具体而言，麦克

① ELSTER J. Ulysses and the Sirens: Studies in Rationality and Irrationality [M]. Cambridge: Cambridge University Press, 1984: 106.

② DEHELIAN L, MCCLENNEN E F. The Stability of Plan and Intentionality [J]. Mind and Machine, 1991, 3: 24.

莱宁主张在人内选择中被证明为合理的那种整体式、非分离式的推理方式，也应同样运用到所有参与者有公共信息条件下的人际选择中去。① 无独有偶，艾因斯利在《蔽构经济学》里所做的分析很大程度上也采取了人内与人际互动情形之间的类比。稍有不同的是，艾因斯利的类比方向是从人际情形类推到人内情形，而麦克莱宁则是从人内情形出发，落脚点却在人际问题上。重要的是，无论从哪个方向入手，人际与人内合作问题的类比既有助于看清各自问题及其论域的特殊性，也有助于揭示很大一类策略性互动难题的基本共性，甚至在实践操作上产生解决这类难题的共同思路。

第四点，无论是麦克莱宁关于“所有由时刻定义的自我之间的互利”的概念，还是艾因斯利关于“动态相续的诸自我之长远利益”的概念都有一个明显的弱点，那就是对于各自概念中涉及的、在时间上延展的利益，缺乏某种经过仔细推敲论证的语义模型来厘清其确切含义和内在关系。比如，此一时刻的自我与彼一时刻的（不管是过去还是未来的）自我之间共享的究竟是何种利益？这种利益在什么意义上可以说是归属于某一（或某些）时刻的自我？而且，归属于某一时刻的自我的“长远利益”在该时刻消逝之后是否还存在？以什么形式存在？所有这些有关时间上可区分的动态自我的言说是否已然预设了某种跨时间的人格同一性（personal identity）？而这种人格同一性与上述时间上延展的利益又是什么关系？等等。由于上述利益概念在麦克莱宁和艾因斯利的研究进路中有着举足轻重的作用，所以对其细微意义的澄清是十分必要的。两者相较，艾因斯利的经验型进路对找到这种必要的语义模型似乎更具启发性。

---

① MCCLENNEN E F. Prisoner's Dilemma and Resolute Choice [M] //CAMPBELL R, SOWDEN L. Paradoxes of Rationality and Cooperation. Vancouver: University of British Columbia Press, 1985; MCCLENNEN E F. Constrained Maximization and Resolute Choice [M] //PAUL E F. The New Social Contract: Essays on Gauthier. Oxford: Blackwell, 1988: 95-118; PAUL E F. A Theory about Ideal Games [J]. Philosophical Studies, 1992, 65: 193-215; MCCLENNEN E F. Rationality and Dynamice Choice [M]. Cambridge: Cambridge University Press, 1990: Chapter 13.

四、理性议价之果：无偏私约束与守规则倾向

在《基于协议的道德》(*Morals by Agreement*) 一书中，高迪埃 (David Gauthier) 力图在理性选择理论框架之内发展出一种关于道德的契约论说明。对高迪埃来说，道德可以理解为对个人利益追求所施加的一种理性而无偏私的约束——这种约束本身终极上源于对利益的理性选择。下面这个表述可以看作高迪埃理论的中心命题："在某些包含人际互动的选择情境下，一个个体的选择只有满足下述条件才称得上是理性的，即他自觉地按照某些原则来约束自己对利益的追求，这些原则一般特征性地表达着道德所禀具的无偏私性 (impartiality)。"[①] 换句话说，高迪埃试图把有关人际合作行为的原则建基于理性的个体选择。更具体一点说，他要论证如下三点：

(1) 每当与他人合作会带来一种合作性附加值（即与不合作所得相比较的额外好处）时，理性的人将会同意合作。

(2) 协议所达成的条件将会按一种"最大相对让步之最小化"(minimax relative concession) 的原则分配合作性附加值（这通常意味着将这附加值在所有参与者之间平均分配）。

(3) 理性的人碰到与其相似的潜在合作者时，将会表现出（或有必要形成）一种性格趋向上的合作倾向 (disposition to cooperate，这区别于机会主义式的一次性合作行为)。这里的所谓"与其相似"指的是其合作对象也同样地具备这种性格上的遵守理性协议的选择倾向（而不只是外表上的貌似遵守）。[②]

必须承认的是，高迪埃的工作方向具有开创性意义，即他是第一个试图以某种系统建构的方式将互动规范中的道德性构筑于个体的利益性选

---

① GAUTHIER D. Morals by Agreement [M]. Oxford: Clarendon Press, 1986: 4.

② 这三点对高迪埃方案的小结来自：HARMAN G. Rationality in Agreement: A Commentary on Gauthier's Morals by Agreement [M] //PAUL E F. The New Social Contract: Essays on Gauthier. Oxford: Blackwell, 1988: 1。

择的人。承认此一意义并不一定需要承认高迪埃的细节论证无懈可击。这里的重要之点在于，高迪埃的工作提供了道德契约论的一个先行范例；而在当代社会政治哲学领域中，以霍布斯式社会契约论思想为灵魂的建构主义理论（如罗尔斯、布坎南等的理论）实已成为一种主流。[①] 但要想在道德领域中建构一种契约论，显然要比在社会政治领域中困难许多。这是因为，无论在常识（日常道德情感）中，还是在经典理论（如康德的道德义务论）中，道德总是以其纯粹性、非功利性和无条件性为标志的。就本章的旨趣而言，高迪埃的道德契约论作为一种人际建构主义，与上述艾因斯利关于内心驱动（包括遵守规则）的模型所对应的人内建构主义具有某种平行的可类比性。

首先，高迪埃认为，古典理性观所主张的是个体永远采取一种（期望）功利值直接最大化的选择策略。与之相反，高迪埃主张，只有一种有约制的功利最大化（constrained maximization）策略才是真正理性的。直接最大化意味着无论何时何地均直接以当前所能得到的最大功利为目标，而有约制的最大化则包含着一种顾及前后关联的整体最优的观点；这可能意味着在某些局部选择点上放弃最大功利。具体地说，有约制的最大化就是按自愿接受的理性协议来选择，而协议的目标在于获得那唯有合作才能创造或维持的利益。[②] 由此马上会产生两个重要问题：一是，什么决定着

---

① 按照布坎南的分类，高迪埃是一个道德建构论者，布坎南本人是一个宪制建构论者，而罗尔斯则结合了道德建构和宪制建构的双重因素。这三者均区别于像 Nozick 或 Hayek 这样的非建构论者，即后者并不以个人主义的契约关系为其理论基础。参见：BUCHANAN J M. The Gauthier Enterprise [J]. Social Philosophy and Policy，1988，75。对高迪埃而言（罗尔斯也一样），一个契约论者将社会视作“一个为着彼此更多得益而设的合作性冒险事业”，而其参与者一般“被设想为并不天然地会关心别人的利益”。并且，契约论者宣称，假如一个社会不能为其成员提供对净得益的预期，那么它就无法获得理性者的自愿的输诚。参见：GAUTHIER D. Morals by Agreement [M]. Oxford：Clarendon Press，1986：10－11；RAWLS J. A Theory of Justice [M]. Cambridge，MA：Belknap Press of Harvard University Press，1971：4，13。另外，至今无人（包括艾因斯利本人）用“建构主义”这一术语来描述对人内合作问题的蔽构（或行为）经济学的研究进路。我希望通过以下对高迪埃和艾因斯利研究进路之间的相似性的探讨，来显示这一术语在此语境下用法的合法性。

② 高迪埃的“有约制的最大化”概念，对于理解下面这两样东西均具有核心的重要性：一是高迪埃解决人际合作难题的理性方案之个人主义及后果主义基础；二是假如道德一开始并非天然存在，那么行为者是如何能够识别以上解决方案之道德维度的。有关细节讨论可参见 *Morals by Agreement* 第六章。

某一协议是否理性？二是，一旦达成了某个协议，是否只有无条件地遵守才算理性？

在我讨论这两个问题之前，我想指出，在一个十分宽泛的意义上，高迪埃与艾因斯利的研究进路之间的相似性，可表述为两者都试图在不诉诸先定的道德的条件下激发出对个体追求的某种约束——而这种约束，当其满足无偏私条件时，恰可与传统的道德约束的概念相吻合。

换言之，它们两者的共同旨归，在于证明采纳一种有约束力的规则的合理性；而这种规则是作为一种理性的策略用来达至某种除此之外无法达至的目标的。而且，这种规则的无偏私约束性会要求或产生某种人格倾向，这种人格倾向至少在某种意义上可以被恰当地描述为"有道德的"。正如高迪埃所述，引入一种带有道德向度意味的相互约束"并不是一个变魔术的过程，道德并非是从一顶空帽子中突然变出的兔子。道德毋宁说是从将理性的最大化概念运用于某些特定的互动结构这样一类过程中涌现的。'各行动中心之间'彼此同意的相互约束正是对这些互动结构的理性响应"[①]。这意味着互动结构的特殊性对于所采用的约束是十分关键的。在典型的艾因斯利的互动情境中，这种特殊性表现为，每一时刻的自我在那一时刻都是独立的筹划中心，都具有相似的筹划能力和相似的使其偏好最大程度地实现的动机。虽说当下的自我表面上是唯一正在行使筹划和抉择的行动中心（以前的自我似已消失，而未来的自我尚未来临），但由于受到上述动态结构相似性的限制，当下的自我并不能指望占到未来自我的便宜，即以牺牲后者的利益来获得自身所有偏好的实现。这是因为，任何当下自我总有一部分（往往是主要一部分）偏好是涉及将来的，这部分偏好的实现有赖于未来自我的合作；而假如当下自我罔顾"他者"（既包括过去自我也包括未来自我）的跨时长远的偏好而犯规（即不合作、不遵守协议），那么其代价则是所有后续的未来自我也会群起效尤，而在轮到它们抉择时同样犯规。这情形在逻辑结构上是与高迪埃所关注的人际协同性事业中守约、犯规及其代价问题相类似的。所以，无论在人内还是人际情形中，为了摆脱大家竞相犯规所必然造成的不良结果，同时为了获得只有

① GAUTHIER D. Morals by Agreement [M]. Oxford: Clarendon Press, 1986: 9.

合作才能带来的最大利益，每一参与者必须愿意事先接受一种对所有参与者均有效的约束。这种约束在高迪埃那里表现为每个行动者自动放弃其直接最大化的个体“最佳”策略，而实行有约制的最大化策略。在艾因斯利那里，以个人规则形态出现的相互约束也正是对人内合作难题的一种理性响应，这种响应的合理性来自人内前后相续的动机状态的特殊报偿结构。另外，个人规则的进路本身就要求对每一时刻的自我施行严格的无偏私约束。

其次，对高迪埃而言，一个人际协议的合理性是与导致这个协议的议价谈判过程（bargaining process）紧密相连的。这里特别要注意的是，互利只是达成某种协议的必要条件，互利本身并不足以建立某一特定协议的合理性。唯有考虑到达成协议的方式，即当该方式满足一种程序上公平的标准之后，它才有望保证该协议得到真正的事先接受，并且有助于防止事后的犯规。高迪埃说：“对议价难题的解决将导出一个以之决定理性协议的过程和内容的原则。”① 我们这里关心的不是高迪埃关于议价谈判原则的细节论证，而是该原则作为人际谈判的图式与艾因斯利关于人内谈判图式的联结性观念之间的相似性。

联结性观念强调的是，每一时刻的自我均有相似的动机和相似的认知力，从而都将倾向于提出相同的（或冲动式的或算计式的）要求；这显然与高迪埃之基于每一议价谈判者之平等理智力的谈判原则十分类似。就联结性观念而言，更重要的一点是，任一时刻的自我在自制方面的失败，其意味是与另一时刻的自我在自制方面的失败完全相同的。这里的讨价还价过程可以设想为当下的自我与任一个未来的自我之间的这样一种对话，后者对前者说：“假如你现在放纵自己而不履行对我们未来者的义务的话，

---

① 直接最大化意味着，某个时刻的自我径直按其当下最强的意欲偏好来行事。当该时刻的自我完全忘记或不在乎其未来利益时，这种直接最大化自然就是其此刻的个体最佳策略；当他意识到自己未来利益可能会因此（即直接最大化）而受影响并且也十分在乎这未来长远利益时，他仍有可能在如下条件下将直接最大化视作其当下的个体最佳策略：这条件就是他期望，或（自欺式地）相信，未来的（大多数）自我会设法约束它们自己而不效法现在的耽溺于最强瞬时偏好的自我——这样一来，似乎就能两全其美，即既能靠未来的自我的合作来保住或实现长远利益，又能使当下的自我享受眼前的利益。

那么轮到我成为当下自我之时，我也将放纵自己。”[1] 前者的回答应当是："只有当你承诺决不会放纵自己时我才会合作。"后一句话的言外之意是，只要未来有一个自我不合作，那么再以后的合作也会成为泡影（或更难期待），这样我此刻的合作就成了白白地牺牲。

联结性观念正是为了杜绝某一特定时刻的动机状态自视特殊或例外，从而不承认"现在"这时刻的特权地位而要求对所有时刻的动机状态一视同仁。这里蕴含的"无偏私性"恰能呼应或映照内嵌于高迪埃的议价原则中的关于程序公平的题旨。而且，联结性观念所导出的个人规则也恰可被视为前后相续的自我之间的一种契约[2]，正像高迪埃的议价原则所导向的在同时存在的行动者之间建立的理性契约一样。

最后，即使公平的契约建立之后，也仍然存在着一个是否在任何情形下守约均属理性的问题。不少学者认为守约问题是对高迪埃理论的一个挑战。欲理解为什么守约是一个相当棘手的难题，我们须了解事先同意合作与事后真的合作是两桩事，尤其是当某人已经收受了合作契约所带给他的那部分好处而他自己还未付出的时候。

这时，一个一般性的问题是：为什么任何人永远应该遵守一个理性协议的条款？假如理性的最后落脚点不外乎个人利益，那么当违约明显地有利于自己时为什么违约不能是理性的？

高迪埃辩答如下：如果有足够多的行动者在性格倾向上是遵守理性协议的，并且我们的性格是足够透明的话，那么可以证明选择有约制的最大化策略（即严守既定之约）是符合我们的自我利益的。[3] 这里的重心在于性格倾向（作为一种稳定策略的源泉）本身理性与否，而不是某一特殊处

---

① GAUTHIER D. Morals by Agreement [M]. Oxford: Clarendon Press, 1986: 14. 用高迪埃的术语，这一原则可叫作最大相对让步之最小化，或（等价地）最小相对效益之最大化。详细解说请阅此书第五章。

② 注意，在这里未来自我对当下自我（放纵）行为的仿效，并非出于报复的动机，而只不过是当跨时合作的希望已成泡影或十分渺茫时转而退回到他本来存而未用的个体最佳策略。换句话说，每一时刻各顾各的直接最大化永远是不得已时的后补备用优化选择。

③ 尽管艾因斯利在此书中只用过一次"自我强制贯彻的契约"这样的术语来刻画个人规则的本性，但它已揭示了他关于高阶精神属性最终可从行为主体的低阶动机状态中导衍出来的建构主义观点。参见：AINSLIE G. Picoeconomics [M]. Cambridge: Cambridge University Press, 1992: 153。

境下特定选择在结果上的功利大小。不过，最终决定理性与否的标准仍然是后果主义的：在性格准透明的条件下，假如我们在性格倾向上不是一个有约制的最大化选择者，我们就有更大的机会被逐出那真正的理性合作者的圈子，从而就（长久地）丧失相关合作性安排所能带来的可观利益。这个论证的一个弱点是，准透明的条件不足以排除那些善于伪装的行动者；说得更绝对一点，只要某人自始至终在选择的行为上显得是一个有合作倾向的人就行，他并不需要真正地培养出一种合作的性格倾向——这显然与道德所要求的内在纯粹性有很大距离。①

假设有一种论证可以显示，遵守规则的性格倾向不仅有利于人际的合作难题的解决，而且对解决任一选择者本人内部的动态利益的协调难题也是必要的话，那么这种论证将肯定有助于克服高迪埃理论的上述弱点。这是因为，遵守规则或协议不再只是为了让其他人跟自己合作，从而受到来自他人的监督；遵守规则现在已成为一种内在的需要，从而受到来自自身的监督。只有当遵守规则（在成为一种性格倾向前）已不是权宜之计时，它才有望通过这内、外双重的监督。艾因斯利的理论恰恰可以提供这样一种弥补高迪埃方案的论证。关于守约的合理性问题，在人内动态动机结构的关系中可以得到比人际谈判情境中更为细致丰富的讨论。此外，通过麦克莱宁的分析，我们还看到人际合作的互动结构常常包含着相应的人内动态协调问题，从而前者就可以在分析上转化为参与者各方依次选择的某种动态序列。② 凭借这一关联，关于人内历时性合作的思考或研究成果就可富有成效地应用到共时性的人际互动之中。另外，艾因斯利关于个人规则的论说的心理学部分，亦会帮助我们了解某种遵守规则的性格倾向是如何通过认知性筹划，从萌芽到逐渐加强，以至于达到完全能抵御强烈的瞬时冲动。

回到最初的有关尤利西斯与海妖歌声的故事，我们现在不难看到，从

① 高迪埃是用“准透明”（translucent，或译作“半透明”）这一词来描述现实界中的大多数行动者的，即人们一般会对其交往的对象的性格特征或行为倾向有某种大致的了解，或者说在一个相当大比例的情形中判定某人很可能会做什么。

② SAYRE-MCCORD G. Deception and Reasons to be Moral［M］//VALLENTYNE P. Contractarianism and Rational Choice. New York：Cambridge University Press，1991：181-195. 欲觅这样一种转化的实例，可参见 McClennen 之 *Rationality and Dynamice Choice* 第 106-107 页。

尤利西斯对其面临的人内动态合作难题的成功解决中，某种内禀着无偏私性的自我约束意向已然凸显出来。当选择情境的改变（如他将多次重复地遭遇海妖歌声等）令他不得不将时间上无偏私的自我约束从外在转为内在、从一次性的事先委身转化为多次性的守约考验，他就已然踏上了由理性通往道德之途。

第十章　市场、理性与道德

一、市场范式与人际合作之结构性困境

市场作为一种社会制度，其功能是实现社会资源的有效配置以达至个体利益和集体目标的融合。市场作为一个社会科学的研究范式，有两大概念基石：一是理性原则，二是“完全竞争”，作为其制度体现之充分性的参照点。[①] 由于任何社会生活都离不开合作这一经验事实，所以与市场范式相伴的两个根本问题就是：（1）既然“完全竞争”是其理想状态，那么在什么条件下合作才是理性的？（2）理性原则对合作施加了什么样的约束？

为使读者明了这两个问题对于我所要讨论的市场与道德的关系问题的相关性，我首先大致勾勒一下在市场范式中政治、道德、法律制度的角色或地位。

古典经济学关于完全竞争的市场假设意味着，只要某些理想条件存在的话，理性人基于纯自利的追求功利最大化的竞争活动会自动达成社会资源的最有效配置。换句话说，只要完全竞争能够实现，旨在约束个体自利

---

① Market Paradigm 在这里专指一种以市场的理想化（而非现实的）功能做参照来描述或评价现实社会中种种政治、法律和道德实践的概念框架。其雏形滥觞于亚当·斯密的《国富论》，在 20 世纪它更发展为自由主义政治道德哲学的主要概念形式之一。本章对此范式的表述主要是参考 COLEMAN J L. Risks and Wrongs [M]. Cambridge：Cambridge University Press，1992 以及 BUCHANAN J M. The Economics and the Ethics of Constitutional Order [M]. Ann Arbor：University of Michigan Press，1991。尤其是前者对于本章开篇的切入角度颇有启发。

行为以求互利的合作行为是不必要的。只有当完全竞争（的理想条件）实现不了，即市场失效时，合作才可能是理性的。在此背景下，一切政治、道德制度或规范应被理解为理性合作之图式（schemes），对它们的合理性证明最终就必须落实在理性原则上；也就是说，市场范式并不在理性原则之外假设任何有关公正、公平的道德标准，道德标准只能由理性原则中推演而出。

那么，理性原则究竟包含哪些具体内容呢？

让我们仍从古典经济学关于个体理性行为的概念——功利最大化出发。功利是每一行为个体对其自身关于某类选择对象之偏好程度的排列（ranking of preferences）。所以，只要个体对被选对象的相对偏好是具体而明确的（但不必是固定甚或稳定的），其功利值就是明确和不含糊的。

功利最大化作为一个描述性术语，其真实性几乎是平凡无奇的：在较简单的选择情境中，它无非是说（正常的）个体总是选择他最偏好的对象；而在较复杂的情境中（如包含某种随机性或未来不确定性的条件下），它说的是个体应选择在其合理期望中最偏好的对象（即所谓 maximization of expected utility）。作为一个规范性术语，功利最大化原则要求，理性个体应该前后一致地选择其所最偏好者；或者说，只有符合（期望）功利最大化的选择才是理性的。①

在完全竞争的理想条件下，人们都会追求一种非合作的个体功利最大化策略，其结果同时也是社会整体的功利最大化。这里已然涉及理性原则的两个维度，即个体理性和集体理性。这两个维度并非在任何情况下均能像上述完全竞争条件下一样无冲突。恰恰相反，现实情形中更多的是两者的冲突或不相容。理性合作的种种形态或图式正是为了解决市场（完全竞争）失效情况下个体理性与集体理性的“重新”趋同合一。②

---

① 任何规范性概念或原则都是以被规范对象的实情与规范目标相偏离的可能性为前提的。亦即，当我们用功利最大化来作为理性的规范性标准时，我们已经预设了在现实生活中至少某些人在某些场合是可能违反功利最大化的。

② “重新”意味着两者以前曾经是合一的，只是在市场失效后个体理性才与集体理性相分离。当然，这并不等于说完全竞争的市场理想状态在现实或历史中真实地存在过或成功过；但这仍不妨碍我们以这假想的（从未实现的）状态作为分析的参照目标来评价现实制度的合理性。

为了进一步厘清在什么意义上道德可以从理性原则中导出或得到验证，我们有必要更精确地定义一下集体理性及其与个体理性的关系。①

（1）一个社会状态符合集体理性，当且仅当它是帕累托最优（Pareto optimal）。

（2）一个社会状态是帕累托最优，当且仅当没有任何其他社会状态帕累托优于（Pareto superior to）它。

（3）社会状态 S' 帕累托优于另一个状态 S，当且仅当在 S 与 S' 之间无人更偏好 S 而至少有一人更偏好 S'。

（4）一个社会状态对某个行动者而言是符合个体理性的，当且仅当没有任何其他可行的状态使他在与前者的比较中更偏好后者。

由以上的定义可以看出，我们可用帕累托最优（或帕累托优于）这个经济学概念来刻画集体理性——帕累托最优并不代表所有人都达到对其最偏好的状态，而只表示在这些“最优”状态之外的任何状态必定包含至少一个人（相对于某个“最优”态）的状况变差。

换个角度说，任何一个非帕累托最优态都至少对应一个帕累托最优态，在其中每个人的状况相对于前者都变得更好或一样好。这个特性说明，集体理性的目标是在每一个可能的方向（资源分配或人际合作方式所允许的创利方向）上达成某种整体的最优。但由于功利的人际不可比性（interpersonal incomparison of utility），在同属符合集体理性的状态之间很难有客观的或定量的比较。另外，我们无法用帕累托最优或帕累托优于的概念来直接定义个体理性，因为某些结果状态对某个行动者而言是符合个体理性的（即他更偏好的或改善其福利状况的）但却不是帕累托优化的，即他的状况的改善是以别的行动者状况的恶化为代价的（这样显然不符合后者的个体理性）。这方面典型的例子是囚犯困境（prisoner's dilemma）中一方犯规的结局，对犯规（先表示要合作但实际上却悄悄地采取不合作的策略）的一方来说，其所得结果是帕累托优于

① 以下定义之（1）—（4）均可参见：COLEMAN J L. Risks and Wrongs [M]. Cambridge：Cambridge University Press，1992：18-19。

现状的，但这却是因为占了恪守合作策略的另一方的便宜。这种利用合作方的自我约束带来的“可乘之机”来实现己方（犯规方）的额外（即在互不合作状态中不可能有的）功利最大化，显然是以他方的牺牲（不仅是预期中的合作利益，而且是其现状中既有利益的损失）为条件的。见表 10－1。

表 10－1　　　　囚犯困境的获利状态

		博弈论者 1	
		不合作	合作
博弈论者 2	不合作	A（1，1）	D（0，3）
	合作	B（3，0）	C（2，2）

注：括号中第一位数字代表博弈者 1 的所获，第二位数字代表博弈者 2 的所获；数字大小仅反映排序，不必是利益绝对值。

囚犯困境作为一种典型的博弈情境，揭示了个体理性与集体理性相冲突的某种必然结构——对应于外在给定利益结构（pay off structure）的内在心理逻辑。合作状态 C 显然是帕累托优于现状（未合作状态）A。尽管状态 B 和 D 也同 C 一样属帕累托最优态，但 B 和 D 都违反了其中一个博弈者的个体理性原则，所以该博弈者会尽一切力量避免这个状态发生；而同样的情况对称地适用于另一个博弈者。另外，单从结果状态的数量关系来看，博弈者 1 自然希望状态 B 发生而使自己的功利最大化，而博弈者 2 则希望 D 变成现实。两方面考虑叠加起来，无论是从保护自己还是从侥幸占到对方便宜出发，个体理性均要求采取不合作的策略——经济学意义上的主导策略（dominant strategy）。问题是每个博弈者均是理性的行动者，故皆必采用主导策略，结果则不言而喻；只有互不合作的状态 A（亦即此处的现状）才是现实中唯一可能出现的均衡态（equilibrium）。这就是囚犯困境之所谓“困境”。古典经济学或决策论的论证资源到此也就用尽了，无法再凭理性原则本身来超越这不能不令一切明智者遗憾乃至沮丧的（集体）非理性困境。

那么，这些理论界尽人皆知的经典结果又与道德何干呢？

以上介绍并非只为显示人类理性的局限，至少不会这么轻易承认其界限所在；恰恰相反，我想进一步介绍和论证的是某种试图突破以上理性合作困境的方法论思路，以及这种思路是如何将道德性作为理性的衍生物证成的。

让我们回到市场范式关于合作的必要性的观点。

现在我们可将合作更明确地定义为理性选择者放弃个体（单独行事的）策略以采取（与他人协调的）联合策略的行动。显然，仅当运用个体策略无法达到个体功利最大化时，合作才于个体而言是理性的；而在完全竞争条件下个体策略必能达至功利最大化。所以，仅当完全竞争不能实现，即市场失效时，追求联合策略才是符合个体理性的。换言之，理性合作是解决竞争失败之道。

市场失效有多种原因，其常见者包括信息不完备，外部性（externality）造成的公共财（public good）问题或交易成本过高，以及既有资产分布的极度不平等。仅仅是简单地浏览一下这类原因清单，我们就不难明白市场失效几乎是无所不在的，从而理性合作的需要亦无所不在。而紧接着的问题是，什么样的条件才能保证合作是理性的和成功的，从而能成为完全竞争阙如下的次佳（second-best）替代物？这就回到了我们一开篇的问题（1）。不过，现在我们已多了一个博弈模型即“囚犯困境”来探讨合作问题。

首先，我要指出，一切合作行动，无论其类型或所处具体情境如何的不同，均潜在地具有（或内嵌着）囚犯困境的逻辑结构。就是说，合作利益的达成是建基在合作双（或多）方分担成本和风险的基础之上的。如果其中一方在他方已经付出了相应成本或努力（包括放弃其个体策略）的情况下却按兵不动、坐享其成，或者利用他方放弃个体策略的机缘来实现自己本来难以实现的个体策略目标，那么这就会使已合作的他方陷入比谁都不合作情境下更差的状况——这相当于囚犯困境表中状态 B 或 D。这种一方（悄悄）犯规而使他方受损的可能结果是大家在进入合作之前全都能意识到的，也是理性合作者一开始就要设法避免的。假如不能避免这类犯规问题，合作就是一句自欺欺人的空话；任何一方想一厢情愿地采取合作策略将都是非理性的。

其次，尽管在现实中众所周知的解决途径是通过法律，即通过制定和实施合同法（contract law）来预防或惩罚犯规行为。但是，法律并不是唯一的、常常也不是最好的解决途径。这里有两点值得注意。一是按照市场范式，法律作为一种有效的威慑和监督的规范性制度，当它是必需且可行（成本不太大）时，它也属于市场失效下为促使合作成功而专设的安全保障（safe guard）这个范畴。故而其合理性也是借由市场范式中的理性原则获得证明的。二是法律作为一种第三者（合作双方以外的）监督执行机制，它的成本有时会很高；而且严格说来，任何签约合作的一方与合同法的执法者之间也存在着一种广义的社会契约，这种契约也同样会牵涉犯规问题——如何避免这类问题也还会再次牵涉到类似囚犯困境逻辑结构的理性解决之道（这里暂且不讨论政治哲学中更复杂的有关宪政民主与分权问题）。以上这两点都会令人进一步追问：有没有从个体理性原则上说更有效、成本更低的规范性机制来保障市场失效下合作的达成？

这就引出了道德作为一种自我施加的、无偏私的内在约束机制（self-imposed，impartial constraints）是如何可能的，以及它是否能单从理性原则中得到证明等一连串极富理论意义的课题。

二、高迪埃方案与道德契约论

以下还是让我从第九章已提到的高迪埃《基于协议的道德》一书的基本思路入手。一言以蔽之，此书意在论证一种植根于理性选择理论的道德契约论。对高迪埃来说，道德作为一种行为规范，乃是对纯个体利益追求的、发诸自身的一种无偏私约束。这种约束，广义而言，是自由社会秩序的必要条件；狭义而言，是获得人际合作利益的内在保障。问题是如何证明这种道德约束本身可以完全从个体基于自身功利最大化的理性考虑中推导出来。

高迪埃的中心命题是："在某些包含人际互动的情况中，某个体只有当他按照某种特定原则来约束自己的利益追求时才算得上是理性选择；而这种特定原则恰好体现了或表达了道德的无偏私性（impartiality）这一根本特征。”[①] 这一命题的挑战性在于，它并不是将道德规范视为外在于或高于理性原则的东西来重新定义理性，而是从不假外求的、处在特定境况中的理性原则本身导出具有道德特征的规范性要求。所以，在这里，选择行为发生的境况（或其对称性互动结构）是一个关键。具体而言，高迪埃要论证以下几点：

（a）理性人每当面临合作所可能带来的额外好处时都会彼此合作。

（b）合作协议的条款将遵循“最大相对让步之最小化”之原则：它通常要求在各参与者之间平等分配合作所带来的额外好处。

（c）理性人将会（促使自己）形成一种有利于合作的性格倾向，而这种倾向所面对的则是那些同样地具备这种倾向的人。[②]

由于篇幅有限，我这里只想重点谈一下上述第三点（c）的理据和意蕴，因为它是高迪埃整个论证方案的灵魂所在。

由任何合作所潜含的囚犯困境结构可知，古典理性观所主张的期望功利之直接最大化只能导致非帕累托最优的结果——这意味着相对于一个逻辑上完全可能的最优结果而言双方皆受损。假如作为一个理性人，你不甘心于这个显然劣等的结果的话，你就必须诊断出问题的症结并力求突破之。问题的复杂性在于，即使你不想取巧占对方便宜（如何让对方相信你不想取巧?），你也须防范对方可能取巧占你便宜；而且（似乎更糟的是），一旦你真有办法让对方相信你合作（不取巧）的诚意和坚定性，那么对方几乎肯定要取巧——因为这时取巧之所获就如探囊取物般明摆着，这个便宜不占白不占。（请注意，在此我们还未进入任何有法律监管的论域，而道德自律若成功的话，法律等第三者强制机制就不再必要。）思及此，你只能又回到不合作的原点（或传统博弈论中的平衡点）。

这是一个怪圈，你的对手也同样面临这个怪圈。而且你知道你的对手与你处于相同的困境，他也知道你知道他与你处境相同……在这里，单靠诚意显然是不够的，但没有诚意去做似乎更无出路。困局的突破点似乎在

---

① GAUTHIER D. Morals by Agreement［M］. Oxford：Clarendon Press，1986：4.

② 这一简略概括取自：HARMAN G. Rationality in Agreement：A Commentary on Gauthier's Morals by Agreement［M］//PAUL E F. The New Social Contract：Essays on Gauthier. Oxford：Blackwell，1988：1。

于需要什么层次上或关于什么东西的诚意。高迪埃正是在这一点上引入了一个突破性的新概念——“有约制的最大化”。[①] 这个概念是相对于上述古典理性观的直接（无约制）功利最大化而提出的，它与后者的最重要区别在于它所侧重的不是某个（特定情境下的）单一选择行为，而是某种选择的行为倾向。这种倾向一般对应于日常语言中所谓性格、惰性、习性之类的超越个别事项的稳定特征。不过，高迪埃此处强调的尚不是如何培养这种性格倾向（这是第二位的问题），而是采纳这种倾向是否真正理性这一问题。

简言之，“有约制的最大化”选择倾向是作为一种个人政策（personal policy）来采纳的，其理性与否也必须以政策（而不是当下个别策略）所具有的总体效果来评判。也就是说，政策诉诸宏观性、长远性的利益结构，尽管它不一定保证每一个微观细节均合总体方向。高迪埃认为，只要试图获得合作利益的双方都意识到，作为一种个人政策的直接最大化（取巧的心态正是这种政策的个别表现）必然达不到合作利益，那么只有在个人政策层面上转换到一种无偏私的同时约制双方的选择倾向上，才能突破原有困局、实现当下（以及将来类似场合的）合作利益。可见，“有约制的最大化”选择倾向之理性论证，最终还是落脚在个体利益上，而不是从任何超功利立场出发来证明自制作为某种美德本身如何可贵。

当每一个潜在合作者都看到了采纳上述有约制的选择倾向的必要性和理性，他就应当放弃侥幸取巧的幻想而“义无反顾”地选择合作。但是义无反顾也不等于无条件。这里的条件就是合作的另一方也同样地认识和采纳了合作政策，或已经具备了合作的性格倾向。否则的话，单方面转换政策或倾向显然不理性（即不但不能获得合作利益而且反受其害）。亦即，“有约制的最大化”政策之使用本身是有选择性的。问题是如何判别对方是否属于同自己一类的人呢？这里，伪装，或识别错误，在所难免。高迪埃的论证由此进入略显驳杂的概率性考虑：他承认在现实世界中不能保证每个人都理性到足以把握上述选择合作的理据；但是，他又认为，如果

---

① 这是高迪埃理论的核心概念，对它的细节分析请参见：GAUTHIER D. Morals by Agreement [M]. Oxford：Clarendon，1986：Chapter 6。

有足够多的、决心遵守理性协议的个人政策转换者，而且如果人们的性格倾向有相当程度的透明度（translucent），那么选择采纳“有约制的最大化”政策就正是长远来说最符合自我利益者。

在此，我无法给出其概率论证的细节。但是必须指出，此处的确是高迪埃整个理论大厦的相对薄弱环节——虽似可勉强支撑，但已颇遭其他学者的诟病。

三、麦克莱宁/艾因斯利方案：从人际合作到“人内合作”

在这个方向上试图弥补和超越高迪埃局限的人寥寥无几。其中最值得一提的是第九章已做过部分介绍的麦克莱宁方案。换言之，该方案将静态共时的囚犯困境转化为某种在深层逻辑上与之对应的动态展开结构，即每一个选择者均要面临自身关于同一战略目标在前后不同时间点上的战术选择之间的协调问题。麦克莱宁的立场是，如果一个选择者解决不了自身内在的动态协调问题，那么他就会在整体（宏观视野中的自我利益）上受损；而解决内在动态协调问题的锁钥，就是一种“有决意型选择”。① 此方案在规范性样式上与古典理性观大相径庭：后者是在时间序列中逐级累进（incremental）而又彼此独立或隔离（separable）的理性样式，而前者倡导的则是上下文呼应的整体性推理。此外，该方案在心理动机上又与高迪埃的选择倾向说有异曲同工之处；或者更准确地说，它试图从个人内部为解决动态协调问题而衍生的理性动机及其重构中，发展出类似高迪埃的

① 其中具代表性的批评见 SAYRE-MCCORD G. Deception and Reasons to be Moral [M] //VALLENTYNE P. Contractarianism and Rational Choice. New York：Cambridge University Press，1991：181-195。由于麦克莱宁是用严谨细致的公理化方法展开论证的，在有限的篇幅中很难哪怕是摹其大概。有兴趣的读者可阅读 MCCLENNEN E F. Rationality and Dynamice Choice [M]. Cambridge：Cambridge University Press，1990（尤见第 9、11、12 章）。另外，有两篇他的文章似更易把握：MCCLENNEN E F. Prisoner's Dilemma and Resolute Choice [M] //CAMPBELL R，SOWDEN L. Paradoxes of Rationality and Cooperation. Vancouver：University of British Columbia Press，1985；MCCLENNEN E F. Constrained Maximization and Resolute Choice [M] //PAUL E F. The New Social Contract：Essays on Gauthier. Oxford：Blackwell，1988：95-118。

结论，即人际合作需要某种有决意型选择倾向。

麦克莱宁的研究路向吸引我注意到前面第九章已有所点评的艾因斯利跨学科进路之独特性和包孕力。①

虽说艾因斯利的工作从未与高迪埃或麦克莱宁发生过直接的学术接触，但是前者的问题空间已与后两者悄然重叠。十分难得的是，艾因斯利所建构的跨学科的心灵模型是以自 20 世纪 60 年代起行为心理学关于动物（包括人）的大量实验数据为基础的。其中最重要的发现就是动物对于在时间轴上分布的报偿（rewards）的行为反应曲线（可诠释为心理驱动曲线）遵守着一个可用双曲线数学函数准确表达的匹配定律——该定律的（动物）心理学含义是明确而简洁的：任何动物对在时间上滞后的报偿均有一种动机或心理回报值不均匀递减的趋向，那越靠近该报偿的兑现（生效）时间，对该报偿的心理回报值上升得越快越陡，而在远离该时间的时点上心理回报曲线基本平缓且逐渐趋近于零（见图 10-1）。

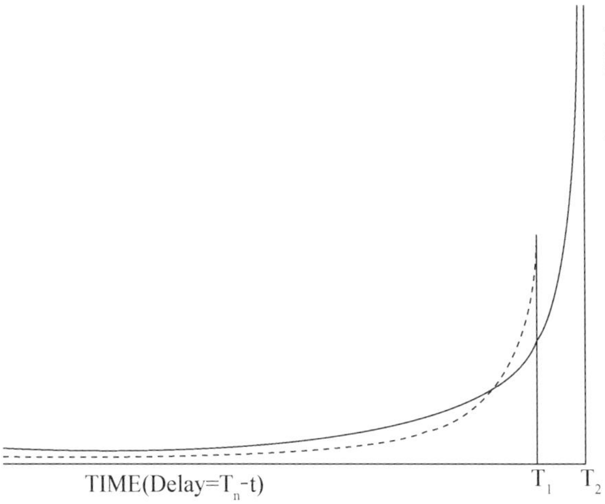

图 10-1　对滞后选择的偏好逆转

注：匹配定律乃是动物个体动态（心理）回报值相对于回报滞后长度的双曲线函数；于时刻 T_1 可得之回报 vs 于时刻 T_2（晚于 T_1 三个时间单位）可得之更大回报（两倍回报值）所分别对应的两条双曲线比较：双曲实线代表 T_2 才能兑现的报偿于任一时刻（变量 t，不妨视作不断移动的“当下”）的回报值，双曲虚线则代表 T_1 就兑现的报偿之 t 点回报值。

① AINSLIE G. Picoeconomics [M]. Cambridge: Cambridge University Press, 1992.

这里的一个有趣且重要的特征是，虚线在接近 T_1（即其报偿快要兑现）时原本一直低于实线的动态回报值一下超越实线而快速飞升——这意味着个体的当下选择偏好就地逆转，亦即弃大（而远者）择小（而近者）。既然一切动物在面临选择一个大而远的报偿和一个小而近的报偿时都会在某刻从偏好于前者突然逆转为偏好于（从而最终选择）后者，那么作为理性动物的人在受到这匹配定律支配这一点上也不会例外。我们日常生活中经常会出现的意志薄弱现象不妨看作这种原始规律的支配作用在“作祟”。① 艾因斯利的贡献正在于，他在人类意识和认知层面上把上述（很可能根源于进化的）原始心理定律所带来的种种（直接或间接的、表面或隐藏的）后果发挥到了一个超越其前辈的高度。

我对艾因斯利心灵模型的兴趣，主要侧重在它对于高迪埃、麦克莱宁等哲学家有关道德之理性根源的博弈论/契约论探讨的相关性上。尤其是从市场博弈角度看，艾因斯利模型不仅有一个经济学的名称“蔽构经济学”，而且其出发点恰恰是把人的内心世界视作一个自由市场，在其中任何兴趣或利益动机在一开始是完全平等、不分高低贵贱的。只是在它们各自的动态展开及相互的冲突呼应中，某些等级结构或具有高层规范含义的整合物，才逐渐涌现出来。所以，不妨将该模型视为与标准意义相平行的一种“心内市场范式”。

以下我想对艾因斯利这种“心内市场范式”予一简洁勾勒，即某种理性的个人规则是如何能从动态协调失效的背景中涌现出来的。

四、“蔽构经济学”模型及其与高迪埃方案之互补性

让我们先回到第九章分析过的 A 君例子。

---

① 严格意义上的意志薄弱（或希腊文 akrasia）是自苏格拉底以来一直困扰着西方心灵哲学的问题。当代对此问题做出最有开拓意义的哲学诊断的应算是戴维森，但他却无以阐明真实世界中大量存在的这类现象背后的历时因果机制。至于艾因斯利模型如何能运用到意志薄弱的解释上，可参见：MELE A. Irrationality [M]. Oxford: Oxford University Press, 1987: 85-86。

尽管A君理智上无法接受其难以自拔的恶习循环的长远后果，但每一个当下这“恶习”对应的却都是享受！换言之，如果当下和未来没有（A君所认同的某种）关系，一切真实的当下享受都是正面的，也就谈不上恶习。那么什么措施对A君才是最理性的呢？

我们已知艾因斯利的回答将是个人规则。不过，在转入对此规则的合法性分析前，似须交代一下蔽构经济学对相关现象的解释效力。上述A君现象看似司空见惯，但解释起来却绝非简单。问题的焦点在于，为什么一个人明知某个选择是不符合自己的最大利益时还会这样选呢？A君即使在午夜上网时也并没忘记第二天一早是要上班的，甚至也没忘记白天大部分时间的后悔情景，但他还是继续坐在电脑前。单用惰性之类是解释不通的。以往的心理学模型对这类现象从来没有因果机制上令人满意的解释。艾因斯利凭匹配定律得出的解释是简洁明快的：A君上网时的当下动机的确远远大于他对远离此刻八小时开外上班事务的兴趣，尽管在同样远离上网和上班的情形下他肯定会选有利于上班的行为。换言之，在客观上（累积效果上）回报更高的上班动机会被在客观上回报小但在时间上先兑现的上网动机所僭越压倒；当上网的报偿（消费）完成以后，主体的动机又会马上回落到平滑客观的曲线状态（A君的后悔期也就发生在这一段）。这种动机逆转可以用两条匹配定律决定的双曲线（在临近小而先的报偿时）的交叉清楚地表达出来。需要指出的是，这里谈论的“动机”还是属于生物心理的原始动机，还未牵涉到高层规范性思维洗礼下的理性动机。正是在人类这高等动物无法回避的理性认知这个层面上，艾因斯利的“个人规则”整装入场。

首先，个人规则是对当下（基于动机曲线的）冲动的约束以实现符合主体长远利益的行动或保障其不受干扰。就A君而言，他所需的个人规则是“不能在午夜之后继续上网”（如果次日要上班）。

其次（这一点更关键），个人规则不是凭空而来的，它必须也与匹配定律所对应的动机规律相吻合（以之为基础），否则它既难在实践中有效施行，也难在理据上得到论证。这里，我们需要稍稍补充点细节。

前面讲过，当下冲动之所以会压倒之前一直占上风且与之相冲突的另一侧动机，是因为当下冲动的消费对象就在眼前（时间上临近），故相应的动机值有一个突升从而超过对另一较远目标的动机。这种突升既然是匹配定律所决定的，其发生就带有必然性，所以就不可能消除之。而要想遏制这有害于长远动机的瞬时冲动，就只能设法及时提升对应于长远目标的动机值以使其高于瞬时冲动的峰值。怎样才能做到这一点呢？显然无法靠与所涉及的特定长远目标无关的或一般化泛泛而论的（道德）理由来产生动机，而只能从该长远对象本身所具备的回报值及其相互关系中汲取动力。具言之，A君的长远目标是其专业工作出色（至少是保住饭碗），这个目标的达成或维持不是一朝一夕之事，而是需要平时的累积或保持。当然，偶尔一日或数日的懈怠并不足以破坏瓦解这长远目标；只有当懈怠和低效率产生连锁效应或成为一种惯性模式（pattern）时才会危及长远目标。

请注意，在前面提到的当下冲动与远距冲动之间的逆转中，后者指的是A君在午夜对次日正常工作所带来的报偿的动机，还不是指这份工作本身所对应的整体报偿或得失。尽管客观而言，次日单天的工作报偿也大于午夜时分多上两个小时的网所得的报偿，但是动机曲线在目标临近状态下的突升使得后者压倒前者。现在，艾因斯利要解决的问题就是如何让A君把次日单天的报偿与以后每日正常工作的报偿合法地联结起来以提升对为工作而准时休息这一方的动机。如果这种联结有充分合理的客观基础，那么今晚的选择就不仅仅是在一次性沉迷于网络与明日一天的工作效率之间的选择，而是变成了今晚的沉迷（意味着以后每晚的沉迷）与以后所有工作日的效率（即整份工作的得失）之间的选择。可以从数学上证明（从匹配定律动机曲线的叠加上也可看出），后者（即长远总目标）在当下（叠加之后）的动机值肯定将大于今晚网络沉迷的瞬时突升值（甚至包括以后每晚沉迷的当下叠加值）。图10-2显示了A君只要能将（比如说）未来十天的类似选择绑定在一起，对单个客观回报值更大的（实线所示者）白天工作质量之当下动态偏好进行十次叠加，就会超越（即克服）对眼前网游报偿的偏好突升。图中右侧B段所示的最后两次实线叠加已不足以克服眼前冲动。不言而喻，日常理性选择所面临的典型可重复情境往往是长期的或终止期不确定的那种，即图中左侧A段所示者。

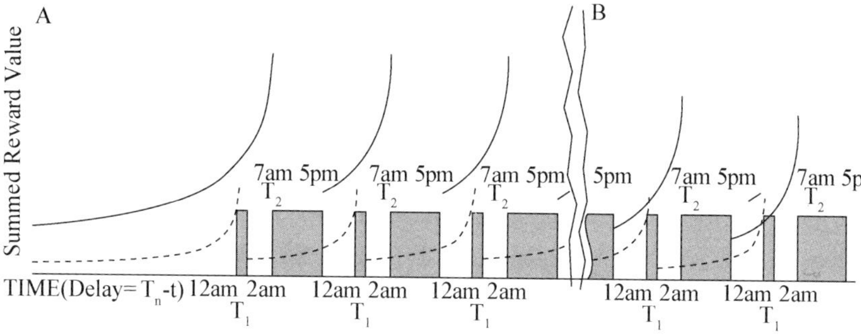

图 10-2　重复性选择的偏好叠加

注：基于匹配定律的重复性选择情境下，理性个体之动态偏好值大小取决于（预期中）可重复的类似选择的次数，因为前者反映着未来多次（乃至无数次）所选回报值的当下叠加。

问题是，上述前提即每晚选择行为之间的“合法联结”或报偿叠加并不是一个数学问题，而是一个关乎描述性心理事实（因果机制）和规范性认知的深层理性问题。① 艾因斯利的个人规则之必要性及合法性论证就是建筑在这种“联结”的基础之上的。一旦联结就意味着：这一次（今晚）的沉迷代表着，或必然导致，以后类似情况下所有次的沉迷。所以，假如你不愿接受所有次沉迷带来的后果，你就必须在这一次克制，即立刻遵守一个自我施加的个人规则。

可见，这里的约束不是外加的，而是发于内、源乎自我长远利益的自我约束。而且，这种约束又在一种独特的意义上是无偏私的（impartial）：对于时间上展开的、不同时刻的自我是一律要求，一视同仁的。就是说，此刻（有着当下冲动）的自我与另一个类似时刻（比如明晚）的自我，都同样面临着相似的问题或挑战：都有瞬时冲动、都须自我克制；而一旦未能克制（无论出于什么原因），则都将意味着以后所有类似时刻的克制失败，亦即不同时刻的自我之间的共同长远利益的丧失。

此处有趣之点在于，可以将个人不同时刻的自我看作有合作意愿的各个谈判方，其意愿来自合作的利益即上述“共同长远利益”。问题在于，

---

① 描述性事实是如何与规范性认知或信念发生理性关系的，这是艾因斯利模型所潜在（即他本人并未充分意识到）地激发的最有哲学意义的课题。我对此做了较详尽但仍属初步的分析，参见：ZHENG Y J. Motivation，Deliberation and Rationality for Dynamic Choice [D]. Bowling Green：Bowling Green State University，1995。

每一方（当下的自我）除了不愿放弃这合作利益外还有很强的取巧动机，即自己（当下自我）沉迷放纵一下而同时冀望他方（以后时刻的自我）不要效尤，而是勠力合作以实现合作之利益。这不正是高迪埃等人所面对的人际合作的守约问题吗?

守约的困难正在于参与者有侥幸取巧的心理，而这种心理又是由某种看似有理但却隐藏着一个盲点的偏私（partial）角度支撑的。如何打破这个盲点，是高迪埃方案与艾因斯利模型共同面临的问题。我在这里仅想强调两点：一是人际合作困局与人内合作困局之间的可类比性；二是在对合作困局内任何一方的守约动机问题的解决途径上，高迪埃方案与艾因斯利模型之间具有某种互补性。

关于第一点，上面的分析已然显示，人际合作和人内合作都要解决各参与方对“自我”利益追求的约束问题；这也正是囚犯困境逻辑结构所蕴含的协调难题。关于第二点，有必要指出，高迪埃和艾因斯利都不约而同地诉诸理性谈判（rational bargaining）来作为思考约束问题的方法论工具。

理性谈判，无论是假想中的还是真实发生的，都须解决两个基本问题：首先是找到各方都能接受的分配合作利益的条款（这牵涉到各方在进入谈判前的实力、所能动用的资源、讨价还价程序上的公平等标准）；其次是在协议达成后，如何保证各方遵守自己同意或签署的条款，即解决守约的动机问题。外在的监督或对违约行为的惩罚机制只是一种可能的，但常常是难以施行或代价很大的办法。高迪埃和艾因斯利都想寻找一种内在（即不假于第三者）的约束机制或动机来源。如果他们成功的话，在效果上就等于是从纯理性的利益原则导出了某种道德属性，即自我施加的、无偏私的约束（或其性格倾向上的对应物）。本章篇幅不允许对其各自论证细节做更多评析，只能于此做一简单小结（这些结论主要基于我对艾因斯利模型之概念前提的梳理和重构）。①

（1）人内合作的必要性来自个体内部各种长、短期利益之间自由市场

---

① 这种梳理和重新诠释的必要性来自两方面：一是其著作性质不属于哲学，很多极具价值的观点未能在概念架构上得到澄清；二是艾因斯利作为心理学家自然也从未将论证道德的理性根源视作学术己任。

式竞争的失效。“不同时段的自我”（可视为不同的长、短期利益的代言人）之间的历时合作是解决内部市场失效的替代性手段或出路。这一点与外部人际合作所对应的市场范式是相通的。

（2）人内合作的谈判（乃假想的在“现在的我”与“将来的我”之间进行的对话）难题之解决有赖于某种规范性的认知跳跃（normative leap of cognition）。这种跳跃既然关乎认知，便须受经验事实的制约，从而有理性评价可言［这一点与通常的“信仰跳跃”（leap of faith）不同］。这种跳跃为前述“联结”类似境况下之类似选择的认知行为提供了规范性基础，而“联结”之成立则奠定了遵守“个人规则”在动机上的因果充分性。

（3）对个人规则的恪守意味着对规则内容所涉及的所有时刻（分别到时的）“自我”予以一致性约束。而规则内容又是人内合作的谈判产物，即各时刻“自我”之间自愿达成的协议。在这个意义上，遵守个人规则就等于是个人整体自我施加的、在时间点上无偏私的约束——这就至少在形式上满足了道德性的要求，尽管道德通常是关乎人际公平的。尤其当个人培养出遵守规则的性格倾向之后，在他面临人际合作的难题时就更容易实现高迪埃所论证的那种“有约制的最大化”选择倾向。理性的道德自律在性格资源上也就多了一重支持。

（4）人际合作中的互动结构常常包含着相应的人内动态协作问题，从而前者也不难在分析上转化为参与者各方依次选择的某种个人动态序列。这一点，麦克莱宁的著作揭示得很清楚。[1] 在这种动态选择序列中，最大的问题是每个参与者如何保持前后两次对同一对象（但其意义因位置变化而有所不同）的选择之间的一致。而艾因斯利的思路恰能解决这一问题。换言之，即使在纯人际互动难题的理性/道德解决中，人内合作的直接成果亦可运用其中，且助莫大焉。

对以上结论中的（2）和（4），本章无法给出具体论证（因为这种论证所含步骤较多），列于此主要是想与（1）和（3）形成一个整体上较为

---

① MCCLENNEN E F. Constrained Maximization and Resolute Choice［M］//PAUL E F. The New Social Contract：Essays on Gauthier. Oxford：Blackwell，1988：106-107.

呼应和统一的逻辑思路。而结论中的（1）和（3），相信通过本章的说明和例证，其论证线索已大致清楚。至于作为一种研究进路的“市场范式”，其本身的比较优势和局限到底在哪里，道德即使确有理性根源是否也还远超出市场范式所能揭示者，这些问题都是该领域当代分析哲学家们（尤其是理性选择论者）感兴趣的问题。特别是这些问题并非彼此孤立，它们与别的涉及理性的相关问题共同构成了20世纪以降以（工具）理性重估一切的理论进军的一处前沿阵地。

第十一章　功利、地位与民族主义

毋庸置疑，民族主义是当今世界一种举足轻重的文明价值和现实力量。纵观20世纪以降的世界历史，两次改变世界命运的世界大战均与民族主义有直接的关联；二战之后如火如荼燃遍全球各个角落的民族独立风潮，与基于两大普世意识形态对峙的所谓东西方阵营之间剑拔弩张的冷战格局互相颉颃、互为表里。苏联阵营瓦解之后，地区性的民族冲突、仇杀、战争，以及纠缠着民族宗教的恐怖主义袭击和反恐战争，颇有愈演愈烈之势。此外，在更为日常或和平的国际交往场合，无论是大型的盛典如奥运会，还是个体层面的文化学术交流活动，人们也不难观察到那或长盛不衰、或日益强烈的民族身份认同感及其所伴随的与他族成员一较高下、不甘示弱的内在张力。

本章目的自不在描述民族主义在各个层面或侧面的形态及内容，而只在透过一种哲学方法论层面的新审视，尝试解释民族主义作为一种现象范型从自然与社会的背景逻辑上是如何可能的，以及这种可能性与理性本身之间的联系。

一、标准经济学解释及其局限

对任何社会现象的经济学解释的出发点是自我利益，这种解释的基本假设则是理性选择，即功利最大化。这里的“功利”是广义的、对个体（所体认或行为中反映出的）自我利益的量度。“民族主义”作为一种牵连复杂的价值观和社会现象能否由此经济学进路来解释，这是本节要回答的问题。

民族或国族，是一种大型的政治及文化的社群，是历史地（相对于“种族地”）形成的。它为其每个成员提供一种与其他所有成员相认同的特殊情感。有学者把它称为一种“想象的共同体”①。这倒不是因为它不具有现实性，而是因为这些学者想强调如下观点：民族概念中包含着单一个体成员对其同胞伙伴的一种特殊想象（比如，汉语中的“父老兄弟”）；他并不也无须认识他们中的绝大多数人，但他“知道”他们不同于“外国人”。民族主义自然离不开这种民族概念，并且从人们对这种想象的共同体的认同感中汲取巨大乃至不竭的能量。

那么，经济学的概念装备又是如何处理民族主义的历史源起（或者今日的重新崛起）这些问题的呢？让我先来简要地介绍一下经济学家解释这类现象的常见进路。②

首先，不难显示，民族国家在促成与市场相关联的劳动分工方面扮演着一个非常重要的角色。关于这一点可以有两种不同的论证。亚当·斯密将“国族之财富”归功于那种有利于通过做事来学习的劳动分工。在这种劳动分工形式下，工作者专门从事某种单一类型的劳作从而不断提高与此工作相关的特殊技能。换言之，斯密的论点是，劳动分工令做事所需的学问最大化。与此相对照，巴贝奇（Charles Babbage）却坚持另一立场，即劳动分工的最大优点是它能使做一件事之前就需具备的技能学习最小化。其理由是，一件工作的内容越狭窄，从事它所需的学习量就越小，从而社会可以更充分地利用禀具不同自然天分的不同个人的相对特长。尽管斯密和巴贝奇的立场表面上看似对立，但其实两者并不矛盾。可以用一综合命题来整合之：在一定限度内，劳动分工既能降低做事前所需的学问，也能提高做事过程中所习得的技能，从而最大程度地发掘社会成员来自先

① 这一概念首次出现于：ANDERSON B. Imagined Communities [M]. London：Verso，1991。

② 以下数段文字主要参照 Ugo Pagano 在其一篇关于民族主义之经济学解释的简明勾勒性文章中的思路。参见：BRETON A. Nationalism and Rationality [M]. Cambridge：Cambridge University Press，1995：Chapter 9。

天和后天两方面的宝藏。但是要想实现这一原理所对应的创造国家财富的目标，还需另一必要条件，那就是在全国范围内建立扫除各种贸易障碍、使大规模的劳动分工成为可能的条件——这就是现代意义上的民族国家及其所有国家机器的经济职能。

其次，当我们说国族建构或民族主义会有利于财富积累时，还可以有另外一层意思。个体职业上的专门化具有某种潜在的风险，即当一个特定职业变成过时或多余之时，该个体就失去了他为达至专业化所付出的人力资本。现代工业社会要比传统农业社会在职业的流动性上大得多，主要由于前者具有更频繁的技术创新和更多变的社会需求。这意味着现代动态经济下职业专门化的风险会大幅度增加，假如没有同样富创新意义的机制来减低这种风险，那么上面提到的劳动分工的好处就会被抵消。

这里，民族主义再次恰好扮演了一种提供急需机制的角色，那就是创立一种所有个体成员均能共享的普遍通用的公共文化。公共文化的两大要素——书写文字和标准化教育，可令人们在不得不换工作时以更便捷或代价更小的方式得到再培训。只有那些具备通用文化和掌握通用技能的人，才能真正享受到劳动分工所带来的“熟能生巧”的好处，并能将其所学从一个职业转移到另一个职业，这是第一个方面。第二个方面，民族主义政策也有助于建立诸如失业救济、再培训福利等社会保障制度。这些风险共享或社会安全形式进一步增加了人们承担专业化风险的信心。

最后，涉及国族建构之经济学理据的第三个方面是文化民族主义与政治民族主义之间的互相强化关系。简单地说，在通用文化上的投资仅对该特定文化才有作用。换言之，假如这特定文化未能发展或存活下去，那么所有在这之前投在它身上的人力或其他资本均将丧失一空。因此，某些政治性的安全防护机制对于文化投资免遭亏空来说就成了必要之物。民族国家正是这种机制之最终和最显著体现。另外，一切具体的政治防护措施都需要新的投资来维系，同时它们也使得在加强齐一化的民族文化或民族性方面的进一步投资变得更容易。可见，一种互为因果、互相强化的循环过程会在政治和文化民族主义之间形成，直到这一循环达到一个制度性的均衡点。

这样的均衡点未必唯一，也未必对一个民族的大多数人来说总是经济上最有效率的。按照不同的制度均衡点性质，民族主义可分为两种：一种是令国族财富最大化，而另一种则令部分民族主义者之特殊利益最大化。在后一种情形下，某些享用着与其人数不成比例之财富的利益集团，设法在对其有利的制度均衡点附近推动形成民族国家的巨额投资。① 暂且撇开某些不可避免的历史及人口地理上的复杂因素不谈，一些论者相信，以上这两种研究进路（即财富创造或特利追求）之一种，或两者间的某种组合，足以解释民族主义作为追寻各自利益的行为者们的一种理性选择是如何可能的。

虽然上述经济学进路具有一定程度上的解释力，但却很难有效地解释有关民族主义的所有重要特征。

民族主义的一个中心特征就是，有如此众多的人心甘情愿为着他们的国家或民族而牺牲自己的财富乃至生命——这一特征似乎与关于个人利益最大化的纯经济学假设相矛盾。有人会问：那些在平凡小利上都会多占便宜或“搭便车”（这的确符合个体功利最大化原则）的人们，相关场合却会为其“想象的共同体”而付出或献身，这是如何可能的呢？有些日常生活中温和慈爱的人却会去屠杀别的民族的人，这又是如何可能的？我们是否应该就此得出结论说，民族主义其实植根于人性的非理性层面，完全超出了理性选择的解释范围？

我的简要回答是，这些问题只不过揭示了传统经济学解释的局限，并不足以得出民族主义现象不能在一个更广阔的理性选择框架内得到合适解答这样的结论。至于这一更广阔的框架将包含什么样的概念工具，就是我接下来要转入的话题。

二、“地位财”和“象征性功利”

功利最大化乃是理性选择框架的基本假设。拓展这一框架的一个策略

---

① 关于特殊利益集团寻租方式（rent-seeking approach）的有趣而细致的讨论，可参见：BRETON A. The Economics of Nationalism [J]. Journal of Political Economy，1964，72 (04)：376-386。

显然是去扩展“功利”这个概念。我这里准备介绍两种扩展狭义功利的方式。

第一种方式是在财富以外考察其他类似功利之物。权力和名气，与通常的消费品之间的最大区别，并不在物质性上（因为文化消费品中很多也都是非物质的），而在于前者是一种“地位财”（positional goods）。它的意思是某人只有在别人相对于他得到的是负值时才得到正值的享受或消费。所以这是一种相对性的功利，它的存在必以他者相应的丧失而不只是阙如（即消费值为零）为代价。具体地说，如果没有其他人因着你的存在或行动而处于受限或被动位置，你是谈不上拥有或行使着权力的。同样地，当无人品尝到某种社会低贱感，则不可能有人享受到社会优越感。（这里当然须排除纯主观臆想或幻觉式的优越感。）地位财必来自人与人之间或国与国之间的某种特殊关系。虽说这类关系一般或迟或早都牵涉到物质的或有形的利益，但就地位财本身而言，它不涉及（相对性）“关系”之外的任何东西。因此，对地位财的竞争，就其定义，必然是一种零和游戏（即游戏各方所得总值为零）。

接着的问题是，为什么对地位财的饥饿或索取会比其他消费品竞争更容易驱使人们达至一种强烈的激情状态（于此状态中常规谨慎的利益考虑会退居其次）呢？换句话问，能否说任何地位财的吸引力均仅来自它有助于提升获得其他常规消费品的能力？

我不打算在此对上述问题给出全面的考察。一个较为肯定的论点似乎是，相对于有形财富的追求而言，对地位财的竞争具有一种易使竞争者过度投资的倾向。这是由于该类竞争不可规避的零和性质：它既不可能与人分享或在任何意义上平等分配，又不可能置身事外——你若不去争，结果不是没有，而是（只要别人在争你就）注定成“赤字”、成受害者。在常规的私人或公共财方面，如果大家都努力工作，有可能大家都获得更多。但地位财却截然不同：如果所有人都同等努力且才具相当，则无人能获之；直到有人脱颖而出，或“气力”不济，才见分晓。正是这种不断抢进、不进则退、退久则必淘汰的必然逻辑，使之容易变得日益紧张和暴烈。

经济学家熊彼特（Joseph Alois Schumpeter）指出：“民族主义是对

民族特性的肯定意识，伴之以一种富侵犯性的优越感。”① 虽说地位财的争夺是个体之间的行为，但同样可用于国与国之间的关系分析（原因很简单，国家行为的背后始终离不开个体决策，而且国家利益最终无非是许多个体利益的集合）。此外，虽说地位财概念的适用范围涵盖着从家庭、职业、性别到阶级、宗教、种族等不同背景下的个体竞争行为，故而在这个意义上决不限于民族主义这个论题，但是相关而显著的一点是，伴随着肤色和语音的种族之别，是最外在易识别，从而也最易成为歧视标志的特征。加上宗教和文化在历史上总是与种族纠缠在一起，所以不难想见关乎民族地位的竞争或战争常会成为地位财争夺的典型例子。在“荣耀”“光荣”等闪亮的名义下，历史见证了多少血腥和尸体！

关于功利概念的第二种扩展更富理趣，故值得多花点笔墨。

哲学家诺齐克（Robert Nozick）在《论理性之本性》（*The Nature of Rationality*）一书中讨论了其早先提出的一个概念——“象征性功利”（symbolic utility）。他认为当我们试图用自我利益和理性来说明林林总总的、重要而有趣的人类行为时必须将这种“新型”功利考虑在内。② 象征性功利与一般功利的不同之处在于，前者反映的价值并非可直接消费的物品、活动或心理感受等具体的东西，而是关于“我是谁”的想象价值，是关于我自视为（或愿意成为）什么样的人的价值。称其为“想象”并不代表这种价值不真实，而只是为了标示出一种区分。

简单地说，这是两种评价样式之间的一种区分：一种样式着重的是具体可计算、实时可兑现的功利，另一种侧重的则是选择或行为背后的人格倾向。谈到人格倾向，一般指的是某种相对稳定持久的东西，或需要较长时间培养和塑造的东西。除了先天和外在环境的影响之外，个体仍有相当的自由空间进行自我定位或自我塑造——至少这是许多哲学家（从存在主义者到理性选择论者）的基本信念之一。这种对自我人格倾向的定位或塑造，是通过实实在在的选择和行动逐步实现的，而象征性功利恰恰是启动

---

① SCHUMPETER J. The Sociology of Imperialism [M] //KAMENKA E. The Economics and Sociology of Capitalism. Princeton，NJ：Princeton University Press，1991：211.

② NOZICK R. The Nature of Rationality [M]. Princeton，NJ：Princeton University Press，1994；NOZICK R. The Examined Life [M]. New York：Simon and Schuster，1989.

这类选择行为的心理中介物。

问题是，人们为何会在乎人格的定位或塑造呢？现实世界中的人们通常在乎他们在某方面的声誉，因为这关乎其长远利益。而保持一个好声誉的最佳途径（假如你或多或少名实不符的话）是真正地变成这个声誉所对应的那种人，而不是假装成那种人。其理由是，真实世界中选择情境的复杂性和不确定性，使得（绝大部分）人格伪装很难持久或代价过高。而要成为某一类型的人，意味着你须以某种有规律或有原则的方式来行事，并且你能真实地感受到某种情感及其驱动力（正是这种特定的内在情感的出现把你同其他同属一类的人们联系起来）。成为一种人，相当于认同或禀获了一种社会身份，而每一个体的社会身份实乃其最基本的意义图式；无之，则无法确立其他连贯有序的计划和目标。在这个意义上，作为某一种类的人的象征性功利，可以远大于日常各种实际结果的普通功利。拥有象征功利的人所享受到的，不仅是对应于某种社会身份的情感报偿，而且是作为该想象群体之一员所可能带来的一切潜在或实质的报偿。

比如，当某人在总统大选中投票时，尽管自己一票的影响力微乎其微，远不足以抵消他为去投票而付出的代价（时间、精力等），但是通过投票他确认或定义了他的政治身份。虽说投票一次尚不等于一劳永逸地实现了其政治身份，但这是一种姿态，一种关乎这一政治群体所代表的信念或希望的证据。象征性功利的存在和作用并不一定为当事人所清醒地意识到，更谈不上对其功利值大小的精密计算，可是这无碍其能以一种广泛而深潜的方式发挥效力。

象征性功利有不同的层面和多种的来源。就最深层面而言，象征性功利之可供选择的来源包括宗教信仰（譬如基督教的世界观）、哲学意识形态的承担（譬如马克思的唯物史观）以及民族主义的一体认同感。这个层面上所有形式的象征性功利，都有能力诉诸人们克服人生有限性和无常性的底层渴望。毋庸置疑，人生的这些终极约束是令人痛苦的，而且从根本上威胁着一切追求功利最大化的凡俗行动的意义。由此不难看到，人们为何力图要将自己重新定义为归属于某种能够超越这种局限的更大的事物。由此亦容易明白，某些人可能会为着永生，为着成为某种不朽之物的一部分，而坚定地（甚至快乐地）去赴死。

民族主义、宗教或其他意识形态在提供这种崇高象征性功利的功能上是可以相互替代的。这一可替代性可以用来解释18世纪基督教世界观面临危机之后民族主义的历史兴起，以及冷战结束乌托邦意识形态式微之后民族主义的重新崛起。

不过，既然存在着象征性功利的可替代的不同来源，马上就会产生一个问题：哪一种来源更加自然而可信？与此相关的一个问题则是：具有象征性功利的社会身份是否可由个人随意选择和创造？当某人在选购某种消费品时，他一般不必特别关心这些消费品是天然的还是人工的，只要它们能满足他相应的需要。但一涉及象征性功利情形就有所不同。只有那些自然的、非人工的实体才能负载或支撑象征性功利，尤其是支撑那些人们可以安身立命于其上的深层身份认同。这是因为，假如某人可以随意改变自己的身份，那他一定很难相信这种身份不是与他想克服的无常命运一样充满偶然性。譬如一个（理智的）人怎么能相信自己同时隶属于两个或两个以上互相排斥的不朽天堂？当若干个互不兼容的宗教同时声称它们代表终极世界的唯一真实，这时大可怀疑它们中的任何一个是否为真，尤其是怀疑者发现了相关宗教内部或背后的人为成分。为了品尝那超越个体生命约束的象征性功利之果，人们须首先找到某种更坚实客观的地面，踏足其上能让人感觉到自己并非随意武断地选择自己的身份，而是某个身份必然地选择了自己，即自己作为某种庞然恒久之存有的一分子具有某种必然性。

马克思对历史的阐释，相当长一段时间内被很多人视作有关历史必然性的唯一科学表述，因而共产主义理想作为深层象征性功利的一个来源，禀具着远较其他（世俗）意识形态更为强大的价值生命力。然而民族主义作为象征性功利之源的生命力似乎更为持久。原因不难发现，那就是作为其两大基石的种族特征和母语乡音是最不容易（由当事人自己来）改变的自然而客观的事实。这一持续稳定的事实给了民族主义一种优势，即它可以作为后备基地，当别的同层次象征性功利失效或瓦解时即刻（毫不费力地）取而代之。

需做补充说明的一点是，尽管以上强调了深层次象征性功利一般须有相当客观的因素做其支撑，但这不等于说凡是能具有象征性功利之物必须为真。各个不同的文明都曾孕育过隽永丰富的神话或宗教，有的具有极为悠久的传统。这些神话宗教今天看来大多不真，但这并不妨碍它们在其相应的历史阶段曾经负载和支撑过深厚的象征性功利。作为一种价值归属，象征性功利最终落脚在人心深处，所以关键是当事人是否（有理由）认定或相信某种东西为真。只要他信以为真，而且这“信”不大容易被眼前的硬事实驳倒，那么其相应的象征性功利就有安身之地。历史上的主流宗教，其经过不断阐释或修正的深层教义一般都不容易直接与经验事实发生不可调和的正面冲突。加上它们一般都不会只停留在口头说教上，而是透过各种教会制度和个人践履来身体力行地创造或见证其所谓真谛境界。其中自然会包含着许多超出纯个人悬想臆测的集体的、实践的、具客观实效的因素。从理论上说，凡是客观上不真的命题或信念（尤其是关于自然物体的信念）或迟或早都会在实践活动中显现其漏洞或虚妄。但是由于人类实践的复杂多样性，以及价值层面的投射和自我见证性，一种客观上未必真的信念及其所可能负载的象征性功利，可以相当持久地对我们的生活产生影响。

结束本节前的一个遗留问题，也是下一节内容的引线，就是民族主义究竟在多大程度上发端于某种更深的血统式本能情感，而基于个体批判性思维的理性选择又在多大程度上可与之并存或融合？相应的一个规范性问题是，无论民族主义的源头（历史的、生物的，或心理的）是什么，特定的民族主义现象在什么意义（除了前面提到的经济学意义）上是可用理性来论证或批判的？

三、社会生物学视角及其与理性选择框架之兼容性

作为一种范式，理性选择理论自有其有效性范围。假如把它与另一个在现代极具影响力也非常成功的研究范式即达尔文的进化论相比较，或许有助于我们洞察它们各自的有效性疆界。

对社会行为的进化论解释的当代版本之一，是在 20 世纪 70 年代风行一时的所谓“社会生物学”。社会生物学的目标是为解释动物的社会性提

供主要的遗传机制，即为达至总体适应性最大化的“亲族选择”（kin selection）①。一个动物可以通过自己的生育来直接复制自己的基因，也可通过其亲属的生育来间接复制自己与亲属所共有的相当一部分基因。所以，动物的行为模式中可能出现协同合作或形成社会纽带等情形，而这些情形有助于提高在遗传上相关的动物个体间彼此的对外适应性或存活率；从而自然选择的单位就应是亲族（即有血缘关联的群体而非个体）。这就是亲族选择的意思。值得一提的是，亲族选择并不预设动物个体对该机制有自觉意识，即使对智性发达的人类个体而言也未必都有意识。

我们注意到上文中“最大化”也是一个中心概念。不过，这里的有趣之处在于，最大化作用的单位是基因而不是（作为基因载体的）动物个体。基因通过亲族选择机制而令自身的适应性最大化，这可类比于人类个体通过理性选择机制而令自身的功利最大化。

尽管如此，它们之间的分别却更为重要：被选择的（优化了的）基因只在宏观的亲族层面才谈得上有功能或合理性，而人类个体的选择则在个人（心理）层面就具有自觉（可做评价）的合理性或不合理性。有时在人类事务中恰恰是因为个人层面的（过度）理性才导致了集体层面的非理性结果——比如经济学中涉及“公共财”（公益设施）的搭便车（free-rider）难题。

另外，人类社会中时有的利他主义行为，或自我牺牲的民族主义壮举，又不难在某些动物社会常见的献身行为（如奋不顾身保护幼小同类或牺牲自身以保全族群）中找到进化上的“先例”。后者在社会生物学中被称为“理性基因”效果；这些理性基因作为表面行为背后的生物蓝图，可覆盖或延伸到整个亲族的每一个体，并由此决定了该亲族在其生存竞争环境中的命运。

人类作为动物种属之一，应该受到了与动物所受相类似的亲族选择机制的约束，尤其在人类进化的早期阶段。但人的社会性比动物的社会性似

---

① 关于亲族选择的讨论，可参见：SMITH J M. Group Selection and Kin Selection [J]. Nature，1964，201；关于总体适应性（inclusive fitness）及其与一般适应性的关系，参见：HAMILTON W D. The Genetic Evolution of Social Behaviour [J]. Journal of Theoretical Biology，1964，7。

乎又多了不少东西，而这些东西是人类社会独有的，是对区分人与万物来说至关重要的。

这里我只想借助一个同样来自社会生物学者的术语来刻画这一区分，这术语就是“谜母”，大意是文化基因。任何人类社会都有其自身的文化基因，它们可以通过人际的模仿、教育、规范，代内或代际的习惯养成等机制来复制和传递。上面提到的动物社会的理性基因也可以拿来与这里的人类社会文化基因进行某种（有限度的）类比：那些在人类历史早期存在过的某些原始种族或部落，假如它们的文化基因只具比较低的总体对外适应性（比如其文化欠缺一定程度的人际合作或信任机制），那么它们很可能逐渐被具备高适应性的种族部落所淘汰。① 换句话说，今天仍然存活着的文化，必定包含着富有相当大生命力或适应性的文化基因。按照著名社会生物学者道金斯（Richard Dawkins）的说法，“与习俗性或随众性信仰有关的文化基因具有其特定的传播延续自身的无情方式。这一点同等地适用于爱国性、政治性以及宗教性等习俗性或随众性信仰”②。民族主义也许真就属于这类文化基因之一，而且其活力至今未衰。我们通常所见的伴随着民族主义的强大情感力量，及其难由理性驾驭的特征，恐怕正与其根源处的这种原始性相关。

上述这种文化基因与动物理性基因之间的类比，虽然对我们理解某些宏观层次的社会现象具有一定启发性，但严格说来这种类比的局限性很大。这是因为，在微观层面上人作为个体是有理性能力的（动物没有这一特点）。文化基因不同于生物基因，毕竟（相当一部分）要透过人脑及其认知、判断、评价等意识过程才能起作用。虽说常人大部分时候都会受到形形色色社会化惯性或制度的影响乃至支配，可是凡有理性反思能力的人原则上可以控制和改变自己的意识过程及其产物。也就是说，文化基因在原则上是可能受到人类（从个体到集体）的自觉控制的，从而我们不应当将任何文化中的盲目“遗传”力量视为完全不可抗拒或命中注定的。

---

① 关于在动物社会性与人类社会性中亲族选择的作用的概要性比较，可参见：VAN DEN BERGHE P. Race and Ethnicity：A Socio-Biological Perspective［J］. Ethics and Racial Studies，1978，1/4。

② DAWKINS R. The Selfish Gene［M］. Oxford：Oxford University Press，1976：198.

所以，在一种更精细的观照下，我们可以把文化基因当作一个更高阶的“遗传”机制，其运作既不能抵触但又须高于人类生物基因构造对行为所施加的硬约束及其所提供的可能性。目前的科学发展水平尚不足以告诉我们人的某个特定行为中有多少成分是来自文化基因的社会化效果，又有多少是来自生物基因的直接决定作用。这也就是为什么现在当我们解释人类行为时仍总是有不少的回旋余地，让我们在生物本能和文化传承这两个矢量间进行配搭组合。别忘了还有第三个矢量，那就是上文暗示过的行为者本人的自由选择。正是自由意志的存在使得人不只是决定论背景下的一颗被动的棋子。[①] 粗略地说，个体的理性选择基于某种特定的判断，这判断的标准及其考虑的范围皆来自各种相关的文化基因在该个体脑内所产生的效果或制约；而这些文化基因又是受着来自外在自然和内在自然（即生物基因构造）的双重约束的。

必须承认，有关自由意志和理性选择相对于生物遗传和文化积淀的关系是一个极其复杂、牵涉面极广的大命题，其理论重要性自不待言。[②] 但本章并未打算正面解决这一命题所包含的主要难题。通过讨论民族主义这一重要的社会价值现象，我试图展示理性选择框架的解释效力、范围及其与相关的其他理论框架之间的可能关系。

为便于读者对我以上头绪颇多的讨论有一个条理分明的印象，兹将其中主旨脉络小结如下。

主题：理性选择框架可以富有成效地应用于对民族主义现象的解释。

副题1：典型的民族主义行为在个体意识的层面上似乎包含着某些比常规功利概念更强的功利概念（象征性功利等）。

副题2：并非一切民族主义行为都是由深思熟虑的判断和选择造成的。相当多的这类行为常常是由激情、欲望或道义情感引发的，而要解释

---

① 自由意志在因果决定论的宇宙图景下是如何可能的，它与决定论是否且如何相容，这是许多哲学家所公认的哲学史上的恒久难题之一。我在此只是（像绝大部分常人和多数哲学家一样）假定了自由意志的存在。

② 对谜母及其牵涉到的另一部分（这里未讨论的）重要哲学议题（比如，谜母与心灵的构成及其社会性的关系），可参见我的专论文章：ZHENG Y J. Memes，Mind and Normativity［M］//BOTZ-BORNSTEIN T. Culture，Nature，Memes. Newcastle：Cambridge Scholars Publishing，2008。

后面这类意欲情感的来源则须追溯其在我们的生物和文化基因进化史中的深层关系脉络。

副题3：生物或文化基因只在如下意义上可称作是理性的：它们有助于提高我们的总体适应性。但这“外在理性”与个人选择的内在理性又有所不同：前者处在集体的、超个人的层面上，而后者则处于个体化心灵或意向性功能层面；前者基本上是无意识（指自发、非设计）的，有其进化发生上的偶然性，而后者则已上升到自觉的、包含概念必然性的规范实践。

副题4：关于理性选择与社会生物学的兼容性，我们须看到这样一个基本事实：（无论是生物还是文化意义上）由遗传线路编制好的习性或人格倾向，在原则上都是向理性反思乃至人为干预（从社会工程到基因工程）开放的，尽管实际的改变在技术操作上暂时会有这样或那样的困难。

副题5：理性反思或理性选择不仅可以“反叛”那些在以前是无意识（遗传上编制好）的行为惯性，而且可以认可、批准之。对这后一种情形，我们或许可以说，集体原始的或进化论意义上的外在理性最终可经由发展成熟的个体内在理性得到阐明和（自我）实现。

第四部分

自然中的规范性：
自然选择、偶然性和必然性

第十二章　回顾式必然性

—— 一种关涉进化逻辑的新模态

一、一种与游戏的常规结果相关的事后（视角）必然性

五子棋是很多人熟悉的棋类游戏，用黑白两色棋子在棋盘上进行。它学起来简单，要想精通其技却不像看上去那么容易——一切对弈所含的开放性或不确定性的本质，取决于对手的下一步，这在多数情况下是难以预料的，这一点五子棋也不例外。本章无意在游戏的难易程度上做区分，之所以选五子棋作为例子，就是因为其游戏规则再简单不过：除了棋手交替落子外，唯一确定胜负的标准就是谁先让己方颜色的五个棋子连成不间断的一条直线。

五子棋的常规结局自然是，在双方棋子覆盖整个棋盘之前，一方因其五个棋子连成一线而赢。与这种赢局相对应的似乎是一种伴随着赢家地位的概念必然性：赢家一方的棋子图案必定包含着一排五个连续的棋子。这一必然性之所以属于概念性范畴，是因为给定该游戏规则（或设计），上一命题之真是由该句主词“赢家”的语义内容所保证的。进一步，我们不妨说，这一种必然性是规范性的，即如果我们不如此这般地规定并遵守这游戏规则，上述结局图案并不（一定）是原本现实世界的一部分。

然而本章目标并不在讨论这平凡意义上的规范必然性，而在探讨如下这个易为人忽略的基本事实及其蕴义：任何胜负结局的背后都有一个历史链条（所谓对弈后的“复盘”就是回溯这个链条），这链条是由双方棋手

每一次落子的实际顺序所构成的。这链条的各个环节在双重意义上是偶然的，其一是谁都没有一个先定的通向那实际结局的路线图，其二是（除了开局第一步外）每一步落子均至少部分地取决于对手所走的前一步——在对手有选择的范围内，这前一步是无法预测的。简言之，所谓历史链条无非是一系列偶然选择的轨迹或记录。这一基本事实值得发掘的蕴义恰在于历史选择的偶然性与游戏结局的必然性之间的相容与依赖关系。

继续以五子棋为例，无论谁是赢家，且无论其实际运作多么充满惊讶或意外，棋手（也包括旁观者）最终除了必然看到游戏规定的连成一线的同色五子之外，还必定在回顾时“看”到达至这特定结局的一条成功的历史路径，即一条因果环节上虽充满偶然，但却环环相扣从未中断的链条，而那构成着“成功连线”的五子必定对应着该链条中（未必连续）的五个环节。

这里出现了一种独特的、我称之为“回顾必然性”的模态，其概念内容既未被我们上面提到的规范性的概念必然性所穷尽，也未被后者所明确地表达。让我稍做一点说明性的展开。

上述直接的概念必然性所欠缺的东西是与我们熟悉的偶然成功这一观念相关联的。任何游戏在结构上所要求的动态活动意味着玩游戏时不可消除的偶然因素，正是这些因素令实际赢家一般只能在“事后”（即结局出现或已明朗化时）才识别。与此“事后赢家识别”相对应的是，只有等到游戏结束才能确认实际走过的路径算是成功路径（相对涌现的赢家而言）还是失败路径（相对输家而言）。换言之，一旦结局出现，赢家此前的所有步骤所形成的链条就获得了成功链条这一身份或地位。盘面上可见的五子连通性象征着这底层不间断的成功步骤之链。不管这连通的五子坐落于棋盘何处或嵌于双色棋子图案的哪一部位，那成功链条的事后回顾必然性无一例外地达成。

我想揭示的这种特殊必然性一方面区别于因果（规律）必然性，另一方面与事后眼光下的历史轨迹有着内在联系。事后眼光并不涉及任何关于游戏设计的新讯息，而只涉及玩家作为赢家或输家的事实地位——不妨看作一种后验地发现的地位。在我们转入对这种必然性之特点的讨论之前，先来看一下关于玩家及其在游戏中所面临风险的一个较隐蔽的问题。

二、关于历时彩票的事后必然性案例

围棋盘上的棋子，不同于五子棋玩家，或任何绿茵场上的足球运动员，充其量不过是这些玩家的替代品。一个游戏的人格参与者对其局部步骤或整体策略的实效会有认知性和情绪性反应，但其人造替代品却不会有。让我们考察一个简单的包含先定随机概率的真人游戏。

设想有一个多环节的筛选真人参与者的历时中彩游戏。每一环节都是一个小型彩票式关卡，即以某种事先设定的概率来淘汰一批已成功经历了之前所有环节的幸存者。通过每一关卡是获准进入下一关卡的必要条件……直到剩下最后一位参与者即成为整个中彩游戏的赢家。假定游戏的设计保证着永远有且只有一位赢家。

现在，从赢家的视角看，此前通过的每一环节都必然是成功的，而且其间的链条从未间断，尽管这连环中彩的动态过程于每一步皆充满随机性。这里所用“必然”这个词捕捉了我要讲的回顾式必然性的中心含义，即它是一种既相容于又依赖于正向偶然过程的逆向必然性。而且，只要给定彩票游戏设计，它就是一种实在的、非错觉的事后逻辑意义上的必然性。

不妨用标准的可能世界术语来表述此中心含义：在任何可能世界 W 中，无论谁是此类彩票的赢家，他都将在回顾时发现一种同样的属性——一条“在 W 中是现实的”链条的不间断性，此链条存在于他相应的因果史背景中，一直通向处于彩票游戏终点的他自身的存在。他除了赢家地位外唯一的相关身份就是一个有着知性后见之明的幸存者/中彩者，可能世界语义学对于他的适用性证明了他在回顾中的认知对象的模态地位（即属于一种必然性）。

这种回顾式必然性的最有意义、最值得探索之处就是那内在于彩票游戏的参与者视角。设想某参与者正处于游戏当中的某一关卡前，从他的当下视角着眼，已历的和将临的不确定性，以及到此刻为止的暂时安全性或幸存性（对应着一条尚未间断的被选择链条），都是可认知的事实。而且，与这未间断链条相连的回顾式必然性之实现，依赖着该参与者已然经历的现实因果过程。但是，需要特别解释的东西正是从这种因果偶然性到回顾式必然性之间的转换是如何可能的。这一解释上的需要不管对人为的还是自然的中彩游戏来说同样都是存在的。

我们现实世界的自然进化过程可与上面描绘的人为历时彩票做一类比：假如我们将理性意向性视为自然进化游戏的终极奖品的话，那么人类这个物种就是这场包含着近乎无数环节的自然选择彩票的赢家。这些环环相接的源于基因突变的适应性变化构成着一条漫长但却从未间断的选择链条，链条的这一端就是上述标志着理性地位的终极大奖。这里值得注意的是，这一超级历时自然彩票游戏的直接参与者或玩家们，严格地说并不是我们在日常宏观层面较熟悉的生物个体，而是在可遗传的随机性发生的层面上得以个别化的基因型。只有在这个层面上，自然选择机制才真有资格被叫作历时彩票。问题是，这一层面上并没有意向性，具有意向性的动物个体充其量不过是携带和保存这些基因型的相对稳定的同一性的载体，尽管自然选择必须透过生物个体行为层面的（环境）适应性发挥先导作用①。即使我们忽略个体与基因型在作为彩票参与候选者资格上的差异，在自然进化尺度的大部分时段中，绝大多数有机个体也都谈不上具备理性意向性——因此也就谈不上从事回顾历史这样的知性活动。

但是，就我引入回顾式必然性观念这一有限目标而言，上述局限并无大碍。假如我要进一步将此观念应用于某种关于理性意向性如何追溯其进化先驱的完备理论的话，上述局限就应设法克服。但现在我只需要一种较弱意义上的“回顾”，它并不要求所讨论的历时游戏的参与者具备意向性；具体点说，它并不要求它们能够对其历史先驱（如祖先类型）或“昨日的自我”做任何有意识的认知。② 相应地，一种更强或标准意义上的“回

① 关于进化的基因视角的代表性观点，可参见：DAWKINS R. The Selfish Gene [M]. Oxford：Oxford University Press，1976；而关于自然选择机制的不同层面之间的关系的较全面讨论，可参见：OKASHA S. Evolution and the Levels of Selection [M]. Oxford：Oxford University Press，2006。

② 如果我们采用丹尼特在讨论所谓有机体的逆向工程时引入的“意向性姿态”的话，将那些非意向的自然游戏参与者（比如基因）视作好像具有前瞻及后顾的意向性，往往被证明在方法论上是很有用的。参见：DENNETT D. The Intentional Stance [M]. Cambridge，MA：MIT Press，1987。

顾”则会有如上要求。

我们不妨考察一个特定的物种专有属性，比如说长颈鹿的长颈，以它作为事后识别的特征。所有现存的（正常）长颈鹿必定共享着一种上游因果史，即由自然选择形成的不间断的进化链条[①]，尽管它们作为个体无法认知这一历史事实或为之感到幸运。这一共享的由连续适应性变化构成的上游路径可以客观地归于作为一个物种的现存长颈鹿。这就是我所说的弱意义上的回顾式必然性。另外，自然主义框架内的科学假设是，人类认知官能也是一种自然选择的物种专有属性，而且它有能力在一种更强的即自觉的意义上体现回顾式必然性。这种包含主观性的强意义不仅不与弱意义相矛盾，而且恰在进化逻辑上依赖于客观的弱意义。

虽然我不准备在此论证如下题旨，但不妨交代一下它是一个富有理论意义的命题：自然选择游戏是一种从弱意义上的回顾式必然性之客观归属性向着其强意义上的主观（反身）归属性转化的历史进程。与之相关的另一命题是：在未抵达这后一阶段之前，回顾式必然性的逻辑地位尚无法完全确立，或者说尚不能展现其区别于其他模态（如因果必然性或知识论必然性[②]）的最鲜明特征。在余下的篇幅中，我将论证，上述弱意义上的回顾式必然性已然足够独特和重要，以致任何关心必然性来源问题的理论家都不应忽视它。

三、后验必然性之域：分殊与关联

先来比较一下这两个陈述句：

（1）晨星就是暮星。

（2）晨星有可能不是暮星。

句子（2）是明显的模态陈述，它仅在如下条件下为真：此二专有名

① 假设其长颈属性对长颈鹿或其祖先的适应性具有相关的贡献，因此其基因型才得以保存至今。

② 参见：KMENT B. Varieties of Modality［J/OL］//ZALTA E N. The Stanford Encyclopedia of Philosophy，2012。这里有其他学者对这些必然性种类的讨论的概要性介绍。

词“晨星”和“暮星”的语义是由某种知性或描述主义的解读来确定的①，而且该解读之所指在某（些）可能世界中存在。比如，在可能世界 W_i 中“晨星”所指称者是由描述语“早晨天空中最亮的那颗星”确定的，在我们现实世界 W_0 中该描述所确定的是金星。

与此相较，句子（1）并不直接包含任何模态词，而且显然不是一个分析或先验的真理，这是因为我们只能通过经验方式来确定二名之所指及句子之真值。但是根据克里普克（Saul A. Kripke）影响巨大的著作（*Naming and Necessity*，1980），句子（1）作为一个同一性陈述是必然的，这是因为“晨星”“暮星”皆为固定标示词（rigid designators）。一个固定标示词在一切（其所指存在的）可能世界中唯一地确定同一个物体，所以任何关于两个固定标示词的同一性陈述在一切可能世界中要么全真、要么全假，只要它在其中任何一个世界中为真或为假。正如某些学者所强调的，对于这种名词标示功能的固定性之巨大热情背后的一个重要理由在于，它可对所谓后验必然性予以背书。

然而，关于（1）类句子的一个疑问是，其所禀具的后验必然性是否捕捉了一个理论意义上很独特的观念？比如说，相对于因果必然性或因果史意义上的决定论观念，它有何独特性？虽然克里普克在讨论固定标示词之原初所指与该词的当下使用之间的关系时，用到了语义传递的因果史链条这个概念，但句子（1）所例示的这种必然性之终极来源，无非是任何物体或实体平凡地、永远地具备的自身同一性。这一事实不会因为有限理性者在发现这些同一性的实证过程中所遭遇的经验困难程度而受任何影响。换句话说，克里普克式的后验必然性（至少就其各种同一性陈述而言）并非直接关涉因果史本身，亦即其模态方面并非植根于历史。

再考虑另一个陈述：

（3）西塞罗是那个由精子 s 和卵子 e 受孕而成的有机体。

这里的三个专名“西塞罗”、“精子 s”和“卵子 e”皆为固定标示词，句子本身也是一个有关同一性的陈述。这两点均与（1）相似，也许有人

---

① 参见：SCHWARTZ S. Kinds，General Terms，and Rigidity：A Reply to LaPorte [J]. Philosophical Studies，2002，109：270。

因此觉得（3）也属于后验必然命题。但是作为谓词的描述语“那个由精子 s 和卵子 e 受孕而成的有机体”却不一定是固定标示词①，任何非固定标示性的解读都将令（3）成为一个偶然为真的命题。比如，可视（3）为关于世界 W_i 或 W_0 内的与现实的西塞罗在相关属性上相似的个体的一种由特定因果史构成的陈述；虽然这种陈述也许揭示了该个体的某种本质属性，但仍不足以改变其作为偶然真理的模态地位。②

接着让我们继续将（3）与以下句子做比较：

（3'）如果西塞罗存在，那么他来自精子 s 和卵子 e。

（3'）的条件句形式有助于避免那类将（3）解读为偶然性命题的情况，从而令（3'）成为必然性命题。（3'）的后验必然性地位，在于它抓住了西塞罗的生物遗传上的同一性与西塞罗于其中存在的可能/现实世界之间的联结关系。比起句子（1）来，（3'）包含更多讯息量——它陈述了超出自身同一性以外的因果构成性。但（3'）的局限在于它只陈述了单一事件，即一次性的因果构成。

最后我要引入以资比较的条件句是：

（4）如果任何赢家状态（或新地位）达成，那么就存在着一条不间断的历时链条，该链条的起点是某种非赢家状态（或无地位），终点则是该状态（或地位）。

我准备把条件句（4）当作我的弱意义回顾式必然性的标准表述。

---

①　例如，我们可以论证说，任何受孕过程都会受到某些（体内）环境或时机因素的影响，这些因素显然是外在于精子、卵子等组成因素的。因此不难想象，在可能世界 W_i（设想为实际世界，或描述谓词据以确定其所指的世界）中最终由 s 和 e 受孕而成的有机体不一定是数值上等同（numerical identity）于另一个世界 W_i 中的也来自 s 和 e 的对应者，哪怕两者在性质上或本质上非常相似。当然，人们永远可以选择将句子（3）中的描述语相对于现实世界 W_0 予以固定化，从而人为地令（3）变成必然命题。比如，用 Soames 的术语来说就是，有些谓词只是“部分的描述性名称”。参见：SOAMES S. Beyond Rigidity［M］. Oxford：Oxford University Press，2002：Chapter 5。如需了解与此话题相关的本质主义式的固定化解读，可参见：LAPORTE J. Rigid Designators［J/OL］//ZALTA E N. The Stanford Encyclopedia of Philosophy，2011。

②　作为一个生物学术语，同卵双（多）胞胎虽然有着相同的遗传本质，但却属于可纳入描述语“那个由精子 s 和卵子 e 受孕而成的有机体”的独立而分离的个体。用一种比喻性的说法，（3）中的西塞罗，在对其描述谓词做非固定标示性的解读下，乃是某跨世界的同卵双（多）胞胎之一。

简言之，这种必然性可以客观地赋予或归属于任何符合一定结构要求的游戏中的任何赢家（或因玩此游戏而获得的地位）。因篇幅所限，我姑且绕过涉及人为与自然游戏在其各自设计上的异同问题。① 就本章的中心脉络而言，此处最相关的问题是，在什么意义上句子（4）的模态或其他特征与（1）或（3）/（3'）的相应特征具有相似性和差异性。

作为对此问题的尝试性回答，我以为以下几点是值得特别关注的。

第一点，在某种宽泛的历史（包括因果规律决定的部分和含随机偶然性的形成过程）意义上，一条特定的历史路径对于可归属于句子（3'）和（4）的回顾式必然性来说是不可或缺的，不管其中所涉过程是一次性的，还是重复性的和累积性的。事实上，值得指出的是，（3'）和（3）所共含的来自一个精子和一个卵子的偶然受孕过程不过是一个更加漫长的生命过程的一小部分，在这更长过程的稍后阶段西塞罗（或其可能世界中的"孪生兄弟"）能在回顾时发现这条通向他自己的独一无二的不间断的形成链条。由此不难看出，与（3'）或（3）中受精卵形成过程相关的内在历史偶然性，在一种宏观自然史的尺度上，完全是同作为自然进化基础的机制过程一脉相承的——正是后者产生了各种各样的包括人类在内的物种。与此相反，句子（1）所包含的后验性却与这样一种本质创生的形成过程没有直接关系，它充其量可说是对这些早已存在的本质同一性的经验发现所需的知性过程。换言之，回顾式必然性不仅与像（3）这样的偶然本质性真理，或像（3'）这样的后验必然性兼容，而且在其更有趣的自然游戏版本中还深深地植根于上述动态偶然性的累积效应。

第二点，回顾式必然性观念，概括地说，要比仅仅基于自身同一性的必然性观念更能揭示我们身处的现实世界与进化论逻辑相关的某种根本性事实。它可以说在如下双重意义上具备理论意义：一方面，一个世界中

① 自然选择所对应的自然游戏虽谈不上有设计者，但却不代表不能从所谓"设计姿态"入手进行研究。设计姿态是相对于意向性姿态而言的另一种方法论姿态，人们可采取它来解释与功能种类相关的现象。密立根对这两种方法论姿态之间的逻辑关系（优先顺序）的观点与丹尼特有相当的出入。参见：MILLIKAN R. Reading Mother Nature's Mind [M] //ROSS D, BROOK A, THOMPSON D. Dennett's Philosophy. Cambridge, MA: MIT Press, 2000.

的任何实在层面上的任何动态过程，相对于任何由其中可能涌现的稳定属性（比如对应于新物种的本质属性）而言，均包含着或适用于这种反向归属的必然性；另一方面，作为一种一般意义上的反向关系，它其实可随附于（supervene on）不同的正向实现关系。它对所有自然物种的普遍适用性（甚至涵盖前生物的自然演化种类），以及对形形色色人为游戏中赢家地位的普适性，不但不减损反而更印证了它的特殊意义。进一步说，它也无法还原为任何自然规律中显现的因果必然性。理由之一，其向后回顾样式或向后归属性本身无法还原为相对应的正向展开关系之相反样式；理由之二，即使没有我们现实世界 W_0 中发现的（一部分）物理规律，回顾式必然性照样会成立。只要有最宽泛意义上的时间或历时连续性，以及涌现新事物的机会，哪怕在那些具备一整套不同的物理规律的可能世界 W_i 中回顾式必然性仍然适用。

第三点，相较于句子（1）所例示的后验必然性，回顾式必然性还具有以下三种重要特征，我这里仅粗略勾勒之。（A）上述特定历史路径能被个别化的参照点是已出现的实体或属性/地位，该实体或相应地位之实现本质上禀具着一种组合性结构，其组成部分可以是共时的或历时的[①]；每一组成部分本身的（被）选择或形成构成着上述路径链条的一个必要环节。（B）任何对该实体或地位的物理实现均只能是一个历时过程，该过程能在机制上解释该实体或地位如何循序渐进地产生。历时步骤的复数性和累积性对任何赢家话语来说都是关键的，而任何可能世界 W_i 中新涌现的具有组合结构的实体或地位，逻辑上蕴含着这种步骤的复数性和累积性。所谓回顾式必然性之普遍性不妨看作对这一广义进化逻辑之普遍性的表达[②]——一种（知性上别无选择的）以结果为出发点的表达。（C）如果所谈论的实体或地位是一个功能性种类的话，其组成部分会进一步包含某些特定类型的历史因素，比如祖先-后代相似性或遗传性。这些因素对试图解释功能种类起源的某些较成熟理论［比如，成因论（etiology）］来说

---

① 例如，一个人为的多环节彩票游戏的赢家就有着一连串历时组成部分，它们就是该赢家以好运成功通过的每一步淘汰关卡。

② 关于超出具体选择机制的抽象意义上的自然选择的讨论，可参见：OKASHA S. Evolution and the Levels of Selection［M］. Oxford：Oxford University Press，2006：10-39。

是必须被预设的。[①] 可见，回顾式必然性不仅预设着某种最低度的、纯时间意义上的过去之实在性，而且倾向于包含着某种更强有力的或进化意义上的历史之重要性。

第四点，给定回顾式必然性与后验必然性之间的异和同，究竟如何将两者分类，是一个隶属于另一个，还是两者同属某种更广的模态，在我暂且不是一个亟待解决的问题。本章首要的问题是，将回顾式必然性作为讨论历时实体之生成过程及其上下游关系的一个重要理论概念，是否具备足够的理论动机和适当的合法性证明。本章得出的答案是肯定的。

---

① 关于成因论的代表性表述，可参见：WRIGHT L. Teleological Explanations：An Etiological Analysis of Goals and Functions [M]. Berkeley：University of California Press，1976：81；NEANDER K. Functions as Selected Effects [J]. Philosophy of Science，1991，58：74。

第十三章　历时整体论：沼泽人思想实验之再思

历史对于心灵是必要的吗？如果是，那么历史脉络以何种方式对当下心灵属性构成约束而使之具备意向或内容等规范性地位？除了因果性这一维度之外，历史还能有什么别的与心灵相关的维度吗？本章将通过分析沼泽人思想实验①，对这些问题给出某种可取的解答。

我把这种解答所依据的立场叫作历时整体论。著名的沼泽人疑难将会以某种有点出人意料的方式成功地从这历时整体论中获得解决。该方式既反对目的论语义学的某种典型倾向②，而又不轻视进化论的总体角色。③虽然本章有关挑战目的论语义学的动机来自德雷茨基（Frederick Irwin Dretske）④，但我并不同意他（以及戴维森本人）关于沼泽人缺乏心灵的

---

①　戴维森于 1986 年的美国哲学年会西部会议主席的致辞中首次提出该思想实验，参见：Davidson D. Knowing One's Own Mind [J]. Proceedings and Addresses of the American Philosophical Association，1987，61。就本章所设定的目标而言，他在该文中的阐述仍远不足以有效地回答上述问题。

②　关于此倾向的清楚表述，可参见：NEANDER K. Swampman Meets Swampcow [J]. Mind & Language，1996，11：120-122。

③　正相反，我们将看到，进化论维度对我的历时整体论来说是本质性的。

④　DRETSKE F. Norms，History and the Mental [M] //WALSH D. Naturalism，Evolution and Mind. Cambridge，MA：MIT Press，2001. 这篇文章的主要问题是历史对于心灵的本质作用是如何可能的。我将在下章简略述及。此外，德雷茨基也在期刊《心灵与语言》（1996 年）关于沼泽人争论的特辑中有一篇相关文章《不在场的感受性》。篇幅关系，本章不拟涉之。

结论。[1] 我要论证的恰恰是：沼泽人具有真正的心灵。

一、沼泽人疑难：一种新表述

让我们先看一下戴维森关于沼泽人的原文[2]：

> 设想在一片沼泽中有一道闪电击到一棵枯树，而我正站在枯树旁。我的身体瞬间化为分子，纯属巧合的是那棵枯树（以其不同的分子）同时转化为我物理上的复制品。不妨称该复制品为沼泽人，他行动起来与我一模一样，按其本性，它离开了沼泽地。路上碰见我的朋友，它认得出他并用英语同他打招呼。它走进了我的住宅，坐下来继续写有关彻底诠释的论文。没有人能发现任何差别。
>
> 但差别的确存在。它不可能识别我的朋友，这是因为它从来就未曾结识过他。[3] 更一般地，它不可能识别任何东西。它不可能知道我朋友的名字（尽管它好像知道），它也不可能记得我的住宅，例如，它不可能用“住宅”这一词来意味我所意味者，因为它发出的“住宅”语音并不是在一个可赋予其正确意义的语境中学来的——没有这样的语境，任何语义都谈不上。换言之，我看不出我的复制品怎能用其声音来表达任何语义，或表达任何思想。

沼泽人疑难其实来源于两种具广泛接受度的观点之间的不兼容性：一种是关于内在心灵状态或功能的物理主义观点，另一种则是关于心灵或意向性必须要有合适的历史脉络的历史主义观点。前者可以理解为关于心-

① 同意此结论的当然还包括目的论语义学的代表人物像密立根和尼安德。不过，就戴维森而言，更小心的说法应当是，在沼泽人尚未积累起一段足够保证我们对他的心灵诠释的因果史之前，他只能停留在“行尸走肉”（zombie）的阶段。

② DAVIDSON D. Knowing One's Own Mind [J]. Proceedings and Addresses of the American Philosophical Association，1987，61：443-444.

③ 英文中对应我此处翻译所用的“识别”和“结识”的词语是“recognize”和“cognize”，显然，只有先“cognize”才谈得上“recognize”（用中文不妨说，无初识何来再识）。不同语言的构词方式对语词语义之间逻辑关系之表达的外显程度各有不同。

身附生性（supervenience）的某种一元论自然主义原则①，而后者则不妨表述为“某种合适的历史脉络为意向性和意义提供着必要的构成性条件”。正因为创造沼泽人的巧合性闪电不属于这样的脉络，沼泽人就不具备意向性语义——尽管它与戴维森的身体在分子层面一一对应，从而应该具备附生于这同一物理基础的任何功能。本章解决这一疑难的基本思路是，在批判传统的历史主义观点的基础上，给出一种足以阻止上述（沼泽人无历史脉络）结论的广义历史主义观点，即历时整体论观点。

我想简略说明一下历史主义观点的背景，这也许对不熟悉目的论语义学，或不觉得历史主义有明显理由的读者有所帮助。

首先，正如上面引文所示，似乎无人能否认沼泽人在他刚创生之时不可能记得他本不存在的“过去”的生活，他也不可能正确地相信他正在回家，因为那被称为“家”的住宅在法律上并不属于他，诸如此类。所有这些可评价真值的心灵内容均要求对过去事件或历史境况的指称，而沼泽人恰恰缺乏这些指称之所指。换言之，欲将这些内容归属于沼泽人，我们需要为这些内容提供外在指称物，即上游个人历史的实际轨迹。

其次，如果意向性无非是某种功能，那么把握心灵与历史之关联的最直接途径就是给出某种合适的对功能话语的分析。对目的论语义学的一种标准理解就是，它预设着某种形式的对功能的成因论分析。哲学家赖特（L. Wright）为此给出过一个颇为简洁的公式②：

X 的功能是 Z 当且仅当

(i) Z 是 X 之实存的一个后果（结果），

(ii) X 之所以存在乃是因为它做（产生）Z。

这里 X 是一种有机或人造的系统，Z 可以是任何一种自然或人为选择出的功能。比如，X 是一只青蛙，Z 是其舌弹射向附近苍蝇的动作。构成

---

① 可以有两种方式来阐明这一物理主义直觉：(A) 关于心灵类型相对于物理类型的附生性的物理主义加内在主义的命题；(B) 非内在主义的、相对较弱的物理主义命题，即一个体心灵类型同时附生于他的身体内部的物理类型以及身外的自然环境——不算历史脉络意义上的过往环境。在接下来的对沼泽人疑难的表述性重建上，我会使用与这 (B) 相对应的诠释。具体点说，在重建的命题 (1) 和 (7) 之间，我们需要 (5) 和 (6) 这样的中间步骤。

② WRIGHT L. Teleological Explanations: An Etiological Analysis of Goals and Functions [M]. Berkeley: University of California Press, 1976: 81.

着Z的物理效应是由青蛙的运动控制子系统产生的，而这一子系统配合着其他子系统的这种行动输出能力，为青蛙的整体适应性或其传宗接代做出贡献。公式中（i）和（ii）两条件之合取，不仅真实地描述了当下的这只青蛙，而且更重要的是同样适用于该青蛙的祖先——它们的整体适应性导致了该类青蛙的基因群组在自然进化中被选择。① 由此可见，赖特的上述公式可用来揭示选择史对于进化出的生物功能的相关性。值得注意的是，这种历史相关性并非外在于而是定义性地构成着功能种类。

在做了以上成因论分析及其对目的论语义学之重要性的介绍之后，让我们转入沼泽人疑难的重新表述。

（1）给定相同的环境，凡是物理上与某个自然个体相同的系统也无法从功能上与该自然个体区分开来。【物理主义前提——简称PP】

（2）心灵属性（诸如意向性和意义）的必要构成条件是由相关种类的历史脉络来提供的。【历史主义前提——简称HP】

（3）沼泽人不具备相关种类的历史脉络（至少在其创生的初始时刻）。

（4）因此，从HP和（3）可得出，沼泽人无法具有心灵。

（5）但PP意味着作为自然个体戴维森的物理复制品的沼泽人在相同的环境中能具有一切戴维森的心理功能。

（6）心灵（属性）无非是心理功能（包括那些带有语义规范的功能）。

（7）因此，从PP、（5）和（6）可得出，沼泽人能具有心灵。

（8）显然（7）与（4）是矛盾的。

为了消除这一矛盾，我的提议是拒斥（3），方式是阐发和证明一种崭新的替代性的“历史脉络”概念。换言之，我的目标是修正HP，而不是简单地抛弃它。这种修正依赖着对“历史脉络”这一中心术语进行一种反常规的、扩展的或整体论式的诠释。

在我进行这一工作之前，我想稍提一下另一条消除上述矛盾的可能途径：侧重历史主义的理论家们更有可能选择拒斥PP或（5）；只要PP和（5）中任何一个站不住脚，就推导不出（8）。至于PP和（5）哪一个更易

① 参见：NEANDER K. Functions as Selected Effects［J］. Philosophy of Science，1991，58：74。这里有对生物功能的定义。

受攻击，取决于 PP 中的副词性术语“从功能上”在解读者那里的语义有多么中性。

简言之，我的目标在于去除（4），而用某种与（7）相容的命题取而代之。我将聚焦于论证某种有关整体历史脉络的观念，更具体点说，一种关于回顾式必然性的观念。通过将此观念应用于 HP 而达到拒斥（3）的目的。换言之，对沼泽人疑难的解决依赖历时整体论所包含的一种特殊规范性。这种规范性有着知识论和本体论的重要意义。

二、区分上游因果历史和下游回溯性视野中的历史

（一）上-下游历史区分背后的第一个理论动机

让我们再来看一段戴维森的相关文字①：

> 如果两个心灵事件具有不同的内容，那么它们肯定是不同的事件。我以为伯吉和普特南的虚拟例子（而且沼泽人之例更直接地）显示了如下真理：在一切相关的物理方面相似（或在类型意义上“相同”）的人们可以在他们的意图或思想方面相异，正如他们可以在作为祖父或被阳光晒黑方面相异。但是即使在物理世界中也有某种东西相异——他们的因果历史相异。

这里，在闪电发生的前一瞬间的戴维森与闪电后一瞬间的沼泽人之间的差异，被当作两个（分属于不同个体的）心灵事件之间的内容性差异，而不是一个心灵事件与另一个纯物理事件之间的范畴性差异。这意味着沼泽人是一个（潜在的）人，亦即他有或能获得某种心灵状态。这种状态要么是其运作着的身体促成、同时有其当下环境配合的，要么是其新涌现的个人历史所保障的。这里值得关注的是，被阳光晒黑和作为祖父这两种地位之间的对比。

---

① DAVIDSON D. Knowing One's Own Mind [J]. Proceedings and Addresses of the American Philosophical Association，1987，61：452.

被阳光晒黑，而不是在烤箱中晒黑，这两条不同的因果路径可以达至一模一样的皮肤物理状况。在这个意义上，阳光晒黑可与沼泽人之例做平行类比：两者均属于不同的因果史导向相同（或无法分辨）的物理状态。而是否具有一个祖父身份，则以另外一种方式牵涉因果史。虽然同一个体成为或不成为祖父是因为他与自己后代的不同历时性关系，但显然这关系不是成因论路径意义上的上游因果关系，而是某种别的历时偶然性（比如他未来儿子的活动及其结果）最终决定他有无祖父身份。

是的，祖父身份仅当某种特定事件发生（即他的第一个隔代子女降生）时才会获得，从而在这狭义上是上游历史性的——相对于他首个孙辈出生后的所有时刻而言。但是，在一种更有趣、更富进化关联的因果史意义上，某个体之祖父（或祖先）身份依赖着某些与他有关的下游生物产品及其特征性活动。这些活动不仅包括来自上游的特定遗传性能力的自发运用，而且也可能包括某些知识性或评价性行为（比如关于血统谱系或传宗接代的价值判断）。

由此不难发现，存在着两种意义上的因果史：一种对应着阳光晒黑之例，亦即可由纯物理术语描述的既存状态，背后有着实际的因果路径；另一种对应着祖父或祖先身份，亦即这种身份地位乃是由其下游实体的某种状况出现之后才获得甚或被赋予的。① 对这第二种广义的历史的另一表述或许是，某个上游实体之属性，或其本性的一部分，依赖于或植根于它的某种特殊的或具特征性的下游结果。虽然说像祖父这样的自然血缘地位只需出现某种外在（于该个体）的下游历时关系即可成立，但这并不意味着其他更有意义的历时性关系地位不需要有意向的回顾性认知。②

我希望以上对戴维森的两个类比的粗略分析可以从某个特殊角度为以下观念提供一个理论动机：存在着一种回溯性赋予意义上的历史或历史意义，它所强调的是下游实体或其（实践）活动对上游地位乃至大跨度历史脉络的贡献。这一观念在概念上区别于人们所熟悉的纯上游因果史观念。

---

① 这里所说的状况不妨宽泛地解读为包括该实体的出生或生存。

② 我们将在下章中看到，对下游效果的证据型或诠释型使用恰恰要求这种回顾性认知，或者说有意向的回溯性赋予。

（二）上-下游历史区分背后的第二个理论动机

为引入第二个理论动机，须简述一下从目的论语义学视角如何看历史对心灵的必要性。

首先，我想区分任何功能话语中的两种基本要素，不妨称之为“功能之两翼”。以生物功能为例，其第一翼指的是有机体在其正常因果输入下倾向于产生某种特定的物理效果作为其正常输出；其第二翼则指关于第一翼所刻画的正常机制运作的一种目的论维度。功能的这种目的论维度，正是自然主义框架里关乎功能的规范性元素进入之处——这里“规范性”可做如下理解：在特定条件下，有机体将符合预期地产生特定的效果，而这种预期（按照目的论语义学）则是由那些衍生于自然选择史的自然规范所决定的。

沼泽人的核心挑战就在于将自然人毫不含糊地具备的自然功能之两翼分裂开来，即沼泽人似乎只有第一翼而无第二翼！正因为生物功能无法不同时禀具这目的论的第二翼，沼泽人就对任何强调功能对语义规范具关键性的理论立场构成了威胁。假如生物功能对解释语义规范是关键的①，那么按照密立根、尼安德等目的论语义学家的观点，进化史也就成了关键，这是因为进化史是解释生物功能涌现的唯一途径。② 既然沼泽人被假定为缺乏因果史，那么他就无法具有生物功能以及其他高层表征功能，亦即无法具有心灵。

德雷茨基运用知觉系统来阐明目的论语义学的如下题旨：知觉功能的规范性在于它以满足真确性条件为其（自然）目的③，即知觉（或脑内的

---

① 这里隐含的另一前提是，心灵或意向性要求着语义规范，因为语义规范是用来将错误表征与真确或有真值的表征区别开来的标准。没有表征上的对错之分，也就没有了意向性。

② MILLIKAN R. Language, Thought, and Other Biological Categories [M]. Cambridge, MA: MIT Press, 1984; MILLIKAN R. On Swampkinds [J]. Mind & Language, 1996, 11; NEANDER K. Swampman Meets Swampcow [J]. Mind & Language, 1996, 11.

③ 值得一提的是，“真确性条件”在伯吉有关知觉及其客观性起源的、颇具科学内容的近著中扮演着一种中心角色。细心的读者不禁好奇，规范性因素究竟深入到此条件之本性的何种层面？比如，如果它是关于知觉的综合先验的构成性条件，那么其规范性作用就是内置性的而非调节性的，即远比一般工具性目的论的意义要更加内在，参见伯吉之 *Origins of Objectivity*。

某种功能输出项）以某种可靠的方式对应着外在世界的信息源或对象。这种目的论规范性唯有在自然选择的历史过程已然塑造了这些知觉机制的前提下才有可能。[①]

德雷茨基的疑问是，为什么这种衍生自历史的规范对心灵来说是本质性的？他在以下引文中用沼泽人来说明自己的怀疑性观点[②]：

> 如果沼泽人的眼睛、耳朵以某种标准的方式向沼泽人的大脑提供信息（既然他与戴维森在分子上是一一对应的，这些器官就一定会做到），并且如果这一信息实际上被用来引导沼泽人在其环境中的活动或互动，那么为什么我们仅仅因为这信息是由那些所谓（因缺乏一个进化史而）缺乏生物功能的器官提供的这一点而竟然否定这是知觉？是的，缺乏相关功能，它们谈不上以提供此信息为目的；但问题正在于为什么这一点对于上述过程及其产物的心灵性是致命的？这个问题恰恰是我们正在检讨的（这些诉诸认知的规范渗透性的）论证应该提供，但始终未能提供的东西。

本章没有篇幅来深入分析德雷茨基这里表达的观点，而只能就历史的必要性问题稍做讨论。德雷茨基十分认同密立根等人将目的论规范性意义上的功能与历史绑定在一起的做法，只不过对于这种功能在建立心灵内容中的偶然角色更为清醒。他寻求的是心灵的本质或必要条件。他接下去说："……虽然我们需要历史来解释规范，但我们却无须历史来解释心灵，这是因为心灵尽管受制于规范，但并不是由规范构成的。"[③]

这一说法似乎暗示着一种"无历史的心灵"之可能性，或者说心灵未必有那种目的论语义学为了给认知规范找到基础而求助的历史。单就这种可能性本身着眼，沼泽人能有心灵这一点似乎变得更有希望。

然而，事实上德雷茨基相信存在着从另一角度重新引入历史才能解释的心灵属性，那就是认知状态之关涉（外物）性或意向性。德雷茨基的这

---

① DRETSKE F. Norms，History and the Mental [M] //WALSH D. Naturalism，Evolution and Mind. Cambridge，MA：MIT Press，2001：98.

② 同①.

③ 同①99.

个信念来自对如下困惑的解答："除了过去，还有什么东西能够令你头脑中某样东西关涉橙色？如果其他任何东西都无能为力，那么意向性概念就只能渗透着历史。"① 可见，对德雷茨基来说，沼泽人这个没有过往历史的可怜家伙，最终还是只能沦为无灵魂的行尸走肉。

但是，我们非得接受这一结论吗？我的回答是否定的。

阻止德雷茨基上述结论的一种方式，就是用一种广义的、回溯性地赋予的历史去取代狭义的、上游偶然性的历史，并相应地将上面提到的"无历史的心灵"这种逻辑可能性转化为"只靠下游奠基、回溯赋予的历史而禀具的心灵"这种逻辑可能性。后者对应着一种整体性的历史观念。其要义如下：任何历史截面及其展开着的下游，除了产生当下生效的因果力量或系统能力之外，还能提供某种往回看的理由，即保障对相关历史地位的回溯性赋予的合法性。当然，这里的挑战在于如何证明这一阻止德雷茨基结论的方式并不仅仅是一种逻辑上的可能性，而是在形上学和知识论上具有有效的解释力。

以上就是对于上游因果史向下游奠基史之重心转移的第二个理论动机。接下来我要论证的断言是：沼泽人场景中真正关键的东西并不是过去本身，或者说上游路径中的每一个因果细节，而是当下（例如，那紧接着置换闪电的时刻）以及持续发生的对既存实效和能力的下游使用。在完整的或与沼泽人内部机制相匹配的生态环境下，这些下游使用为使用者提供了赋予或"发现"过往历史的规范性基础。②

三、跨越沼泽置换点的历史发现

首先，历史发现是一种下游活动。存在着两种重要而有区别的对既有

---

① DRETSKE F. Norms, History and the Mental [M] //WALSH D. Naturalism, Evolution and Mind. Cambridge, MA: MIT Press, 2001: 102.

② 之所以在"发现"二字上打引号，是因为要标示这种发现的内容或对象未必是实际的上游因果路径或其组成部分（比如，沼泽人的实际上游包含着那置换性闪电）。但是，这引号并不暗示作者对沼泽人作为发现者的心灵地位的怀疑或悬搁。

实效或机制的下游使用，即证据性使用和诠释性使用。这两种类型的使用皆体现着下游活动之知性特征。① 我们先考察第一类证据性使用。

我用“对既有实效的证据性使用”来意指人们所熟悉的一个观念，即从作为证据的这些结果中推导出适当的原因、模式或规律。证据是基于上下游因果序列并带有知性重要性的一种地位。一个序列中的任何特定结果的证据性地位，尽管有着客观的因果根据，但同时也必须由某个观察者回溯性地来赋予。从范式意义上说，一个因果序列中的某物的证据性地位，仅当内生型理性观察者出现之后才有可能获得。这种内生型理性观察者无非是由同一个自然选择过程筛选出来的自然生灵。

沼泽人能够在其外在和内在环境中进行上述意义上的对既有结果和实效的证据性使用吗?②

为便于看清沼泽人场景的可能蕴含，让我们设想这样一个可能世界：奇迹般的闪电置换发生在少年艾文·哈勃身上，当时他才 15 岁。25 年之后，沼泽人艾文成为科学史上最伟大的宇宙学家之一，其最著名的对宇宙红移现象的发现成为大爆炸理论的一个关键证据。③ 不仅从第一人称视角，沼泽人艾文的感觉不可能与自然人艾文在相同境况下的感觉有任何差别，而且从第三人称视角，关于红移现象的发现过程，以及所发现的真理内容，均与现实世界状况之间无任何差别。

所有这些可设想的细节，只要用上述关于功能第一翼的物理术语进行描述，就丝毫不违反 PP，即关于自然人哈勃/沼泽人艾文之间的闪电置换的物理主义假设。换言之，只要不否认 PP 或心理-物理附生性这样的基本命题，就无法否认沼泽人艾文这种发现场景的可能性。承认这种可能

---

① 作为其对照，比如当密立根提到对既有（已被选择的）机制的下游消费时，基本上指的是非意向性的下游使用。参见：MILLIKAN R. Language，Thought，and Other Biological Categories [M]. Cambridge，MA：MIT Press，1984；MILLIKAN R. White Queen Psychology and Other Essays for Alice [M]. Cambridge，MA：MIT Press，1993。

② 这里的“内在环境”指的是沼泽人大脑中诸如记忆这样的已储存效果，或身体内别的生理功能等所构成的系统或内部生态。

③ 我并未在这里的“发现”二字上加引号，因为假如有人（比如那些坚决否认沼泽人有心灵功能的目的论语义学者）质疑“发现”是否适用于沼泽人的话，一种不落入丐辩的用法只能是行为主义式的，即从一切与可观察的行为（包括言语）输出有关的证据看它都与自然人的发现无异。

性，又怎么能不承认沼泽人艾文所发现的是真理呢（假定大爆炸的确是我们所处宇宙的起源）？难道仅仅因为在某个真实事件与其发现过程之间存在着一个闪电置换的瞬间？如果说同一个大脑（神经）状态，当它与自然人哈勃关联时，就对应着或关涉实在的大爆炸历史事件，从而可被称作大爆炸信念，但一旦它与沼泽人艾文关联时就突然不再具有指称性或真值性的话，这种说法难道不显得十分奇怪吗？尤其当他周围的每个人都同样地理解、检验、应用这个信念内容时，上述说法的荒诞性就更明显。你能想象任何试图了解宇宙的真正起源的人会在乎如下隐蔽的偶然事实吗？这事实就是那具有深远影响的伟大发现来自一个出处不同但毫不影响其第一翼功能运作的大脑。人们不会也不应在乎这一点的理由，远不只是实用上的方便，而是有着理论上更深的依据。

对于这类质疑，传统的历史主义者恐怕只能老调重弹地强调，缺乏实际个人历史的沼泽人艾文也就缺乏内容或规范。问题是，从沼泽人艾文有关大爆炸的言语行为，包括他与合作者的言语互动中，旁人所获得的与大爆炸有关的思想之毋庸置疑的内容性，也会因为这种缺乏而被瓦解吗？这一瓦解意味着由于沼泽人艾文的发现而建立起来的、整个科学共同体的大爆炸信念也不再有效或成立。如果有人不接受问题的这种提法，他会宁愿接受“无内容的发现”这种提法吗？对以上问题的直觉答案似乎都是否定的。

不过，起码有一种反驳会出现。这种反驳可以这样来表述：否认沼泽人艾文具有心灵内容并不意味着否认那些从他发出的声音中获得某些想法的人们具有心灵内容。我们不妨想象，某原始森林中的一阵风吹过，发出了一连串在我听来是一个美妙的哲学新思想的声响。这一可能性似乎就足以说明我可以从一个没有心灵的实体那里直接获得思想的某种表述方式。原则上，为什么类似的解释不适用于沼泽人艾文呢？

对此反驳的简单回应，可来自理性诠释者用以区分真正的心灵事件与向他提供了疑似内容信息的纯自然事件的标准。比如，人工智能讨论中的图灵检验就是一种可行的判定标准。而人们常用的达至最佳解释的推理，则是另一种刻画此标准的理论方式。然而，更完整的回应有赖一种能说明意向性如何从自然世界中涌现和建立自身的成熟理论做后盾。这一理论可包含戴维森式的诠释主义。粗略地说，人们无法想象森林之风的意外声响会**持续不断**地产生哲学论文或对话式的疑似信息，让人难辨真假，除非假设某种超自然的神力或意向。

沼泽人场景显示了何种类型的上游因果史细节是不相干或非本质的。① 这些场景有助于显示一种广义的整体性历史应该在心灵内容的奠基和个别化上扮演什么类型的角色。当任何观察者要决定某个体（无论自然的还是沼泽的）在某时间参照点上是否表现出可确认的心灵内容时，真正起作用的是已然具备的能力或机制（不管源于自然选择还是奇迹巧合或人为设计）在当下和未来的运作，亦即我所谓上游效果之下游使用，这些效果包括各式各样的证据。

这里我想揭示的核心观点是，虽然自然的下游使用者在因果上受制于上游效果或产物，但正是自然的下游使用，在与其当下环境的匹配或适应中，才实现着或构成着这些产物于某种实践层面上的意义，比如依靠理性原则的历史发现或诠释。即便对一个没有实际历史的沼泽产物，同样也是其下游使用在与其下游环境的匹配中构成着它的认知或其他意义。所以，就一个历史实体的意义而言，真正重要的只是**下游**的发现或诠释这样的知性活动。

否认沼泽人（跨越沼泽置换点）的历史发现能力会带来一系列麻烦。

当我们承认沼泽人可开启和累积自其降生后的新个人史，即他至少具有学习和发现新事物的能力时，假如我们径直选择仅仅否认沼泽人关于其闪电置换前的历史事实的推理有效性和合法性，而同时又不得不承认他可以发现闪电置换后的各种事实，那么我们旨在达至最佳解释的理性事业就会严重受创。比如，如果我们声称沼泽人艾文只能发现新的天文事件而不是旧的（即早于闪电置换的），即便新旧事件是如此紧密相连甚至时间上不可分离或主观上不可区分②，那么这一声称会显得极其武断。

---

① 在这一点上，戴维森的下述话语表明他并未意识到需要一种相关性论证："我应强调我并非暗示一个意外或人为创造的物体不能思考；沼泽人需要获得一段因果史的时间以便在语义上支撑他所说、所忆、所识别或所思考的是世界中的事物这一描述。"参见：DAVIDSON D. Knowing One's Own Mind [J]. Proceedings and Addresses of the American Philosophical Association，1987，61（456 页脚注 4）。

② 表面上好像同时发生的可观察事件，例如通过遥远距离抵达观察者眼球的光线所携带的信息，可以是来自百万光年前已经消失的星球上的过往事件。沼泽人艾文（被假定）使用的红移证据就属于这种类型的信息。

为使这一武断性变得更为醒目生动，我们不妨来比较一下沼泽人的科学与沼泽牛的牛奶。沼泽牛指的是沼泽中意外的闪电将一头自然牛瞬间置换为分子上一一对应的一头复制牛。“沼泽牛的‘牛奶’为好些人类小孩提供着营养，任何关心营养的人最好找到某种方式能概括自然牛奶和沼泽牛奶以及产生这成分上一模一样的牛奶的生灵们——不管当代生物学是否已提供这种概括方式。”① 作为类比，沼泽人的“智识产品”（称其为“沼泽内容”）为好些人类科学家或其研究计划非意外地提供着营养，任何关心科学传播或知识转移的人最好找到某种方式能概括正常内容和沼泽内容以及产生两者的生灵们——不管既有的自然主义理论是否已提供这种概括方式。这一类比在如下范围内无懈可击：用上游历史路径的差异来区分某种自然原型与其沼泽式复制品，对于提供营养和信息来说是不相干的。我们还可以这样来加强这一类比共通点：沼泽生灵不仅在每一相关的实践方面做出与自然生灵一样的贡献，而且也与后者一样具备着作为经验研究的信息源或证据的理论地位。

然而，两者唯一而重要的不可类比之处在于，沼泽人作为意向性主体仍然要求着某种与整体性历史有关的特殊模态。没有这一模态，沼泽内容仍将与我们日常理解并相互赋予的真正内容尚有一段距离。这一模态就是我接下来要讲的回顾必然性。

四、历时彩票、事后眼光与历时整体论

所谓回顾必然性，不像人们熟悉的只具描述性的因果必然性，是一个规范性概念，或者说是一个特殊的关乎事后解释的逻辑概念。回顾，是一种逆向认知；而正因其逆向（即与因果关系的时间箭头相反），其必然性才可能与相应的正向过程中的因果偶然性相容。

---

① ANTONY L. Equal Rights for Swamp-persons [J]. Mind & Language, 1996, 11: 72. 从我们关于物理科学（或那些与历史无关的科学部分）的知识中可以清楚地看到，要区分自然牛奶与沼泽牛奶是武断的和徒劳的，所以从一开始就不会产生去概括两个本来就无法区分的东西的需要。这是一个超出我们对营养的实践兴趣的理论观点。

设想一个在时间上展开的彩票游戏，它由若干前后相连的步骤组成。每一步骤均设有一定的概率淘汰或筛选玩家。只有先通过前一步骤才可进入下一步骤……依次类推，直到剩下最后一位玩家即成为该历时彩票游戏的赢家。假设游戏的设计保证必有赢家。现在，从赢家的视角回看，之前的每一步骤必定是成功的，而且所有前后相续的步骤之间的连接必定是不中断的——一条事后逻辑上保证不会断裂的链条，尽管事实上该彩票游戏的动态过程充满着偶然性，其每一步对每一个玩家都可以是终结性或致命性的。这里所用的“必定”一词捕捉了我意图中的回顾必然性之含义，它是一种实在的，但非因果描述意义上的事后逻辑必然性。所谓事后逻辑指的是某种特定的有方向（往回看）的视角下会出现的规则性，而且这种规则性离不开相应的正向事件过程背后的设计元素。这也是我称其为“非描述”的原因所在：这里，描述性对应着不受任何特定（或主体）视角限制的客观事实。

虽然说上述彩票游戏是人为设计的、非自然的，但我们身处的现实世界中的自然进化过程正可与此游戏做类比。就理性意向的获得作为游戏大奖这一点而言，人类是宇宙演化这场自然（随机）游戏的赢家。在我们身后，自然选择之无数步骤已然被成功走过，它们形成了一条从未断裂的通向我们当下“领奖台”的链条。站上这个领奖台意味着赢家已成为全然自主的理性存在者——一种康德意义上的“目的自身”。

表面上，与上述假想游戏不同的是，自然进化这个宏大的历时彩票游戏背后没有任何设计（或者说不存在自然进程之外的上帝这个设计者）。可是，作为被自然选择出的赢家，当我们回顾来路时，必别无选择地发现那条从未断裂的环环相扣的链条，这是一条源自渺茫的宇宙学尺度上的远古、持续地适应了每一进化台阶的成功链条。毋庸置疑，在这个没有设计的自然游戏中，我们根本没有任何先定的、成为赢家的宿命。但是，关键点在于，在任何可能世界 W 里，无论谁是这种游戏的赢家，都必将在回顾时看到同样的、不妨叫作“W-现实”链条的非断裂性，亦即，这一链条无例外地在其相应的因果史背景中导向赢家自身。这就是我想确定的那种必然模态所禀具的回顾性和知性两种元素。

这一链条实际上没有断裂，并不蕴含着其任何特定环节或组成部分是先验地必要的。但是“回顾中的非断裂链条”这一概念的适用性却蕴含着一种结构层面的必然性，或者说链条整体作为对象的某种宏观属性（即连续性）对当下幸存者在解释上的必要性。一方面，此宏观属性之必然性并不等于其任一个别环节作为物理实体的必要性——充当该环节的事实上是实体个项甲，还是个项乙，是由相应环境中某种自然机制或人为机制选择的。另一方面，由一系列因偶然性被选择的环节组成的整个链条，在其因果生成上虽也是偶然的，但它却彰显或刻画着一种非偶然的，即必然的结构性特征或整体属性——这一特征只有从历时自然彩票游戏的事后视角才看得到，也只对抵达该视角位置的赢家（物种）才显现出来，因为赢家的核心奖品正是知性上的洞察力。[①] 我们不妨将这种历时关系上具内置意义的、关于整体属性的必然性描述为“有结构的”。由此得出我想揭示的那种必然性所禀具的第三种元素。

简言之，我们已为回顾必然性这一特殊模态概念确认了三种本质性元素：它是一种回顾式的、知性的、有结构的必然性。

五、历时性整体的生成：下游优先性和历史诠释的奠基性

本节旨在进一步勾勒回顾必然性在何种深厚的意义上成为历时整体论的核心。

一只青蛙在弹出它的长舌头时相信一只苍蝇在它身边飞过。假设一百万年前的青蛙（即现在青蛙的祖先）在相似的环境中做出相似的反应。为便于说明，让我们接受某种形式的进化诠释主义立场。[②] 根据这一立场，如果当代青蛙感知苍蝇时的表征内容之个别化依赖于某种理性诠释（比如

---

① 这里的背景假设是不存在可能世界 W 之外的永恒而超越的观察者。

② 比如，我称之为“新诠释主义”的命题就属于这种立场。除了一般诠释主义关于人类意向性和概念语言的逻辑优先性或基础性地位的共同假设之外，新诠释主义还同时强调从动物到人类的渐进生成和约束关系，由此解释人类对动物的内容赋予之成功并非偶然。关于一般诠释主义的代表性表述，可参见：DAVIDSON D. Subjective，Intersubjective，Objective［M］. Oxford：Clarendon Press，2001；BRANDOM R. Articulating Reasons［M］. Cambridge，MA：Harvard University Press，2000。

说，依赖于丹尼特的“意向性姿态”① ）的话，那么古代青蛙的相似内容也就依赖于一种特殊的理性诠释，即历史诠释。当然，这里的一个隐蔽假设是，一百万年前理性的诠释主体尚未进化出来。

历史诠释的特殊之处，或者说它区别于以证据为基础的历史发现之处，乃在于诠释主体必处于某个下游位置，且由此位置观照，有待诠释的上游对象将会获得某种独特的地位或意义；反过来说，假如没有这种由下游面向上游的诠释，这种意义或地位不会自动地具备。换句话说，历史诠释的题中应有之义就是在对象的物理存在形式之上给出一层功能性内容；这一内容不仅被归属于该对象，而且能达至与之丝丝入扣的匹配。

意义或地位归属之所以能够从历史诠释那里获得合法性保障，不仅是因为上游效果以证据形式（常常是可重复的和人际互验的）可靠地延续着的那种方式，而且是因为那些稳定的、被选择的上游效果还以生物功能和心理功能的形态共同产生和维系着不断的下游实践；这些实践包含着日益精致、反馈升级的积淀成果，直到诠释意向视角的出现。

上述归属保障的实践生成性方面值得进一步强调。这一牵涉不同层面功能之间互相支撑的独特方面深深地植根于一个基本的进化论事实，那就是下游涌现的诠释视角相对于其上游对象而言具备着某种非意外的匹配能力。与一时一地的历史诠释的非偶然匹配性相应的是一种整体历史层面的、内置的结构特征，依靠这种特征那原则上的非意外性方能得到合理解释。

按照我们前面假定的进化诠释主义，诠释功能作为一种独特类型的表征功能，在对于我们有关过去事物的信念之网的规范性构造中扮演着某种独一无二、不可替代的角色。这一角色的独特性内在地关联着意向性视角相对于进化过程的内生性——同一进化过程先后产生了诠释对象和诠释者（视角）本身。由此内生的意向性视角出发，下游理性个体别无选择地以某种方式诠释和整合表面上分散、间断的上游对象，由此编织出（“看出”）有意义的图式，最终是某种有意义的整体图景。正是历史诠释这一构成性角色帮助解释了上面提到的回顾性、知性、结构性这三元素之间的

① DENNETT D. The Intentional Stance [M]. Cambridge, MA: MIT Press, 1987.

统一关系。

我们不妨用下述反事实条件句来对这回顾必然性给出一个语义学分析：假如某些特定的上游事件没有发生，那么就不会有任何下游的发现者或诠释者被自然选择出来以从事（他们现在所从事的）有关前者的知识性工作。或者更保守点说，给定某种背景环境，假如这些上游事件没有以这种特定的（偶然）方式发生，那么任何下游的候选知性存在者就不会以这种特定的理性样式被构成，从而以如此这般的特定意义来理解前者。

显然，这一分析不仅包含着知性和回顾性元素，而且凸显出上下游事件之间的双重结构性关系。一方面，时间上正向的因果规律性和概率性解释着实际走过的上游至下游的路径；另一方面，一旦涌现出下游知性能力，这种能力对上游对象的属性或意义的发现或诠释就不可能是（完全）随意的或意外的。

细心的读者或许会注意到上述反事实条件句似乎无法用于沼泽人之例。沼泽人作为一个表观上（或行为上）的知性存在者恰恰没有任何（正常的）上游历史，这岂不正是此反事实条件句的反例吗？

但是，我们并非只面对这一个选项：在拒斥该反事实条件句和瓦解沼泽人的反例地位这两个选项之间，后一选项似乎更加合理——无论从自然主义还是理性主义的观点着眼。

采用这后一选项的方式有两种：第一种是径直否认沼泽人具备知性或心灵地位，这当然违反我的目标；第二种方式则是保持该反事实条件句的有效性，同时将否定后件律（modus tollens）应用于它。亦即，给定一个既存的发现者或诠释者（在此，就是已出现的沼泽人），根据这反事实条件句，我们应推出那些上游的相关事件必已发生或已以那特定方式发生。换言之，我这里的提议可被看成一种规范性操作，就是将一普遍有效的回顾必然性观念扩展性地应用于某一极限情形。

历时整体论不仅仅是旨在对某种有趣的必然性新观念提供语义学分析的理论，而且更是试图解答自然进化过程如何支持或实现这一回顾必然性的实质性学说。

自然选择以如此巨量和广阔的方式筛选出最具适应性的生存者，以至有机系统与其环境之间的匹配或适应不断地变成程度愈来愈高的常规或普遍特征。因此，毫不奇怪的是，作为同一自然选择过程之产物一部分的知性功能，至少在原则上，会与其对象目标相符合或匹配，且不管是在共时性还是在历时性的尺度上。在这个意义上，自然选择提供了有关进化产物间的正常或普遍匹配的宏大故事之客观因果面向。

但同时，这一宏大故事还有一主观规范面向，它对于历时性整体的完成也是必不可少的。任何所谓整体，当它不具备可思议和可识别的图式时，很难真正成为整体。这里强调的主观因素与其说是个体意义上的，毋宁说是进化中实际或最终涌现出的理性共同体意义上的主体性——正是这种主体性为最终发现他们自身的出处，以及在整体意义上理解一切先于自身的历史先驱或为之赋予意义，奠定了逻辑的可能性。

总之，这样一种独特的进化式涌现的本体论过程，及其由后向前的关于客观内容的追溯诠释性归属，既展现着又保证着那种与历时整体论息息相关的规范回顾式必然性。

最后，一旦从历时整体论出发，沼泽人疑难就迎刃而解，只需用以下两个新命题取代第一节中的（3）和（4）：

（3'）沼泽人具有相关的（即回顾必然性保证的）历史脉络。

（4'）在相关历史脉络乃是心灵属性的唯一一种我们所关心的必要构成条件的范围内，沼泽人可以或事实上具有心灵。

第十四章　路径、历史与第一人称

一、路径依赖与因果链

本章之旨归，在于揭示第一人称作为一种本体论（而不是语法学）视角，如何能从前两章所论证的回顾式必然性和历时整体论中获得其合法性证成。因此，本章可视为第十二、十三章主题的延续和深化。

“路径依赖”（path dependence）将作为一个必要的概念工具被引入。在引入此工具之前，让我先说明一下本章的论证脉络，及其在本书这第四部分整体结构中的角色。

在第十二章中，命题（4）是作为一种弱意义的回顾式必然性的标准表述来讨论的，那么什么是强意义的回顾式必然性呢？这种强意义与弱意义又有一种什么关系呢？简单地说，强意义模态乃是赢家（或终端）状态本身同时也是有能力做回顾的意向性状态。换句话说，弱意义模态不必由（具有回顾能力的）人来充当历时（彩票）游戏的玩家，亦即（4）理论上适用于一切前人类的历时彩票过程，即生物或宇宙进化片段——其回顾式必然性可由世界之外的假想（也是理想）观察者来认知或描述。而强意义上的历史路径回顾（或必然发现）则是由世界内部（也是该游戏内部）的意向性赢家或幸存者自己完成的。

无论是强意义还是弱意义版本，其实都会面临一种可能的对其模态地位独特性的质疑（第十二章未涉之），而对此质疑的成功回应须借助“路径依赖”这一概念工具；而且只有在包含自我历史发现的强版本中，回顾式必然性作为后验模态的不可还原性以及（第十三章所初步建立的）历时整体论的下游奠基性才真正获得统一的安顿。

本书最后一章将讨论的经验主义世界复魅之途所牵涉的人择原理奥义（即某种历时的深层规范性）也能顺理成章地通过本章对于第一人称逻辑结构的澄清而得到某种有力的佐证。

现在，就让我们一起来考察有关回顾式必然性强版本的一种标准表述：

> （4＊）如果某人 p 在世界 w 中一个多步骤彩票的终端幸存态 s_d 实际出现的话，那么与 s_d 相伴随的、p 的回顾式发现 d，就会追踪到一条连续路径 c：c 是由 p 穿过一连串中间步骤的接续状态将初始状态 s_o 与 s_d 联结起来的方式组成的。

当我说（4＊）是一个必然真理时，直接的语义是：该条件句在一切其前件为真的可能世界中后件也为真。换言之，该多步骤历时彩票的赢家 p 从游戏终端回望来路时，一定会发现一条从其起点状态连续不断地连接到当下赢家状态的历史路径 c。对（4＊）作为此语义上的全称必然真理这一点，不大会有什么争议；有争议的问题是，它是一种什么性质的必然真理。在本章接下来的篇幅中，我要回应下一段落所表达的一种质疑——此质疑所带出的问题可牵涉到更广泛和更深入的哲学层面，比如，第一人称的本体论逻辑结构就是其中一个关键问题。

设想有人怀疑，（4＊）的必然性无非是一种概念必然性，就像是说“如果 p 是一个单身汉，那么他就没有妻子”一样。尽管（4＊）包含着多个（复杂）概念，但一旦把每个概念分析（定义）清楚，就会看到其所谓必然关系应全部来自人为规定，即与外在世界的本体状况没什么（真正的后验发现）关系。

更具体地说，就算把（4＊）中符号 p、s_o、s_d、d、c 等皆作为固定标示符来使用，也不见得等于证明了其所标示的客体对象之间真的具有后验性（如因果性）关系。[①] 这是因为，与这些标示符同时使用的描述性词语

---

① 如一些学者所强调，对于这种名词标示功能的可固定性（rigidifiability）之理论热情背后的一个重要理由在于，它可对所谓后验必然性予以背书。参见：SCHWARTZ S. Kinds，General Terms，and Rigidity：A Reply to LaPorte [J]. Philosophical Studies，2002，109：270。

（如“初始状态”“幸存态”“回顾式发现”“路径”，乃至“某人”等）所含的概念内容①，恐怕才是令（4＊）的条件句依赖关系成立的真正原因。若由此角度着眼，这些标示符对世界中个体对象的固定指称性就显得十分人为、十分任意了：我们完全可以合理地用变量符（即非固定地指称某类集合中任一成员）取而代之；这样，（4＊）也就会变成像“一切单身汉皆未婚”一样的全称分析性命题。一言以蔽之，这里的质疑是，有何理由让人确信（4＊）不是某种隐蔽的或经过包装的分析性模态命题？

为彻底瓦解这一怀疑的基础，我接下来的任务就是：通过“路径依赖”等概念工具和相应的语义学逻辑分析，来证明（4＊）中所用标示符乃是具有本体论基础的、对幸存个体之独一性敏感的固定标示符；尤其当该个体 p 已然是具有历史意向和第一人称视角的知性个体时。

该证明的第一步是引入一个关于“路径依赖序列”的全称性定义：

> （PD）任何一个在世界 w 中包含 n 步骤（$s_0 \cdots s_i \cdots s_n$）的既存历时序列是一个 PD-序列，当其仅当下述反事实条件句递归性地适用于其任何一个有着上一步（s_{i-1}）的步骤 s_i：假如（在某个可能世界 w'）没有 s_{i-1} 出现，则也不会有 s_i 出现。②

这里的 s_i 是一双重意义上的变量：下标 i 是标示序列历时性的时间序数（i 虽是自然数，其大小或二数间距离不必反映实时区间的长短或距离，而仅反映描述者感兴趣或人为设计好的步骤次序）；s 本身作为变量可代表 w 中任何序列或任何一步。w 虽也是变量（即可代表任何可能世界），但在（PD）中须扮演一个“参照世界”的角色，相当于我们通常所说的“现实世界”；这对于反事实条件句的语义确定来说是必需的。说序列相对于 w“既存”，说的是该序列所有步骤在 w 中已是事实。而“递归性地”应用反事实条件句说的是按时序依次重复使用该条件句。

① 这里涉及一个包含着描述性成分的复合术语的定位问题。关于此问题的讨论，可参见：SOAMES S. Beyond Rigidity［M］. Oxford：Oxford University Press，2002：Chapter 5。

② 关于反事实条件句的可能世界语义逻辑分析，最经典和最具代表性的理论是 Lewis（1973a）。若采用刘易斯的符号，这里的递归反事实条件句应写为：“$\sim s_{i-1} \Box\!\!\rightarrow \sim s_i$”。

对已了解大卫·刘易斯关于因果依赖及因果链的反事实理论的读者来说[①]，很容易看到（PD）相当于把PD-序列与植根于反事实依赖关系的因果链观念联系了起来。换个角度讲，若（PD）名符其实（即其所含元素及关系足以显示其“路径依赖”的语义合法性），则所谓因果链本质上就是路径依赖序列。理解了这一语义上的关联，也就不难看到，刘易斯关于因果关系的反事实分析本质上是一种关乎历史路径而不是关乎规律性机制的理论——尽管刘易斯本人从未以这种毫不含糊的方式点明这一点。[②]

由于本章重点不在于全面论证哪一种对（PD）的日常语义诠释（即路径依赖还是因果依赖）更为基本或更富理论意义，而在于利用（PD）与刘易斯因果分析之间的形式等价性来论证（4*）所表征的回顾式必然性之独特模态地位，所以我会在本章余下的篇幅中聚焦于如下问题：（4*）中的历史路径c为何应属于PD-序列，及其由此获得的因果性历时结构如何支持p的第一人称历史发现？

二、第一人称：自我指涉与历时同一性

首先，让我们考察一下（4*）中构成路径c的“一连串中间步骤”是否正是构成某个PD-序列的前后接续的步骤。这当然涉及作为广义历时游戏的“多步骤彩票”的一般性设定或门槛问题。

在我们通常熟悉或容易想象的多步骤游戏中（无论其各步所含随机性有多大），玩家只能一步步地逐次（逐级）走每一步骤或通过每一关卡，即只有过了前一关（走了前一步）才谈得上过后一关（迈出下一步）。不

---

① LEWIS D. Causation [J]. Journal of Philosophy，1973，70.

② 刘易斯在*Causal Explanation*（Philosophical Papers，Volume II. New York：Oxford University Press，1987）中对以C. Hempel为代表的关于因果关系的“覆盖性定律”（covering-law）模型与他自己的反事实分析模型做了符合路径依赖方向的、颇有洞察力的对比。关于前者，请参见：HEMPEL C G. Aspects of Scientific Explanation：and Other Essays in the Philosophy of Science [M]. New York：Free Press，1965。

仅人为（设计的）游戏有此历时逐步性，而且即便扩展到生物竞争、自然选择的自然游戏领域，进化式升级也只能是逐渐而有序的。所以，当我们把（4*）无论是应用到五子棋之类的人为游戏，还是应用到（迄今科学所发现的）自然进化游戏上，其路径 c 显然都满足（PD）中的反事实条件句："假如没有 s_{i-1} 出现，则也不会有 s_i 出现。"这里必须额外说明的一点是，尽管 s_i 等是类型变量，但条件句中作为其前件（也是历时序列中上一步）的 s_{i-1} 与其后件 s_i 之间的反事实关系乃是本体状态或事件（即迈过某步的行动）的前后依存关系，即分析哲学家们经常区分的、不同于类型化属性的个项之间的本体论关系。① 只有了解这一（个项 vs 类型）区分，我们才不会陷入如下混淆：（比如在棋类游戏中）哪怕上一步我没走那（实际上已经走的）一步，我此刻也会同样走这一步。这种混淆正是误把类型上相似的步骤当作个项上同一的事件。

强调个项单一性或历史路径之个别化对于单一幸存态的敏感性，对于理解（4*）的独特模态有以下两方面的意义。

第一方面是从路径终点玩家 p 的幸存态 s_d 出发，运用逻辑中的否定后件律于（PD）中的反事实条件句，就可推出 p 在前一步的幸存态（s_{n-1}）；依此类推，就可最终推出 p 在初始点（s_o）的本体存在状态。换句话说，由 s_d 做回溯式本体论推理所得结果，完全可与经验上给定的或能够发现的证据（包括 p 自己的记忆）相互印证、吻合——这也正反映了"（4*）中路径 c 是否真的符合（PD）定义"乃是一个可以证实的后验判断问题，最起码它不是一个纯概念问题。

我要讲的第二方面的意义，乃是本节和本章的重点。那就是，路径 c 和伴随着幸存态 s_d 的历史发现 d 之间构成了一种本体论与知识论互相依存的自我指涉（Self-reference）和自我发现关系。换言之，这是一种支撑和产生 d 的第一人称姿态的历时因果关系，同时也是证成发现者与被发现者（即作为知性对象或认知内容的 c）之间的历时同一性的语义逻辑

① 这方面的代表人物是戴维森，参见 Davidson 有关事件包括心灵事件（DAVIDSON D. Essays on Actions and Events [M]. Oxford: Clarendon Press, 1980，尤见该文集中"Mental Events"一文）及其个别化的论述。对个项（而非类型）同一性的强调在其"反常一元论"论证中举足轻重。

关系。

让我们来更仔细地分析一下（4∗）所蕴含的潜在第一人称命题。

从表面形式上看，（4∗）是以第三人称陈述的全称性条件句命题。现在不妨随便选一个幸存的特定玩家 *p*（我这里采用斜体来表示 *p* 为一固定标示词）。设想你就是 *p*，已然幸运地站在这存活率很低（不妨假设你是海量参与者中唯一的最后赢家）的游戏终点上。一个可能的反身性问题是："在我已历的这一连串中间过关事件与当下获胜状态之间的关系究竟是什么?"这一问题的第三人称表述形式则是："在 *p* 的一连串中间过关事件与其当下获胜状态 s_d 之间的关系究竟是什么?"

相应地，存在着对以上问题的第一人称和第三人称两种形式的回答，即"我看到了这条不间断的路径 c"和"*p* 看到了一条不间断的路径 c"。

这两种不同人称形式的命题（不管是问题还是回答）逻辑上等价吗?如果在一阶逻辑上等价，那么我们可否在这种外延（或材料）等价之外阐明某种更强的语义逻辑结构?

我仅以上面那对不同人称的简短回答为例来说明。

Q_1：我看到路径 c。

Q_2：*p* 看到路径 c。

显然，在我们的语境中，Q_1 无非是 *p* 以第一人称方式来表达某种与 Q_2 所对应者完全一样的事实，亦即 Q_1 和 Q_2 具有完全相同的外延真值条件。所以，下述等价关系在一阶逻辑上成立：Q_1（由 *p* 说出）当且仅当 Q_2。

为便于比较，让我们再来看一对形式上十分相似的命题：

Q_3：我看到猫 c'。

Q_4：*p* 看到猫 c'。

同样，这里的"我"和"*p*"外延上指的是同一个人；基于同样理由，我们也有外延等价关系：Q_3（由 *p* 说出）当且仅当 Q_4。

但我要指出的是，Q_3 与 Q_4 之间的等价性并没有任何别的（更深层的）语义逻辑上的理由可让我们把 Q_4 解读为具有某种（能借助该等价性的）第一人称结构。与之相反的是，Q_2 却具有一种内隐性（因为其外显形式为第三人称）的第一人称逻辑结构。

可见，这里我要揭示的关键并非外延上的等价关系，而是一种独特的、在语法宾语（也是知性客体）与语法主语（知性主体）之间的历时因果关系。虽说 Q_3/Q_4 中的“猫 c'”与认知主体 p 的知觉之间也有着共时性的因果关系，但这一关系并不进入对 p 的当下存在状态本身的因果解释。换句话说，Q_1/Q_2 的“路径 c”不只是作为 p 或其回顾状态 d 的外在认知对象而存在于一种纯认识论的关系中，而且同时（或更重要的）是作为与 p 的当下生存有关的已历状态进入对幸存态 s_d 或回顾态 d 的本体论层面的因果解释。

之所以需要强调这后一种本体论历时因果解释的重要性，乃是因为它关系到个体的一种历时同一性身份，以及下游知性状态对其自身上游状态的发现/回顾的自我指涉本性。“自我指涉”所预设的上游状态（或其组合成的路径）相对于下游状态的同一性归属或身份赋予，虽然终极地带有规范（即理性立法）意义上的建构性，但这种赋予或归属却始终有着一个是否主观武断的问题，或者说一个是否具有本体因果上足够强的客观保证的问题。上面我们关于路径依赖的讨论，正是为了提供一个本体论及知识论（经验发现）上非随意的、可由唯一因果路径支撑的自我指涉保证。

我这里谈论的回顾 d 与路径 c 之间的自我指涉关系，并不是一种镜像式的自我反射，而是某种历时整体过程的下游终端的回溯性意向行动对其上游状态在知性发现意义上的“征募”——把已成历史的特定上游状态整合并收编进自己的历时同一性身份之中。这种征募的合法性基础就是：所有这些上游状态皆已是路径 c 的、一环扣一环的历时组成部分，而路径 c 作为一个 PD-序列恰恰是历史地即因果性地构成（游戏内）下游终端状态 d 的本体论条件（之一）。

（4＊）中的多步骤彩票，理论上可扩展为从无人类到有人类的宏大自然进化游戏，即 p 在漫长路径 c 的起点并不存在，而只在其终点作为进化的终极产物而出现。问题是 p 作为意向性个体一旦出现（当然伴随着作为其社会环境的理性共同体的出现），也一样会按上述知识论（回顾中的）个别化与本体论（生成上的）个别化相统一的逻辑发现自我，或者说发现（至少）一条自我所从由产生的、遗传进化之链从未间断的历史路径（比如说，每一代皆仅考虑父系这一方的连续因果链或 PD-序列）。

这种永远立于当下（即最下游时点）的回溯式征募旧我（或祖先）状态、将之列入“此”历时整体的做法，可以被理解为把某种规范性统一地位赋予相关上游状态而创造出一个具同一身份的自我（或同一血统的家谱）。没有这种下游对上游的规范性奠基或身份赋予，也就没有完满意义上的自我指涉，或自我的历史发现。

自我指涉的因果性生成和规范性完成乃是一种一体两面的过程，或者说是一种“单轨双向”的过程：这“单轨”指的是作为 PD-序列的唯一路径 c，而“双向”则是历时游戏的本体论展开方向（即时间流逝方向）和历史发现的知识论回溯方向（亦即反事实条件句得以通过否定后件规则而应用于现实世界序列的有效推理方向）。

第一人称的本体论建构，乃是语法学或语用学的人称区分的语义逻辑基础。对这一不可还原的独特地位的证成，有赖上述“单轨双向”过程的说明。简单地说，不仅这双向中的每一向皆含一种（特定层面的）上下游依赖关系，而且这两种依赖关系之间也互相（在各自特定的意义上）依赖着对方。

先看时间轴上正向展开的因果生成。（在一种不影响基本论证的简化意义上可以说）幸存态 s_d 及其知性面 d 作为路径 c 的下游结果，在本体论层面依赖着 c，或其每一步骤环节（此乃路径依赖之外延/材料义）。

再看逆向回顾方向上基于证据的路径个别化。路径 c 作为外延实存的 PD-序列，直到 s_d/d 绽出的最后一刻之前（历时彩票本身意味着每一时点皆含随机性）都尚未具有“赢家路径”的个别化身份，亦即相对于其他在倒数第二（或第三）时刻仍未淘汰的实存 PD-序列来说，路径 c 也只不过是若干候选赢家路径之一。个项状态 s_d/d 实际达成之时，就是路径 c 的赢家身份坐实之刻，也就是 d 在其回顾眼光中必定发现自己的上游轨迹 c 之刻。正是在这个特别的、知识论层面回溯发现的意义上，具有关乎赢家身份之命题内容的历史对象 c 才被确立。

由此可见，自我发现的对象，即可个别化的历史路径所实现的自我身份，离不开作为发现者的 d，或其承载者即当下路径终端上的个体 *p*。而后者在因果上却是前者所包含/对应的本体状态的下游产物。只有澄清了这双重个别化（即本体论个项生产和知识论对象个别化）之间通过整体论历时结构而达成的依存和统一关系，才能真正理解第一人称地位的本体发生学，及其蕴含的深层规范性。

三、肉身体现、事后成功与历史自觉

现在，我可以回过头去解答第一节中关于（4＊）也许是隐蔽的分析性命题的质疑。这一质疑的核心点在于，是否能证明（4＊）中用固定标示词指称的独立个项在概念上不可还原为类型化变量。换一种方式问，一旦做此还原，会损失什么？我的解答包含两个关键点。

第一点就是上一节得出的关于第一人称视角在自我发现之对象建构中的根本作用。从 p 在 s_d 点的第一人称视角着眼，具有自我指涉力的逻辑主语“我”的当下个别化，绝不是什么用概念细化和组合能够确定其唯一性的问题；相反，这是一个在实时的本体呈现之体验上别无选择和不可摆脱的意识场所——也是主观意向性状态唯一立足的、从而必不可少的场所。它并不是从外观察到的物理空间（尽管其本体材料必占据某物理空间位置），而是只有该第一人称主体自己由内直接感觉到的、自动中心化的心理空间。此空间所包含的直观内容虽可支撑命题态度，但无法被任何概念所穷尽或个别化。

同时，以此第一人称视角发现的历史对象，哪怕是自己的上游路径 c，不可能是一种先验知识，即对 c 的个别化是有赖包括记忆在内的各种经验证据的。我所论证的回顾式必然性，作为一种形上学的后验必然性，从来没取代知识论层面的实证性和可错性，也不会与后者形成竞争关系（因为两者分属不同层面）。这是回应有关（4＊）概念必然性怀疑的第一点。

我要说的第二点，将围绕“成功型”概念术语的两重性展开。

“幸存”或“发现”这类成功型词语具有如下两个缺一不可、从而最终令其无法还原于任何概念化分析的方面。一方面，作为词语一定能找到其字典上的定义和示范用法。但另一方面，其于当下的任何实际上正确的使用一定取决于其对象的实存，即某些个项状态的本体发生。比如，在（4＊）的彩票境况下，个项状态 s_d（而不是另一玩家在最后一步的幸存态）在 t_n 唯一排他地达成，这是事先（即 t_n 之前任一时点上）不可能预料的。这种无法预料的实用处境正是“幸存”这一成功型术语的规范性“宿命”：它不可能在相关个项之相关成功事件事实上出现之前而应用于任何哪怕已具潜在资格的候选者身上。尤其是对敏感于累积性最终成果的那些 PD-序列而言，这种终端成功型概念应用之事后品性就显得十分紧要了。

可见，只是从概念类型上把 s_d 描述为“幸存态”丝毫不能代替它作为实时个项状态对于（4＊）被应用于特定境况下的真值判断的语义贡献。至此，个项非还原性题旨就获得了来自成功型术语应用条件的有力支持。

如果把自然进化的每一阶段、每一步骤均看作某种成功型术语依次应用于“事后”达成的相应真值条件的话，那么上述第一点就可顺理成章地与第二点在这进化论框架中获得整合。即具有知性回顾力的个体意向性体现状态乃是不断累积、充满运气的局部成功的“终极”成果；这种成果在历时进程的任何上游位置均无任何（不管是自然律，还是超自然设计的）“事先”保证，甚至没有大概率的可预测性。但这成果一旦于漫长进化路径之此端达成，它就“注定”在其特征性历史之炬的照耀下，发现这条原本未必会有特别意义的、事实上从未间断的路径。这种历时整体结构中的“注定”，或别无选择，并非牵线木偶式的被支配，而是一种自然主义宇宙根须上升华出的、内禀着自主意识的规范性自我发现。

第十五章　世界由祛魅到复魅

——经验主义的自赎

一、从塞拉斯到麦克道尔：心灵如何关涉世界？

自20世纪初叶哲学之“语言学转向”以降，对什么是哲学的根本问题的看法似乎早已远离康德式的认识论问题：“我们关于世界的知识是如何可能的？”作为该问题之背景的英国经验主义传统早已被结合进对于语言（理想形式语言或自然日常语言）的逻辑结构或其用法语境的分析之中。伴随着韦伯所谓的社会的工具理性化过程对传统世界意义的祛魅①，哲学世界的祛魅过程是与后康德的黑格尔式绝对唯心主义的式微和现代科学主义的兴起息息相关的：17世纪科学革命以来的、令人瞠目结舌、惊叹不已的科学成果昭示着一个不容置疑的真理——自然界是由自然定律主宰的领域。在这个领域中，存在者无一例外地受着因果铁律的支配。在这里，因果蕴含着必然，蕴含着一切与自由相关的意义（如价值、理

---

① 关于世界之祛魅化这一由韦伯提出的主题，在分析哲学传统的文献中很少论及甚或提及。作为例外者，只有三部著作（全部是道德哲学著作）将此主题当作其思想动机：A. 麦金太尔《德性之后》（University of Notre Dame Press，1981），B. 威廉斯《伦理学与哲学的限度》（Fontana Press，1985）和C. 泰勒《自我的根源：现代认同的形成》（Harvard University Press，1989）。本章所评介的J. 麦克道尔《心灵与世界》（Harvard University Press，1994）则应是从知识论角度正面触及这一主题的第一部分析哲学著作，其意义更在于把韦伯本人在此主题下从未聚焦过的经验主义关于自然与理性的深层相关性提到一个自康德后罕见的高度。

想、传统等）之丧失。这就是自然界的祛魅，不单妖魔鬼怪无影无踪，神祇仙魅成为笑谈，就连创造并欣赏这些神话的人类精神本身亦难逃祛魅的命运——一旦你不得不承认人类作为自然物种之一（哪怕是最高级的）乃是亿万年生物进化的产物。一种彻底的自然主义立场，一种唯有在科学突飞猛进的时代才敢想象并毫无保留地坚持的立场，其题中应有之义是置一切人类精神现象于上述无远弗届的因果空间之中，即迟早必将证明心灵中的意义无非是因果铁律的某种幻象式的表现方式。

与因果空间相对立的是塞拉斯所谓的理由空间。① 这是人们最熟悉不过的（甚至可以说唯一真正熟悉的）空间。理由关系渗透于人类日常生活的每一方面，不单计划、决策需要理由，相信、证明某样东西需要理由，只要你不怀疑你自己有思想、会说话，你就无法否认自己生活在理由空间之中。这是因为语词或概念之所以有意义，是因为它们不是孤立的，而是处在系统的有规则的联系当中，这些规则或联系织起了一张理由关系之网。当我们询问为什么，我们所要求或提供的解答正是某种理由关系；当我们进行推理或设想时，所诉诸的也只能是理由之网中的一部分或显或隐的联结脉络。这张网并非一成不变或没有伸缩性，而是会随着社会实践中规范性因素的改变而改变。正是这种对规范性保持敏感的变化可能性或自由度，使理由关系从根本上区别于因果关系（后者的自由度为零）。理由之区别于因果，还可以从如下特征看清楚：理由，究其本性，带有对某种合理性的证明力量，而因果充其量只能说本来如此（受体无能为力）。比如，我戒烟的理由是不想得肺癌，而我体内的某种生理变化使得我失去对尼古丁的兴趣则是纯粹的因果关系，不涉及任何论证关系。

正是理由空间维系着人类所特有的形形色色的意义关联，以及通过反思和批判来改进或提升人类生活的无限可能性。但问题是这种理由空间与上述因果空间的关系似乎是难以协调的：就算我们暂且不予考虑上述彻底的自然主义立场而承认两种空间的并列或共存，仍然存在一个两者如何衔接或转化的难题。这一难题在经验主义那里表现得最为彻底（虽说未必最

① 此术语首见塞拉斯《经验主义与心灵哲学》一文（1956），后又扩成单行本出版（Harvard University Press，1997）。

为明显)。这是因为经验主义强调一切知识的终极源泉在于感官经验,感官就成了人的意识与外来(因果)刺激的不二界面,从而因果空间与理由空间可能接触的最前线似乎就应该在感官界面附近。“感觉材料”这一近乎中性的术语所刻画的恰恰是那种未经(任何概念)加工的直接所与,比如说外来光线在视网膜上形成的影像。

经验主义问题在当代的表述莫过于约翰·麦克道尔在其有口皆碑的近著《心灵与世界》① 中的康德式问题陈述:“概念性思维如何能够关涉外在于自身的经验对象?”换言之,尚未具备概念性的感觉材料如何能够变成理由空间的一员?这里隐含的一个前提是,只有具备概念关系的项目才能成为理由,才能进入诉诸理由的证明、辩护或推理的逻辑程序中。经验对象或事实,无论其复杂与否、距离远近,就其须经感官通道为我所知这一基本共同点而言,已然是(即不可能绕开)因果空间的传递链条,因而必定是非概念性的物理作用链条。奇妙的是,在这因果链条的非概念性的终端,即我所接收到的感觉材料或称“所与”摇身一变为可用概念或语句表达的知觉判断,比如“这是一张纸”,或事实陈述,比如“你们正在看着我”。判断或陈述已然是理由空间的居民,唯有获得了这种居民身份才谈得上拥有经验意义或内容。但问题恰恰在于,这种身份的获得是如何可能的?这个问题等价于,经验命题在什么意义上具有客观内容?

二、概念领域无疆界:走出所与神话和融贯论之轮回怪圈

据麦克道尔的剖析,迄今为止对上述问题的回答无非是在两种同样难以接受的立场之间摆荡,仿佛一个走不出的怪圈。立场一端可名之曰“所与神话”,即声称感觉材料或所与尽管是非概念性的,但却仍然具有内容(即携带着某种信息),而这非概念性的内容则为奠基于其上的概念判断提

---

① 本章接下来关于麦克道尔这本书及其相关论题的叙述和批评,主要基于该书的整体脉络(而非各别章节)以及另一本专以该书为焦点的、网罗了当今美欧多位一流哲学家有关评论的最新文集:SMITH N. Reading McDowell: On Mind and World [G]. London: Routledge, 2002。

供了理性的保障或客观的限制。但麦克道尔论证说，这是混淆了合理性证明关系和因果（外力）约束关系；相应地，纯物理系统（比如计算器）中所含的输入输出等信息状态并不等于经验内容，所以“非概念性内容”这一术语设有意义。与“所与神话”相对立的立场之另一端则是所谓的“融贯论”立场，它可用其代表人物戴维森的一句名言来概括：“只有信念才能证明别的信念。”① 换言之，凡是不具备信念身份的东西不可能进入理性的证明关系网络即理由空间。信念乃是将某个命题视为真的态度，自然包含着意向性和概念内容。融贯论立场的优势显然在于避开或克服了所与神话的困难，但其自身的困难却同样令人难以忍受。用麦克道尔的话说，融贯论将信念之域与外界隔绝（当然指的是证明关系上而非因果关系上的隔绝）起来，最终只能像“一种真空中的无摩擦自旋”那样自说自话，从而根本谈不上经验内容的客观意指。

但是一旦拒斥融贯论，又仿佛只能反弹回所与神话，这就是当代经验主义知识论走不出的怪圈。麦克道尔的任务就是诊断出这种两极间摇摆的病根，即某种双方立场均默认的、从未怀疑的深层预设。这种预设就是，概念或理由空间是有明确边界的，因而对其边界附近之居民的外在约束只能来自与理由无关的因果空间。所与神话和融贯论的分歧出现在是否将这种外在约束看作必要的：前者认为只有这种约束才保证了思想或信念的超出自身之外的客观内容，而后者则认为既然这种“约束”外在于理性就谈不上是对概念内容的理性约束。麦克道尔心目中的经验内容之可能性条件是，约束必须既外在又理性，这样才能让经验禀具既客观而又可思议（即被概念所把握）的内容。显然，要满足这一条件，须放弃上述两极立场的共同预设，即理由空间是有边界的，而得出理由或概念关系是无疆界的结论。

这一结论须做进一步澄清才可避免误解。首先，“无疆界”并不代表世界上一切关系均是概念关系，或者说一切因果关系（比如，一块石头撞击另一块石头）同时必是理由关系。而是说，凡是能被人类认识的对象在

① 戴维森之融贯论立场，可参见其《关于真理和知识的一种融贯性理论》及《经验内容》二文，均收入其论文集：DAVIDSON D. Subjective，Intersubjective，Objective［M］. Oxford：Clarendon Press，2001。

其成为我们的经验内容时已然被纳入概念化作用的范围，而这类经验对象在时空位置上是没有固定界线限制的。其次，“无疆界”亦不意味着没有外在约束。这里“外在”并非指某个边界之外，而是指来自另外一个逻辑空间（这一点容后详述）。最后，当我们说某个经验具有如此这般的概念内容时，并未否认现实世界具有如此这般的可感知的事实，而事实作为世界的组成部分是独立于经验者的思想或其对概念的使用的。换言之，经验所对应的事实在存在论上独立于认识主体（故不是唯心主义），但在知识论上依赖于后者的概念能力，从而只能具备或呈现为如此这般的概念内容。因此，只要承认经验的事实无疆界，就须承认概念领域无疆界。

行文至此，明眼人应该能看出麦克道尔正在回复向一种典型的康德式思路（尽管不是康德的超验哲学框架）。康德关于经验知识的伟大洞见在于发现它是感性直觉与知性概念之间的合作，或者说是接受性与自发性之间的合作。麦克道尔接过了这一包裹在康德哲学的（今天看来不必要的）超验框架里的洞见，而赋予其以某种新的诠释重心。换言之，我们通过感官从世界接受的直觉印象已然带有概念内容，用康德的术语说就是，在我们的感性输送中知性已经不可分离地介入或卷入了。换个更形象的说法，经验内容并非是由原本分离的奶油加蛋糕组成的叠加物——奶油蛋糕，而是一端上来就浑然一体的芝士蛋糕（其实“蛋糕”已经是有蛋又有面粉的合成品）。这里的知性，专指概念或理由的自发运用。但问题是我们的逻辑判断和推理（即对已获得的概念内容的进一步加工）也同样包含着知性能力的发挥，那么我们如何才能区分这种发挥和感知经验中已然体现的概念发挥呢？既然自由的思考和不那么自由的经验这两种意识类型均涉及且仅涉及内容与概念之间的难分彼此的交融，意识中的我们又怎能有效地辨别哪一个是具有外在约束而哪一个只是具有内在约束的意识片段呢？

在此，麦克道尔引入了一个重要但不无相对性的划分标准：判断和思考之所以区别于感知经验，是因为在前者的发生过程中我们的概念能力是以一种主动的方式运作的；相反，在后者的发生过程中概念能力则是被动地卷入的，亦即经验者仿佛身不由己、无法回避似的。但即使被动，作为自发性在起作用的概念能力却与主动样式下的能力在类型上是同一种能力，从而其生发出的内容亦必然是原则上（理性关系上）可互相贯通的内容。

然而，麦克道尔始料未及的某些问题亦随之出现。既然主动和被动之别并非绝对，也就是说被动和主动并不像有和无这样非此即彼，那么自难排除主动或被动程度上的差别。由此是否可以说，被动性越大，就说明经验内容所受到的外在约束越大？说约束不单有内外，而且有大小，这似乎意味着内在约束可与外在约束并存，其量上的比例大小取决于或/和反映着概念能力涉足的主动程度大小。我相信，问题的这种形式已非常逼近麦克道尔整个复魅式经验主义方案的要害部分。遗憾的是，他在此要害部分不只语焉不详，而且未能显示出对其潜在意义的透彻意识。下面让我来尝试一下用另一方式切入此方案的核心。

麦克道尔的核心问题是：在经验中，世界是如何向我们的思想施加理性（而不只是因果式）影响的？为了确保这种影响所由发生的轨迹不会落在理由空间之外，就必须拒斥如下图景：我们的思想得以展开的动态系统是以一种外在于概念的连接方式与现实世界发生关联的。这意味着我们必须把想象中（似乎自然涌现的）理由空间与对其由外向内施加约束的现实之间的那道外围边界抹除掉。这样，理由空间或概念之域就成了无疆界的、涵盖一切经验对象和可知事实的有意义的“世界”！但是，迈出的这一大步有显而易见的、滑向后康德绝对唯心主义的危险（即上述带引号的“世界”取消或替换了常识及实在论意义上的独立于概念体系的世界）。麦克道尔当然清楚地意识到这一危险，所以他还必须强调上述理由空间在经验事件发生处所接受的外在约束。既然已无边界，何来“外在”？麦克道尔的回答是，外在是相对于实际发生的思考或判断而言的，而并非相对于可思议的内容而言的。换言之，概念自发性的运作不可与该自发性可能的作用范围混为一谈：前者因时因地而有限（即受到外在约束），后者原则上无远弗届、无所不包——现实世界有多大，可思议的“世界”就有多大。

三、约束与规范性

这里有两大问题。第一，“可思议的内容”可以有两个意思：一个指此时此地发生着的经验在其可追溯的终端上具有理性约束力的当下内容，另一个指理论上思想可以企及或延伸到的概念内容。问题是，这后一内容虽说谈不上有任何固定的外在约束，但其客观性意指是尚未确定的（不像那前一内容已由当下的约束所确定）。我们一旦谈论“客观性意指”，马上就涉及一个这可思议“世界”是否与客观世界相符的问题（这个问题落实到经验层面相当于问，可思议“世界”中的任何内容在将来的或可能的经验事件中是否会被证伪）。尽管经验和概念之外的客观世界不过是一种本体论预设（对拒绝唯心主义而言乃必要之预设），但它毕竟在概念上排除了可思议“世界”之外空无一物（即可思议“世界”等于现实的全部）这一谬论。这就是说，可思议的内容仍在本体论、存在论的意义上具有其外部性。这一点就与麦克道尔不承认可思议内容有任何意义上的局限相矛盾。

第二大问题涉及的是麦克道尔所明确首肯的、相对于实际思考或判断的外在约束。这种约束体现在思考或判断所含的经验内容在其发生处所对应的概念运作的被动性上。正因为这一被动性（无论其程度大小），此时此地发生的经验中的概念运作才是有限度的，即不可能随意发挥，总要“适可而止”地停在其不得不停的地方。此乃“被动性”题中应有之义。但除了“不得不停”之外，被动性亦蕴含着“不得不走（或跟着走）”之义。概念在被动的“走”和“停”中所可能形成的不无规则的样式，反映着经验对象在因果空间中的分布或运动状态。由此可见，从概念的被动性及其样式中体现出来的约束之“外在”义只能指向因果空间。因果空间相对于理由空间是逻辑上的外在，却又不是物理时空坐标中的里外关系。麦克道尔方案中的核心意象应该表述为：因果空间与理由空间同样是无疆界的，并且是同广延的——哪里有理由空间，哪里就有因果空间。我们能够感知和思考的东西必然总已是落在理由空间中的可思议之内容，但这并不代表理由空间不受到与其同在遍在的因果空间的约束。这种约束不应被看作同一现实中存在着的两个平行链条或网络之间的外在约束——这是因为在物理本体论意义上只可能存在着一个链条或网络。唯一可使这种约束的真正含义显现出来（或者说使任何约束成为可能）的条件是规范性的诞生。

规范性是相对描述性而言的，而描述性的最原始、最缩减之义不外是事件是其所是，或无添加、保持原样等。在描述性的意义上，本无所谓自然事件之间的约束，亦不妨说本无所谓理由空间和因果空间之分。现实、客观实在、世界、宇宙，不管你叫它什么，它只能是自在的存在或纯粹的发生，其间的变化尚不具备任何特别的意义，故可以看作巴门尼德的“一”。但是，规范性的诞生（其如何诞生姑且不论）令一切为之改观。理由与因果作为概念上的区分只有在概念本身出现之后才有可能，而第一个概念（假如真有第一个的话）的诞生就标志着规范性已然问世。在这个意义上，理由空间和因果空间只能是规范性空间，或者叫逻辑空间（因为逻辑是人类所能掌握的最根本的规范性形式系统）。因为这两个空间，按其规范义，遵循着不同的规范原则，所以因果空间的项目才有可能对理由空间的项目及其序列构成约束（约束的最原始意义应该是行动或运动不自由）。理由空间中概念的运作是有相当自由度的，自由度最小的地方也就是来自因果空间的约束最大的地方。显然，约束不可能单单只发生在其“最大值”实现的地方。因为既然理由空间与因果空间是逻辑上平行共在的规范性空间，两者之间的约束理论上无处不在，只不过现象上唯有经验事件发生时，理由序列的终止才由于人体感官界面的自然存在而显得较为明显。这就是说，即使在远离感官经验、较为抽象的运思过程中，来自因果空间的约束（现象上表现为大脑神经传导过程）也会偶尔显露——比如，由于大脑某部分的疲劳使得理解或推理趋于迟缓或倏然中断。意识中表现出来或自我体验到的只能是概念内容上的不连贯、出错或空白，而不像是来自有形实体的约束。正如戴维森所述，一切心理事件都是物理事件，只不过其心理意义（亦即理由空间中的意义）无法从其所对应的纯物理因果的角度获得。① 至此，麦克道尔经验主义方案所包含或预设的本体论深层意蕴方显其庐山真面目。

四、复魅之源：人择原理与深层规范性

接下来的问题是，在什么意义上这一后康德或后蒯因式的经验主义方

---

① 戴维森这一著名的“反常一元论”思想，主要见于其《心灵事件》和《作为哲学的心理学》二文，均载于其第一本论文集《论行动与事件》（Clarendon Press，1980/2001）。

案具有令祛魅的世界（至少部分地）复魅的理论效果？对这个问题的回答可由以下两方面入手。

麦克道尔方案所包孕的规范性意旨（尽管尚未得到充分、有效地展开）至少让读者意识到理由空间不单是属人的（即只有人类才真正地在严格的意义上诉诸理由），而且同时也是扩展至真实世界的全部疆域，或者说与因果空间同样广阔。在由这双重空间构造的世界框架中，我们的经验是向着现实层以至无限地开放的，经验中的内容不仅受到现实的理性约束而且潜在地（即当它与更大范围、更高层面的概念发挥结合时）具有穿透现实深层堂奥之力量。从而世界在某种整体的意义上（即包括那些尚未为人类思维触及的部分）是可思议的——原则上并不凌驾或疏离于人类理性的可能性。这样一种图景，较之那种把因果空间的规律必然性说成世界唯一可能具有的意义的极端自然主义的祛魅式图景，显然禀赋着一种复魅的意味。这就是麦克道尔经验方案所含的复魅之效的第一个方面。

对其第二个方面的揭示需稍费周章。① 麦克道尔喜欢用这样一个颇堪玩味的词——“总是已然”（always already）。比如，经验事件哪怕是在不经意、不费力甚或出乎意料的场合下发生，也总是已然牵涉了概念能力的某种样式的运作。概念内容与经验对象之间仿佛事先商量好了似的。再如，我们无论走到哪里，上天入地，环顾左右，见到的不管是莺飞草长还是兔死狐藏，万物似乎总是已然呈现着某种完全合乎理性的动态平衡、阴阳互补关系。谁也不会傻到以为这些外在于（并且往往早先于）人类的关系是由我们脑中幻想或投射出来的。或者说，一旦人类灭绝了，这些活生生的关系及其载体也会一齐消失——主观唯心主义在此很难会有什么市场。那么，如何解释自然界的这种仿佛“迎合”着人类理性口味（乃至审美眼光）的先定和谐关系呢？在一个神学目的论隐退的时代，唯一能担此

① 这最后两段关于深层规范性的轮廓性概述，我曾在另一篇英文论文中有更为详细一点的探讨（郑宇健《规范性与进化》，正式宣读于2004年第二届夏威夷国际人文科学讨论会；其较早一版本《戴维森与丹尼特：两种关于规范性的研究进路》，曾在2003年土耳其伊斯坦布尔第21届世界哲学大会之“心灵与脑科学”圆桌会议上宣读）。这里值得特别一提的是D. 丹尼特近20年来的富有洞见且与认知科学前沿成果紧密相关的研究，比如：*The Intentional Stance*（Cambridge，MA：MIT Press，1987）和“Real Patterns”（Journal of Philosophy，1991，88：27-51）。

解释纲纪的只有达尔文式的进化论以及循此理路扩展开的宇宙演化论思想。这里，重要的不是由生物进化论解释人类为何且如何出现，而是一旦接受了这种解释，立刻会面临一个对上述麦克道尔方案来说非常棘手的困难。(麦克道尔本人从未设想过这个困难。)那就是，在具有概念能力的人类诞生以前，漫长的宇宙、生物进化史早已呈现出一个井然有序、生机勃勃的自然世界，在这个世界中万物已然处在那巨大无匹的平衡协调关系之网的笼罩下。但别忘了此时人类尚未出现，概念思维尚未问世，基于这种思维的理由关系亦自然尚未能落足于任何地方——可是你怎能否认，即使在此时，自然界已充满了（假如有人则必会认为）合乎理由的和谐关系？不妨将之称为“达尔文式理由”。现在的不无吊诡的问题是，达尔文式理由无须等待人类出现既早已生效——且正是由于它生效，人类才得以进化而出！但你又必须承认，唯有人类诞生、成熟之后，达尔文式理由才成其为理由——不是单单在被发现的意义上，而更是在被当作理由而成为可思议的东西这一意义上！换言之，具有意义诠释力（或者说理性立法力）的人类乃是使大自然获得合理性（即达尔文式理由关系）的条件，而大自然作为人类的进化之母更是使人类成为有意向性的诠释者的条件。这种人与自然在理由关系上的互为条件性就是我想说的世界之复魅在第二个方面的意味。

正是这第二个方面可以把我们对深层规范性的理解推进一大步：人，作为从自然母体中演化出来的真正有意向者，凭其得自该母体的概念资源，反过来赋予其母体以某种“原初意向性”——仿佛人眼中所看到的意义关联是从自然母体中拷贝下来的，是自然母亲有意让我们撷取的或等待我们这些后生晚辈来发现的。在这个意义上，自然母亲通过其儿女的理性器官展现其原本深藏不露的题中应有之义，而作为儿女的人类则以其类似牛顿、达尔文、爱因斯坦伟大发现的理性图像归因于自然母亲的奇妙、高超和统一（不妨将之视为对自然的礼赞和敬畏——那种爱因斯坦本人所深深感受到的近乎宗教的情绪）。大自然不再是干巴巴的定律集成品，而是在最真实的意义上既超越人又贴近人（透过那“总是已然”、绵延不绝的理性纽带或生命脐带）的充满魅力的永恒源头。我们是在本体进化的意义上由自然选择产生的（而非“上帝的选民”），而大自然的理性光芒（尤其体现在自然选择所对应的达尔文式理由上）则又是由我们这些幸运的“选民”由事后反观的视角看到的、追溯的，并且唯有这由无数概念规范（在“众里寻他千百度”和“柳暗花明又一村”过程中）打造出的独特视角才可能看到。在这个意义上，自然世界的意义又是人类选择的！这可称作哲学或宇宙人类学的“人择原理”（anthropic principle）①，亦即关于自然史的诠释学原理。②

① “人择原理”按牛津大字典的记载，是 B. Carter 于 1974 年首先使用在如下陈述中的：“这些（宇宙学的）预测必须采用一种不妨称之为‘人择原理’的思路来解释，其大意为：我们在经验中能够期望观察到的东西必然受到那些对我们作为观察者的存在而言是必要的条件的限制。”换言之，只要我们已然存在，我们就“注定”会发现这些（原本是偶然的）宇宙学条件与我们理性结构之间的契合。由之，偶然变成目的论式的必然。

② 上面注释中提到的丹尼特的相关著述及其近年来对达尔文进化论思想的阐发，在某种意义上可以说是对这种诠释学原理的例示性说明（虽然尚不是系统性论证）。在这个方向上，A. 吉巴德（A. Gibbard）之《明智的选择，合宜的情感》（*Wise choices*，*Apt Feelings*，Harvard University Press，1990）一书亦颇富洞察力及启发性。而哈贝马斯亦在其近著中谈到伦理学需要一种“关于自然史的诠释学”才有望与某种温和的自然主义相容，参见：SMITH N. Reading McDowell：On Mind and World [G]. London：Routledge，2002：246-265。

参考文献

一、英文参考文献

（1）AINSLIE G. Picoeconomics [M]. Cambridge：Cambridge University Press，1992.

（2）AINSLIE G. A Behavior-Economical Study of Defense Mechanism [J] . Social Science Information，1982，21.

（3）ANDERSON B. Imagined Communities [M]. London：Verso，1991.

（4）ANSCOMBE G E. Intention [M]. Cambridge，MA：Harvard University Press，1957.

（5）ANTONY L. Equal Rights for Swamp-persons [J]. Mind & Language，1996，11.

（6）AUDI R. Weakness of Will and Rational Action [J]. Australasian Journal of Philosophy，1990，68.

（7）AUDI R. Weakness of Will and Practical Judgement [J]. Noûs，1979，13 .

（8）BECKER H S. Notes on the Concept of Commitment [J]. American Journal of Sociology，1960，66.

（9）BERLIN I. Four Essays on Liberty [M]. Oxford：Oxford University Press，1969.

（10） BRANDOM R. Articulating Reasons [M]. Cambridge, MA: Harvard University Press, 2000.

（11） BRANDOM R. Making it Explicit [M]. Cambridge, MA: Harvard University Press, 1994.

（12） BRETON A. The Economics of Nationalism [J]. Journal of Political Economy, 1964, 72 (04).

（13） BRETON A. Nationalism and Rationality [M]. Cambridge: Cambridge University Press, 1995.

（14） BROOK A, ROSS D. Daniel Dennett [G]. Cambridge: Cambridge University Press, 2002.

（15） BUCHANAN J M. The Economics and the Ethics of Costitutional Order [M]. Ann Arbor: University of Michigan Press, 1991.

（16） BUCHANAN J M. The Gauthier Enterprise [J]. Social Philosophy and Policy, 1988, 75.

（17） BURGE T. Origins of Objectivity [M]. Oxford: Clarendon Press, 2010.

（18） BURGE T. Origins of Perception [J]. Disputato, 2010, 29.

（19） CAMPBELL R, SOWDEN L. Paradox of Rationality and Cooperation [M]. Vancouver: University of British Columbia Press, 1985.

（20） CLARK A, TORIBIO J. Doing without Representing [J]. Synthese, 1994, 101 (3).

（21） COLEMAN J L. Risks and Wrongs [M]. Cambridge: Cambridge University Press, 1992.

（22） CRAIG A D. How Do You Feel—Now? [J]. Nature, 2009, 10.

（23） CRAIG A D. How Do You Feel? Interoception: The Sense of the Physiological Condition of the Body [J]. Nature, 2002, 3.

（24） DAVIDSON D. Subjective, Intersubjective, Objective [M]. Oxford: Clarendon Press, 2001.

（25） DAVIDSON D. Inquiries into Truth and Interpretation [M]. Oxford: Clarendon Press, 2nd edn., 2001; 1st edn., 1984.

(26) DAVIDSON D. Knowing One's Own Mind [J]. Proceedings and Addresses of the American Philosophical Association，1987，61.

(27) DAVIDSON D. A Coherence Theory of Truth and Knowledge [M] //LEPORE E. Truth and Interpretation：Perspectives on the Philosophy of Donald Davidson. Oxford：Basil Blackwell，1986.

(28) DAVIDSON D. Incoherence and Irrationality [J]. Dialectica，1985，39.

(29) DAVIDSON D. Radical Interpretation [M] //DAVIDSON D. Inquiries into Truth and Interpretation. Oxford：Clarendon Press，1984.

(30) DAVIDSON D. Paradoxes of Irrationality [M] //WOLLHEIM R，HOPKINS J. Philosophical Essays on Freud. Cambridge：Cambridge University Press，1982.

(31) DAVIDSON D. Essays on Actions & Events [M]. Oxford：Clarendon Press，1980；2nd ed.，2001.

(32) DAVIDSON D. Deception and Division [M] //DAVIDSON D. Essays on Actions and Events. Oxford：Clarendon Press，1980.

(33) DAVIDSON D. Actions，Reasons，and Causes [M] //DAVIDSON D. Essays on Actions and Events. Oxford：Clarendon Press，1980.

(34) DAVIDSON D. Mental Events [M] //DAVIDSON D. Essays on Actions and Events. Oxford：Clarendon Press，1980.

(35) DAVIDSON D. How is Weakness of the Will Possible [M] // FEINBERG J. Moral Concepts. London：Oxford University Press，1969.

(36) DAWKINS R. The Selfish Gene [M]. Oxford：Oxford University Press，1976.

(37) DEHELIAN L，MCCLENNEN E F. The Stability of Plan and Intentionality [J]. Mind and Machine，1991，3.

(38) DENNETT D. The Evolution of "Why?" [OL]. 2006. http://ase.tufts.edu/cogstud/papers/Brandom.pdf.

(39) DENNETT D. Darwin's Dangerous Idea [M]. New York：Simon and Schuster，1995.

(40) DENNETT D. Freedom Evolves [M]. New York: Viking Penguin, 2003.

(41) DENNETT D. Evolution, Teleology, Intentionality: Reply to Ringen and Bennett [J]. Behavioral and Brain Sciences, 1993, 16 (2).

(42) DENNETT D. Real Patterns [J]. Journal of Philosophy, 1991, 88.

(43) DENNETT D. The Intentional Stance [M]. Cambridge, MA: MIT Press, 1987.

(44) DENNETT D. Intentional Systems [J]. Journal of Philosophy, 1971, 8.

(45) DRETSKE F. Absent Qualia [J]. Mind & Language, 1996, 11.

(46) DRETSKE F. Norms, History and the Mental [M] //WALSH D. Naturalism, Evolution and Mind. Cambridge, MA: MIT Press, 2001.

(47) ELSTER J. Ulysses and the Sirens: Studies in Rationality and Irrationality [M]. Cambridge : Cambridge University Press, 1984.

(48) FODOR J. LOT 2 [M]. Cambridge, MA: MIT Press, 2008.

(49) GAUTHIER D. Morals by Agreement [M]. Oxford: Clarendon Press, 1986.

(50) GIBBARD A. Meaning and Normativity [M]. Oxford: Oxford University Press, 2012.

(51) GIBBARD A. Wise Choices, Apt Feelings [M]. Cambridge, MA: Harvard University Press, 1990.

(52) GIBSON J. The Ecological Approaches to Visual Perception [M]. Hillside, NJ: Erlbaum, 1979.

(53) GRAY J. Berlin [M]. London: Fontana Press, 1995.

(54) HAYEK F A. Studies in Philosophy, Politics and Economics [M]. London: Routledge & Kegan Paul, 1967.

(55) HAYEK F A. Individualism and Economic Order [M]. Chicago: The University of Chicago Press, 1948.

(56) HAMILTON W D. The Genetic Evolution of Social Behaviour

[J]. Journal of Theoretical Biology，1964，7.

(57) HAMMOND P. Changing Taste and Consistent Dynamic Choice [J]. Review of Economic Studies，1976，43.

(58) HARMAN G. Rationality in Agreement：A Commentary on Gauthier's Morals by Agreement [M] //PAUL E F. The New Social Contract：Essays on Gauthier. Oxford：Blackwell，1988.

(59) HEIL J. Minds Divided [J]. Mind，1989，98.

(60) HEMPEL C G. Aspects of Scientific Explanation：And Other Essays in the Philosophy of Science [M]. New York：Free Press，1965.

(61) JACKSON F. Weakness of Will [J]. Mind，1984，93.

(62) JENKINS R. Disenchantment，Enchantment and Re-Enchantment：Max Weber at the Millennium [J]. Max Weber Studies，2000，11.

(63) KANT I. Groundwork for the Metaphysics of Morals [M]. New York：Oxford University Press，2003.

(64) ROBINSON K. Reason，Desire，and Weakness of Will [J]. American Philosophy Quarterly，1991，28.

(65) KMENT B. Varieties of Modality [J/OL] //ZALTA E N. The Stanford Encyclopedia of Philosophy，2012. http：//plato. stanford. edu/archives/win2012/entries/modality-varieties/.

(66) KOEPSELL D，MOSS L S. John Searle's Ideas about Social Reality [M]. Blackwell，2003.

(67) KRIPKE S. Naming and Necessity [M]. Cambridge，MA：Harvard University Press，1980.

(68) LAPORTE J. Rigid Designators [J/OL] //ZALTA E N. The Stanford Encyclopedia of Philosophy，2011. http：//plato. stanford. edu/archives/sum2011/entries/rigid-designators/.

(69) LEWIS D. Causal Explanation [M] //LEWIS D. Philosophical Papers Volume II. New York：Oxford University Press，1987.

(70) LEWIS D. Counterfactuals [M]. Oxford：Blackwell，1973.

(71) LEWIS D. Causation [J]. Journal of Philosophy, 1973, 70.

(72) MACINTYRE A. After Virtue: A Study in Moral Theory [M]. Notre Dame, Ind.: University of Notre Dame Press, 1981.

(73) MARGOLIS J. Rationality and Weakness of Will [J]. Journal of Chinese Philosophy, 1981, 8.

(74) MCCLENNEN E F. Prisoner's Dilemma and Resolute Choice [M] //CAMPBELL R, SOWDEN L. Paradoxes of Rationality and Cooperation. Vancouver: University of British Columbia Press, 1985.

(75) MCCLENNEN E F. Constrained Maximization and Resolute Choice [M] //PAUL E F. The New Social Contract: Essays on Gauthier. Oxford: Blackwell, 1988.

(76) MCCLENNEN E F. Rationality and Dynamice Choice [M]. Cambridge: Cambridge University Press, 1990.

(77) MCDOWELL J. Mind and World [M]. Cambridge, MA: Harvard University Press, 1994 .

(78) MCDOWELL J. The Content of Perceptual Experience [M] // Mind, Value, and Reality. Cambridge, MA: Harvard University Press, 1998.

(79) MELE A. Irrationality [M]. Oxford: Oxford University Press, 1987.

(80) MILLIKAN R. Reading Mother Nature's Mind [M] //ROSS D, BROOK A, THOMPSON D. Dennett's Philosophy. Cambridge, MA: MIT Press, 2000.

(81) MILLIKAN R. On Swampkinds [J]. Mind & Language, 1996, 11.

(82) MILLIKAN R. White Queen Psychology and Other Essays for Alice [M]. Cambridge, MA: MIT Press, 1993.

(83) MILLIKAN R. Thoughts without Laws: Cognitive Science with Content [J]. Philosophical Review, 1986, 95.

(84) MILLIKAN R. Language, Thought, and Other Biological Cat-

egories [M]. Cambridge, MA: MIT Press, 1984.

(85) NAGEL T. Mortal Questions [M]. Cambridge (England), New York: Cambridge University Press, 1979.

(86) NEANDER K. Swampman Meets Swampcow [J]. Mind & Language, 1996, 11.

(87) NEANDER K. Functions as Selected Effects [J]. Philosophy of Science, 1991, 58.

(88) NOZICK R. The Nature of Rationality [M]. Princeton, NJ : Princeton University Press, 1994.

(89) NOZICK R. The Examined Life [M]. New York: Simon and Schuster, 1989.

(90) OKASHA S. Evolution and the Levels of Selection [M]. Oxford: Oxford University Press, 2006.

(91) PANKSEPP J. Affective Consciousness: Core Emotional Feelings in Animals and Humans [J]. Consciousness and Cognition, 2005, 14.

(92) PARFIT D. On What Matters [M]. Oxford: University Press, 2011.

(93) PAUL E F. A Theory about Ideal Games [J]. Philosophical Studies, 1992, 65.

(94) PAUL E F. The New Social Contract: Essays on Gauthier [G]. Oxford: Blackwell, 1988.

(95) QUINE W V O. Word and Object [M]. Cambridge, MA: MIT Press, 1960.

(96) RAMSEY W. Representation Reconsidered [M]. Cambridge (England), New York: Cambridge University Press, 2007.

(97) RAWLS J. A Theory of Justice [M]. Cambridge, MA: Belknap Press of Harvard University Press, 1971.

(98) SAYRE-MCCORD G. Deception and Reasons to be Moral [M] //VALLENTYNE P. Contractarianism and Rational Choice. New

York：Cambridge University Press，1991.

(99) SCHELLING T C. The Strategy of Conflict [M]. Cambridge, MA：Harvard University Press，1960.

(100) SCHICK F. The Dutch Book and Money Pump [J]. Journal of Philosophy，1986，83.

(101) SCHUMPETER J. The Sociology of Imperialism [M] //KAMENKA E. The Economics and Sociology of Capitalism. Princeton，NJ：Princeton University Press，1991.

(102) SCHWARTZ S. Kinds，General Terms，and Rigidity：A Reply to LaPorte [J]. Philosophical Studies，2002，109.

(103) SEARLE J R. Rationality in Action [M]. Cambridge，MA：MIT Press，2001.

(104) SEARLE J R. The Construction of Social Reality [M]. New York：The Free Press，1995.

(105) SEARLE J R. Intentionality：An Essay in the Philosophy of Mind [M]. Cambridge ：Cambridge University Press，1983.

(106) SEARLE J R. Speech Acts：An Essay in the Philosophy of Language [M]. Cambridge：Cambridge University Press，1969.

(107) SELLARS W. Empiricism and the Philosophy of Mind [M]. Cambridge，MA：Harvard University Press，1997.

(108) SKORUPSKI J. The Domain of Reasons [M]. Oxford：Oxford University Press，2010.

(109) SMITH A. An Inquiry into the Nature and Causes of the Wealth of Nations，Vol. 1 [M]. Oxford (England)，New York：Oxford University Press，1976.

(110) SMITH J M. Group Selection and Kin Selection [J]. Nature，1964，201.

(111) SMITH N. Reading McDowell：On Mind and World [G]. London：Routledge，2002.

(112) SOAMES S. Beyond Rigidity [M]. Oxford：Oxford Univer-

sity Press，2002.

(113) STROTZ R H. Myopia and Inconsistency in Dynamic Utility Maximization [J]. Review of Economic Studies，1956，23.

(114) TAYLOR C. Sources of the Self [M]. Cambridge，MA：Harvard University Press，1989.

(115) TAYLOR C. What's Wrong with Negative Liberty [M] //RYAN A. The Idea of Freedom-Essays in Honour of Isaiah Berlin. Oxford：Oxford University Press，1979.

(116) THAGARD P，NISBETT R E. Rationality and Charity [J]. Philosophy of Science，1983，50.

(117) THOMPSON J J. Normativity [M]. Chicago：Open Court，2008.

(118) VALLENTYNE P. Contractarianism and Rational Choice [M]. New York：Cambridge University Press，1991.

(119) VAN DEN BERGHE P. Race and Ethnicity：A Socio-Biological Perspective [J]. Ethics and Racial Studies，1978，1/4.

(120) WILLIAMS B. Moral Luck [M]. Cambridge：Cambridge University Press，1981.

(121) WILLIAMS B. The Limits of Ethics and Philosophy [M]. London：Fontana Press，1985.

(122) WRIGHT L. Teleological Explanations：An Etiological Analysis of Goals and Functions [M]. Berkeley：University of California Press，1976.

(123) YAARI M E. Endogenous Change of Taste：A Philosophical Discussion [J]. Erkenntnis，1977，11.

(124) ZHENG Y J. Emerged Content and Dynamic Normativity [M] //VESSELIN P，SCARFE A C. Dynamic Being- Essays in Process-Relational Ontology. Newcastle：Cambridge Scholars Publishing，2015.

(125) ZHENG Y J. Perceptual Objectivity and Evolutionary Normativity [C] . Proceedings of Conference on Burge's Philosophy，Contem-

porary Philosophers Serial, Graduate Institute of Philosophy, "Tsing-Hua University", Taiwan, 2011.

(126) ZHENG Y J. Three Notions of Normativity [R]. The 4th Metaethics Workshop, Buenos Aires, Argentina, 2010.

(127) ZHENG Y J. Re-enchantment of Nature: McDowell and Merleau-Ponty on Perception [M] //Phenomenology 2010. Zeta Books, 2010.

(128) ZHENG Y J. Memes, Mind and Normativity [M] //BOTZ-BORNSTEIN T. Culture, Nature, Memes. Newcastle: Cambridge Scholars Publishing, 2008.

(129) ZHENG Y J. Unconscious Intentionality and the Status of Normativity in Searle's Philosophy-with Comparative Reference to Traditional Chinese Thought [M] //MOU B. Searle's Philosophy and Chinese Philosophy: Constructive Engagement. Leidon, Boston: Brill, 2008.

(130) ZHENG Y J. A Tacit Form of Comparative Philosophy: Reflection on a Case Study in Analytical Philosophy [J]. Dao: A Journal of Comparative Philosophy, 2003, 6.

(131) ZHENG Y J. Motivation, Deliberation and Rationality for Dynamic Choice [D]. Bowling Green: Bowling Green State University, 1995.

二、中文参考文献

(1) 郑宇健. 沼泽人疑难与历时整体论 [J]. 哲学研究，2016 (11).

(2) 郑宇健. 回顾式必然性——一种涉及进化逻辑的新模态观念 [J]. 外国哲学，2016 (31).

(3) 郑宇健. 规范性的三元结构 [J]. 世界哲学，2015 (4).

(4) 郑宇健. 知觉内容、规范及其本体论解释 [J]. 世界哲学，2013 (1).

(5) 郑宇健. 戴维森、规范性与跨文化理解的陷阱 [J]. 外国哲学，2008 (19).

(6) 郑宇健. 意向性、规范性与社会科学 [M] // 陈向明，朱晓阳，赵旭东. 社会科学研究：方法评论. 重庆：重庆大学出版社，2006.

(7) 郑宇健. 消极自由与理性的局限 [J]. 哲学门，2006 (2).

(8) 郑宇健. 作为文本的自然与作为实在的理性——世界由去魅到复魅 [M] //赵汀阳. 年度学术 2005. 北京：中国人民大学出版社，2005.

(9) 郑宇健. 道德运气与规范性 [J]. 世界哲学，2004 (6).

(10) 郑宇健. 非理性、规范性与实践悖论 [J]. 哲学门，2001 (2).

(11) 郑宇健. 理性选择、无偏私性与道德性 [J]. 哲学杂志（台湾)，2000 (33).

后　记

本书从一个侧面较完整地反映了我二十多年来有关规范性问题的思考，或者说，探索轨迹。正像本书（尤其是第四部分）所欲揭示的那样，具备某种统一性的历时过程，只有在其接近完成的下游才能获得对整个过程之同一性本质的真正认识；我对规范性问题的探索历程也不例外，现在远比二十年前更清楚地看到当时已相对模糊地把握到的涉及深层规范性的题旨。也正像一切内禀着偶然性的进化过程那样，知性探索的路径在回头看时总必唯一，但这路径上的几乎每一个（只向未来开放的）节点都充满着多个可能的分叉——其中任何一个分叉都会导致回看的下游时点上相关认知的不同，甚至某种不可逆转的类型缺失或局限。当我此刻回顾这段不可重复的探索规范性的路径轨迹时，在诸多难免的遗憾中，也颇觉幸运地发现于大部分重要的分叉节点都未偏离“正途”太远，或都未错失后续意义显著的“里程碑”！当然，所谓“正途”和“里程碑”意义也唯有当事后回看时才能确定。

本书的成书过程能够较幸运地利用不少已发表的旧文稿内容，主要原因正在于此。（本书参考文献最后的中文部分列出了作为相关章节本源的文章出处，其中相当大一部分相信都较难从现今的网络上搜索到。）从另一角度说，这些旧文内容之间逻辑上非偶然的内在关联，与新撰写的章节内容，以及统合两者的全书整体脉络，构成着某种融贯而有序的逻辑结构。令我欣慰的是，这横跨二十多年的探究和表达仿佛是一部一气呵成写就的专著，其目标或聚焦点似乎有先见之明般地从未偏离过“规范性”这一哲学上最根本（但我以为长期未获充分揭示和认识）的主题。我有理由期待，本书在一部分关注当代哲学前沿研究的中文读者中会产生一定的理论兴趣，甚至有可能激发某些后来者去探索规范性（及其哲学奠基地位）与其他本书尚未触及的基本哲学议题间的深层关联性。

谦逊，作为思想交流（和学习）者的必要德性，并不自动就是思想探索者或超越者的最大德性。抽象思辨领域中的耕作艰辛虽无须赘言，但在当代日新月异的科技和全球化商业大潮的冲击、裹挟之下，这类纯书斋式的思辨工作所面临的压力尤其需要不限于名利的内在而持久的驱动力作为支撑去抗衡。至少这种驱动力一部分应来自对抽象普遍真理本身的好奇，以及对发现这些真理的有效进路或方法的自信和雄心。除此之外的另一重当代特有的挑战是，即便对那些内在驱动力不成问题的“稀有动物”们，当代哲学阵地或游戏场域也早已无复旧观，即早非四五十年前（恐怕也是两三千年以来一直）的景观：哲学问题空间的迅速而全方位的细化或技术化，伴随着相关内容资讯（哪怕仅以文章书籍的纯粹数量计）的几何级数般的增长，传统的“隔行如隔山”现象早已变成哲学学科内部的常态甚至难以逾越的“技术性”壁垒。在这样的环境和趋势下，要想继续保持至少传统意义上的哲学家从未放弃过的、对无所不包的理论或理性统一性的追求，似乎越来越难。不过，我仍坚信保持这种追求的哲学家永远不会消失，就像对科学范式统一性和完善性的追求不会消失一样！（在本书所预设的广义自然主义框架下，哲学根本上就是与自然科学一脉相承、无法割裂的。）至于我自己，亦将始终保持“尽其在我”和非遁词式的“虽不能至，心向往之”的积极进取姿态。

展卷重读本书所含新旧文字之际，不时且不无遗憾地发现，自己的理论表述习惯仍欠缺理想汉语表达的自然流畅性。因非局部问题和一时疏漏，故难立竿见影地更改。但愿这一语言结构上的瑕疵不太影响读者书面性的阅读或分析性的推敲。分析哲学首重概念的清晰性，我不敢说自己在多大程度上已达到中文语境下的语义清晰性。假如文字的简洁流畅必有助于读者对抽象内容的理解的话，希望这一“为时已晚”的遗憾性表述不致被当作未克尽最大努力以飨读者的遁词。

图书在版编目（CIP）数据

规范性：思想和意义之基/郑宇健著. —北京：中国人民大学出版社，2019.3
（当代中国社会道德理论与实践研究丛书）
ISBN 978-7-300-26746-3

Ⅰ. ①规… Ⅱ. ①郑… Ⅲ. 分析哲学-研究 Ⅳ. ①D089

中国版本图书馆 CIP 数据核字（2019）第 028592 号

国家出版基金项目
当代中国社会道德理论与实践研究丛书
主编 吴付来
规范性：思想和意义之基
郑宇健 著
Guifanxing：Sixiang he Yiyi zhi Ji

出版发行	中国人民大学出版社		
社　　址	北京中关村大街 31 号	邮政编码	100080
电　　话	010－62511242（总编室）		010－62511770（质管部）
	010－82501766（邮购部）		010－62514148（门市部）
	010－62515195（发行公司）		010－62515275（盗版举报）
网　　址	http://www.crup.com.cn		
	http://www.ttrnet.com（人大教研网）		
经　　销	新华书店		
印　　刷	天津中印联印务有限公司		
规　　格	160 mm×230 mm　16 开本	版　　次	2019 年 3 月第 1 版
印　　张	15.25 插页 3	印　　次	2019 年 3 月第 1 次印刷
字　　数	220 000	定　　价	58.00 元